铁路鲜活货物运输

Transport of Perishables and Live Animals by Rail

主　编　苏顺虎
副主编　韩伯领　孙金平

中 国 铁 道 出 版 社
2010年·北 京

内 容 简 介

本书全面介绍了铁路鲜活货物运输相关专业知识，内容包括鲜活货物运输概述、国内外鲜活货物运输发展情况、易腐货物储藏保鲜技术、制冷技术原理及设备、易腐货物冷链流通、铁路冷藏运输装备。另外，还根据铁路运输发展实际和《铁路鲜活货物运输规则》修订情况，介绍了我国铁路鲜活货物运输组织、管理方式以及冷藏运输的技术条件。

本书可供铁路冷藏运输作业人员培训使用，也可作为高等院校冷藏运输相关专业的教学参考书，同时对从事冷链物流、制冷设备研发、冷藏运输装备制造和食品卫生的研究与工作人员也有较强的借鉴和参考作用。

图书在版编目(CIP)数据

铁路鲜活货物运输/苏顺虎主编．—北京：中国铁道出版社，2010.10
ISBN 978-7-113-12027-6

Ⅰ.①铁…　Ⅱ.①苏…　Ⅲ.①铁路运输：鲜活货物运输　Ⅳ.①U295.4

中国版本图书馆 CIP 数据核字(2010)第 194555 号

书　　名：铁路鲜活货物运输
作　　者：苏顺虎　主编

责任编辑：金　锋　　**电话：**010－51873125　　**教材网址：**www.tdjiaocai.com
封面设计：冯龙彬
责任校对：孙　玫
责任印制：陆　宁

出版发行：中国铁道出版社(100054，北京市宣武区右安门西街 8 号)
网　　址：http://www.tdpress.com
印　　刷：中国铁道出版社印刷厂
版　　次：2010 年 10 月第 1 版　2010 年 10 月第 1 次印刷
开　　本：787 mm×1 092 mm　1/16　印张：16　字数：274 千
印　　数：1～3 000 册
书　　号：ISBN 978-7-113-12027-6
定　　价：48.00 元

前言

PREFACE

随着我国经济社会发展和人们生活水平的提高，鲜活产品在人们日常生活中占有着越来越重要的地位。人们对食品的供应要求越来越高，不仅要求日常副食供应的花样品种不断更新、更加丰富，而且对鲜活农副产品供应的时效性、新鲜度以及质量安全性等许多方面提出了更高的要求。经济全球一体化、社会城市化进程、农产品生产趋向区域化和规模化、食品加工制造业的技术进步，以及对食品安全问题的关注度提高等，都在不同程度上推动着鲜活产品消费市场和冷藏运输的发展。

在我国幅员辽阔、人口众多的环境条件下，食品流通市场会是一个永恒的、不断发展的市场，食品行业全球化发展趋势正在推动这一市场进一步发展和壮大。改革开放以来，我国易腐货物一直呈现产销两旺态势，目前蔬菜、水果、肉、奶等主要农副产品的产量均居世界首位。然而每年农产品的产后损失也十分严重，仅果蔬类每年损失就达 1 000 亿元以上，其中包括产品滞销、采后处理不及时、流通不畅、流通过程中损失等诸多方面原因。这不仅造成社会资源的极大浪费，挫伤农业生产者的生产积极性，也会影响食品的质量安全。因此，如何加速市场流通、降低产后损失、提高易腐产品供应质量，已经成为当今社会普遍关注的问题。

冷藏运输作为易腐货物流通的重要途径，起着连接众多生产加工企业、市场销售企业及消费者的桥梁和纽带作用，不仅承载着产品生产者的成果和期望，也在不断继承、积累着历经的各领域、各环节作业对产品质量的种种影响。铁路运输具有节能环保、安全可靠、运输成本低等比较优势，在冷藏运输市场中发挥着重要作用，对冷链建设和流通质量有很大影响。随着我国铁路现代化进程的加速推进，运输能力紧张的问题正逐步缓解，未来 2～3 年后将基本解决，铁路将在易腐货物运输中发挥更加重要的作用。

我国改革开放三十多年来，易腐产品的产销形势和流通市场发生了很大变化，食品冷藏链也实现了快速发展，食品生产加工工艺的创新、装备制造业的发展以及现代物流技术的应用为冷藏运输增加了新的内涵，使这一跨行业、跨领域，涉及多学科、多专业的学科领域的内容更为丰富，科技含量迈向更高水平。目前，全面系统地介绍冷藏运输新技术和相关领域专业知识的教材、图书较为缺乏，尤其没有详细介绍铁路鲜活货物运输最新技术和组织管理变化的专门书籍，故编著本书。

本书由苏顺虎主编，韩伯领、孙金平任副主编，张晓东主审。参加编写人员有庄河、李鑫、熊永钧、方国群、迟骋、张淑芹、高德胜、伍勇波、何杰、杨磊、孟凡栋。编写过程中，曾就篇章结构、内容分布和技术细节进行了多次研讨与查证，书稿完成后又分送多位专家审阅。参加研讨及书稿审阅的专家有：刘重庆、郎茂祥、赵迎九、黄郁泉、丁宝山、李进。

鉴于本书涉及的学科范围较广，编者水平有限，书中难免存在不少缺点或错误，敬请广大读者批评指正。

编　者

2010 年 9 月

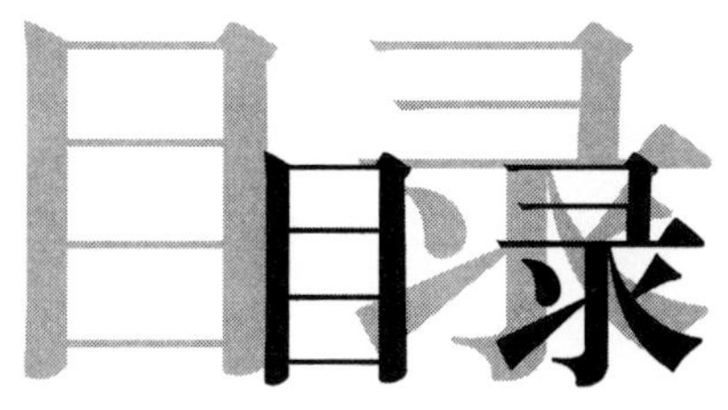

目录 CONTENTS

1　鲜活货物运输概述

铁路鲜活货物运输是关于易腐货物和活动物在铁路上运输的技术及组织、管理工作的一门应用学科，主要研究如何有效地运用特殊的运输方法和适用的技术设施设备，通过铁路运输网快速、优质地将鲜活货物运送到目的地，以更好地满足人们生活水平不断提高的要求。

作为重要的日常生活消费品，鲜活货物与满足人们生活的物质需要和提高健康水平密切相关。及时、优质地运输鲜活货物，能够丰富市场供应，巩固和扩大国家“菜篮子工程”成果，提高人们生活质量。鲜活货物运输是城乡之间重要的经济纽带，是实现鲜活农产品商业价值必不可少的途径和手段，对农、林、牧、副、渔业的生产发展起着重要的促进作用，对国民经济的发展具有非常重要的意义。

易腐货物具有易于腐败变质的特性，产品保质期很短；生鲜水产品和新鲜果蔬产品的生产更具明显的季节性，收获期的货运需求量很大，需要及时进行流通和消费。我国每年因流通不畅、冷藏储运能力不足而造成的易腐货物腐坏变质损失非常大，这对农业生产资源和土地资源是极大的浪费，影响了农副产品商业价值的实现，进而影响农民增收，甚至严重挫伤他们的生产积极性，不利于农副产业的生产发展。因此，冷藏运输作为食品冷链流通体系的关键环节，对于提高食品流通质量、降低流通过程中的货物损失、促进食品行业和农副产业的健康发展等都起着非常重要的作用。

铁路在我国计划经济发展时期，承担了大量的鲜活货物运输任务，在保证市场供应、满足人们日常生活需要方面发挥了重要作用。近年来，公路运输的迅猛发展、铁路运能不足等对铁路鲜活货物运输的发展产生了很大影响，运量呈下滑态势。但从社会需求发展趋势以及发达国家的发展经验来看，对于我国这样一个人口众多、幅员广阔，各地区的地理气候条件差异较大的国家，农副产品生产的差异化及地区间产品交流需求将始终存在。从发达国家农业发展情况来看，农产品的生产和供应会逐渐向着地域化集中规模生产、分散化长期均衡供应的方向发展，易腐货物的流通运输将是一个永恒的、具有发展潜力的市场。发展铁路易腐货物冷藏运输对环境保护有重要作用，开辟铁路易腐货物运输线路可大量减少公路冷藏车数量，不仅能节省燃油消耗、减少大量的尾气排放，还可缓解公路交通拥堵现象，改善物流配送中心作业环境，降低运营成本。

随着我国改革开放和经济建设的深入发展，人们对易腐食品供应质量的要求不断提高，易腐货物生产加工技术不断进步，使冷冻冷藏产品、速冻加工食品类消费市场容量不断扩大，即高附加值、必须使用冷藏运输工具的产品数量增长，冷藏运输需求量不断增加。另外，国际贸易的全球化发展和人们对食品安全的关注度提高，都会促进冷藏运输市场的发展。铁路在中、长途运输中优势明显，铁路运输具有节能性和环保性，必将在我国冷链物流中发挥更大的作用。

1.1 鲜活货物的定义及分类

鲜活货物是人们的日常生活消费品，是农、林、牧、副、渔业的重要产品。目前在各种运输方式中，鲜活货物运量在货物总运量中虽然只占很小部分，但在国民经济中起着十分重要的作用。

铁路运输的鲜活货物是指在运输过程中需要使用铁路冷藏车、冷藏集装箱等专用运输工具，采取制冷、保温、通风、加温、上水、加冰、补充饲料等特殊运输服务措施，以防止或减少出现腐烂、变质、冻损、生理病害、病残死亡等问题的货物。铁路鲜活货物包含易腐货物和活动物两部分，其中易腐货物占有较大比例，活动物的运量很小。

1.1.1 易腐货物

易腐货物是指在一般条件下保管和运输时，极易受到外界环境气温等条件影响而发生腐败变质的货物，主要包括肉、鱼、蛋、奶类产品及其制品，水果、蔬菜、花卉植物，啤酒、饮料、罐头，以及医药制品、化学品和电影胶片等。其中医药制品、化学品及胶片类货物运输批量较小，很少出现在铁路运输中，铁路运输的易腐货物绝大部分是易腐食品。

1. 按其加工方法和程度分类

根据加工方法和程度的不同，易腐食品分为天然食品和加工食品两大类。天然食品是指由农、林、牧、副、渔业等生产所提供的初级产品，包括水产品、畜、禽、蛋及乳品类动物性产品和水果、蔬菜类植物性产品。加工食品是以天然食品为原料经过不同深度的加工处理而得的各类制品，如冷冻制品、干制品、腌制品、罐制品和熟制食品等。加工食品经过不同的加工方法处理后其品质和特性发生了一定变化，耐藏性有所提高。大部分的加工食品耐藏性高于天然食品，有些品类（如干制品）甚至可以在常温条件下储存，可归属为非易腐货物。冷冻制品类产品能很好地保持食品的天然营养成分和口感、风味等特性，也保留了更多原有产品的易腐特性，需要在特殊的低温条件下，才能长期储藏。但同样储藏加工条件下的冻结产品，其易腐性主要由原有产品的易腐特性所决定。如鱼类产品比肉类产品更易腐，则其冷冻制品也是如此。近年来，还出现一些采用新型方法加工制造的方便食品，如净切果蔬、预制食品、微波食品等快餐调理食品。

2. 按商业及农业分类方式划分

如果按商业及农业分类方式划分各类易腐货物，可以分为动物类产品、植物类产品及其他类产品。

(1)动物类产品

动物类产品有水产品、肉禽类及其制品、禽蛋、奶类及其制品。

水产品包括海鱼、淡水鱼以及虾、贝、蟹类。

肉禽类及其制品包括猪、牛、羊、兔肉类和禽类以及其加工制品。

禽蛋包括鸡蛋、鸭蛋、鹅蛋等。

奶类及其制品包括鲜奶、酸奶、炼乳、奶酪以及冷冻乳制品，如冰淇淋、奶油等。

(2)植物类产品

植物类产品有蔬菜、水果、花卉及其他。

蔬菜包括叶菜类、果菜类、根茎类、葱蒜类、菜用豆类、瓜菜类、水生菜类等。

水果包括热带及亚热带水果、仁果类、核果类、浆果类、柑橘类、瓜类等。

花卉包括鲜切花、盆栽植物等。

其他包括粮食种子、坚果类、树苗等。

(3)其他类

其他类包括饮料、油脂类、预制食品等。

饮料包括酒类、果汁、非酒类饮料。

油脂类包括食用植物油、食用动物油、工业用动物油（工业猪油）。

糖果包括糖、巧克力、蜜饯等。

预制食品包括各种微波食品、方便食品以及罐头类加工食品。

3. 按货物的热状态分类

按货物呈现的温度状态即货物热状态，可将易腐货物分为冻结货物、冷却货物和未冷却货物三大类。

(1)冻结货物

冻结货物指经冷冻加工、产品的中心温度达货物冻结点以下,通常在－10～－18 ℃及以下的货物,包括冻鱼、冻肉、冻禽类货物。速冻产品也是冻结产品,它是通过急速冷冻工艺加工的冻结食品,需要在－18 ℃及以下温度保藏。

(2)冷却货物

冷却货物指采用人工或天然降温方法使货物的温度降低到某一指定的温度,但不低于其液汁冰点的易腐货物,如经过冷却的新鲜水果、蔬菜、冷鲜肉类、禽及水产品等,以及经冷库冷藏存放的各类货物。承运时的货物温度一般在 0～7 ℃。

(3)未冷却货物

未冷却货物指未经过任何冷却工艺处理,以原始自然状态或常温状态储运的易腐货物,如采收后以初始状态进行运输的水果、蔬菜以及花苗、树苗等鲜活植物。此外,还包括常温下存储的饮料、糖果、油脂类及熏腌卤制品、加工熟食制品类货物等。

由于货物的存在形式和状态是决定其储运条件的基本要素。因此,为便于正确选定和运用易腐货物运输条件,便于运输组织、运价制定以及实施相应的管理措施,以保证货物的运输质量和安全,铁路运输中需要综合考虑货物品类、特性及货物热状态等因素,对易腐货物进行分类。

目前,我国铁路运输中将易腐货物分为以下 13 个品类:

(1)速冻食品,包括速冻水果、速冻蔬菜和速冻方便食品。

(2)冻水产品,包括冻鱼和其他冻水产品(如冻虾、冻蟹、冻贝类)。

(3)(冻)肉类,包括冻猪肉、冻牛肉、冻羊肉、冻兔肉、冻禽肉。

(4)肉类制品,包括火腿和肉类加工制品等。

(5)油脂类,包括冷冻动物油、食用动物油和起酥油以及工业猪油。

(6)禽蛋类,包括冰蛋和鲜蛋。

(7)乳制品,包括冷冻饮品(如冰淇淋、雪糕等)、奶油、炼乳、鲜奶。

(8)糖果类,包括巧克力和糖果。

(9)饮品,包括饮料和酒类。

(10)鲜蔬菜,包括叶菜类(如大白菜、菠菜等)、根茎类(如胡萝卜、土豆等)、瓜菜类(如黄瓜、冬瓜等)、花菜类(如花椰菜、青菜花)、茄果类(如番茄、甜椒等)、葱蒜类、菜用豆类(如扁豆、豌豆等)、水生菜类(如荸荠等)。

(11)鲜水果,包括仁果类(如苹果、梨、山楂等)、核果类(如桃、樱桃、枣等）、柑橘类（如柠檬、橘子等）、浆果类（如草莓、葡萄、猕猴桃等）、瓜类（如西瓜、哈密瓜等）、热带和亚热带水果（如荔枝、香蕉、芒果等）。

（12）坚果类，如板栗。

（13）其他，如切花、树苗、盆景等绿色植物和罐头食品等。

1.1.2　活动物

活动物是具有良好生命活动的动物类货物，主要包括活家禽、家畜、蜜蜂、活兽、活水产品等。

家禽，一般有鸡、鸭、鹅、鸽等。家畜，主要是猪、牛、羊、马、驴、骡、兔、犬等。铁路运输的兽类，一般包括各类大型野生及驯养的动物、马戏团表演用猛兽，如虎、狮、熊、狼、大象、獐、野猪等。活水产品，有河鱼、海鱼、蟹、虾、甲鱼、龟、贝、蛤蜊、螺、蛏、牡蛎等。

1.2　我国鲜活货物运输市场的发展及特点

鲜活货物运输市场的发展受社会经济发展环境条件，包括经济发展水平、基础货源的生产及布局状况、社会交通运输格局和流通供应体系等因素的影响。社会经济发展水平影响社会日常消费的购买力，是市场发展的原始动力；鲜活产品的产销情况决定实际运输需求及特点，是运输市场的基础条件。改革开放前，我国农、林、牧、副、渔业的发展较为缓慢，农副产品的生产情况受自然气候和地理条件制约较大，种植、养殖技术比较落后，产品产量低、品种少，市场供应十分紧张。因此，当时鲜活货物运输的主要任务是满足市场对产品供应数量上的要求，满足人们日常生活的基本需求。市场流通供应方式也主要是计划性的调运和调配。在20世纪80～90年代期间，铁路充分发挥了批量化运输的优势，承担了约90%的易腐货物运输任务，为满足人们物质生活需要作出了重要贡献。

随着经济管理体制由计划经济向市场经济的转变，整个国民经济发生了巨大的变化，鲜活货物运输市场也同样发生了较大变化。首先是易腐货物的产量和布局出现新的变化，易腐货物总产量逐年增长，但生产的规模化程度较低，生产经营主体的改变、个体经营的增多，使产区范围更大、分布更分散，给流通体系造成很大的压力。其次，流通服务体系的发展滞后于农业生产技术的发展，冷藏冷冻仓储设备设施匮乏，冷链储运及配送基础薄弱，无法满足社会对市场供应的多样性、及时性，以及对产品品质、营养、新鲜度和安全性等多方面的新要求。运输市场需求也向着多品种、少批量、高品质的方向发展，且对时效性提出了更高的要求。目前，我国易腐货物运输市场的发展概况及特点如下：

1. 产量逐年增加，市场不断壮大

改革开放以来，我国国民经济稳步增长，政府越来越重视民生工程建设。通过实施“菜篮子”工程，建设和发展肉、蛋、奶、水产和蔬菜生产基地，很快解决了市场供应短缺问题，并且逐步建立了全国范围内以农副产品批发市场和城乡集贸市场为主体的流通格局，农副产品产销增长迅速，流通市场不断发展壮大。以“提倡绿色消费，培育绿色市场，开辟绿色通道”为主题，以提高食品质量，建立健全食品安全保障体系为目的的“三绿”工程的实施，进一步地推动了农业产业结构的调整和优化，名特优新品种比例的不断增加，不断改善着市场供应状况，更好地满足了人们多品种、高品质等新的消费需求。

近十多年来我国主要农副产品一直呈逐年增长态势，年均增长率在 5%左右。水果、蔬菜及肉类产品的总产量已居世界首位。根据国家统计局的数据，我国近年来主要易腐产品的产量及年均增长情况见表 1.1，其中近四年来主要农副产品：水果、蔬菜、肉类、水产品及蛋、奶的总产量均已超过 9 亿 t。大多数产品的年均增长速度在 2%～5%，奶类产品增长速度最快，虽然近两年受三聚氰胺事件的影响产量有所下降，但十年平均的年均增长速度仍为两位数。这些生鲜农产品，除部分耐储运果蔬品种外，大部分产品在加工、储运、配送及销售等流通过程中需要冷藏条件。

表 1.1　我国近年来主要易腐货物产量　(单位：万 t)

年份	蔬菜	水果[b]	肉类	禽蛋	奶类	水产品	合计
2000	44 289	6 209	6 270	2 243	919	4 278	64 208
2001	49 410	6 656	6 340	2 337	1 123	4 381	70 247
2002	52 062	6 809	6 234.3	2 463	1 400	4 564	73 532.3
2003	53 960	14 470	6 444.3	2 607	1 849	4 705	84 035.3
2004	54 927	15 243	6 608.7	2 724	2 368	4 902	86 772.7
2005	56 284	16 076	6 938.9	2 860	2 485	5 106	89 749.9
2006	58 233	17 102	7 089	2424	3 302.5	4 583.6	92 734.1
2007	56 500	18 136.3	6 865.7	2 529	3 633.4	4 747.5	92 411.9
2008	57 516[c]	19 220	7 269	2 638	3 651	4 895	95 189
2009	60 200[c]	19 220[a]	7 642	2 741	3 518	5 120	98 441
年均增长率	3.5%	5.5%	2.3%	2.5%	16.9%	2.1%	5.5%

注：a. 取上年的值；

b. 2003 年前后水果统计内容有所不同，故不计该年比上年的增长率；

c. 为农业部数据。

近几年,国内外食品加工行业中速冻食品发展最为迅速,目前我国速冻食品厂已发展到2 000多家,年产量超过1 000万t。速冻食品包括速冻水产品、速冻农产品、速冻畜禽产品、速冻调理产品四大类,这部分产品的流通过程必须采用冷冻冷藏储运条件,是最具发展前景的冷藏运输品类。

2. 产地分布广,流量流向分散

我国地域辽阔,各地气候、地理条件千差万别,兼有寒、温、亚热三个地域气候带。易腐货物的生产和消费具有一定的区域性特点,这为较大范围内的农副产品运输及经销奠定了良好的货源基础,但生产经营规模小、运量比较分散。虽然“菜篮子”工程支持建立了一批肉、蛋、奶、水产品和蔬菜生产基地,但生产的产业化程度仍然较低。个体农户为主的生产经营模式,生产基地数量虽多但规模小,产区范围大、分布面广,生产分散化的情况普遍存在。产品的市场经销也存在同样的问题,货源货流的集中度相对较低。

易腐农产品在全国的总体产销分布情况为:产区多集中在我国中、东部地区的内陆省份,产量居全国前三位的是山东、河北、河南。以山东省为例,蔬菜、水果、肉类产品、禽蛋及水产品等主要鲜活农产品都是优势产品,在全国均占较大份额。2009年山东省全年蔬菜产量超过1.03亿t,占全国总量的17.1%。而与之相对应的是,我国易腐食品消费地多处于北京、重庆、沈阳、郑州、武汉这样的一些大城市,以及上海、广州、天津这样的沿海经济发达地区。这就形成了我国多年来“南菜北运”、“西菜东调”的基本格局,也形成了由全国易腐食品主要产区流向三大消费中心——北京、上海、广州的易腐货物主要运输方向。

肉类产品生产地主要集中在山东、四川、河南、湖南等省。我国东北地区原来是猪肉的主要销区,现已基本自给自足,而且肉类产品产量还在不断增长。随着农户畜、禽饲养量的下降,原来一些沿海肉类产品主要生产地区已变成了销区。

蔬菜产量较大的产区是山东、广东、河南、湖北、四川、广西、江苏、河北等地,传统的蔬菜供应基地如海南、云南、广东等省,仍然是“南菜北运”和“反季节蔬菜”的主产区,其冬、春季节蔬菜的产销量近年来一直逐年递增。其他内地省份蔬菜生产与销售也呈现良好的发展势头,如甘肃、陕西等省现已成为“西菜东调”的重要基地。尽管北方许多省份在冬季使用温室大棚产菜,但产量仍然不足、品种不多且成本较高,风味也不如自然环境下生长的蔬菜。因此,在冬、春季节,仍有大量的蔬菜由广东、广西、福建、海南、四川及云南等地运往东北、西北及华北各地。

水果的生产大省主要是山东、河北、广东、陕西、福建、广西和河南。以苹果而言，产区主要在东北、华北和西北，如山东、陕西、河南、河北和辽宁等地，销售范围面向全国，因而其运输流向为由北向南、向东、向西。柑橘主要产区在东南、西南地区，如浙江、福建、四川、湖南、湖北及广西等地，销售范围也面向全国，主要运输流向为由南向北。梨的生产则没有明显的地域限制，几乎全国各地(除海南外)均有生产，最主要的产地是河北，其产量约占全国梨总产量的三成，主要流向为由北向南。葡萄也没有明显的地域限制，大多数省份均有一定产量，主要集中在新疆、河北、辽宁、山东等地，其主要流向为由西向南、向北。香蕉与菠萝的地域性很强，主要出产于南方各省，如广东、广西、福建、海南及云南等地，其流向为由南向北。

禽蛋类产品的生产大省主要是山东、河北、河南、江苏、辽宁和四川，其主要流向是北京、上海以及南方几个沿海省市地区。还有一个主要流向是港澳地区，香港的禽蛋类产品的很大一部分是由内地供应的。

我国奶类产品的主要产地是黑龙江、内蒙古、河北、山东、新疆、陕西和甘肃等地，其中以黑龙江产量最高，约占全国总产量的20%左右。主要流向是上海、北京、天津等大城市，以及南部沿海省区。

3. 产品深加工比例低，储存能力不足

我国农产品加工业还处在初级发展阶段，食品保鲜加工、包装、储运体系发展滞后，速食及加工半成品品种较少。与国外相比差距较大。发达国家的农产品加工业产值与农业产值之比大都在3∶1至4∶1范围，而我国只有0.43∶1。目前发达国家70%以上的蔬菜都经过加工，水果加工比例在40%～70%，个别国家水果加工量占总产量的70%～80%。这不仅提高了产品附加值，还可以减少流通过程中的损失，减少浪费和城市污染，提高了综合经济效益。1995年，美国、巴西的柑橘加工量已占到柑橘总产量的70%以上。而目前我国水果加工量仅占总产量的7.5%。世界水产品加工比例已达75%以上，而我国仅占30%左右。可见，我国水果、蔬菜仍以鲜销、鲜食为主，这一方面说明农业资源的有效流通率或农产品商业增值比率较低；另一方面也意味着对流通及运输的需求较为紧迫。因为深加工往往可以增加农产品的保质期，通过储藏保鲜等方式可缓解和分散因农产品生产的季节性带来的流通压力，能够调节市场供需矛盾。而且，未经冷却加工处理的生鲜产品，对流通领域运载工具提出了更高的要求，把应在运输前进行的预冷、冷却等前处理加工任务转移到运输环节中，加大了冷藏运输工具的冷耗量，这不仅使运输成本增加，也对保持货物的质量十分不利。

我国流通领域的负荷量较大，流通过程的货物损失量也较大。发达国家生鲜产品的加工、储藏率高达产量的70%～80%，能够缓解运输压力。我国果蔬产品的冷藏储存能力比较低，水果储藏量还不足总产量的20%。

4. 发展相对落后，提升空间巨大

我国的食品冷藏链体系尚不健全，缺乏冷藏冷冻储运设施，很大一部分易腐产品的流通是在不适宜的环境条件下进行的，流通过程中腐坏、腐烂现象严重，货物损失量大。虽然我国不断改善交通运输条件，开通了多条通往各大、中城市的鲜活农产品运输"绿色通道"，但我国果蔬、肉类、水产品冷链流通率仅为5%、15%、23%，冷藏运输率仅为15%、30%、40%，鲜活产品的损失量较大，果蔬、肉类、水产品流通腐损率分别达到20%～30%、12%和15%。

我国的易腐货物产量居世界各国首位，但冷藏储运能力和水平与世界发达国家相比还有很大差距，这一方面说明我国的农产品商业化程度还很低，市场流通渠道不畅通；另一方面也说明我国食品冷藏链发展较为落后，未来冷藏运输市场尚有很大的发展空间。我国的冷藏保温车约3万辆，占货运汽车保有量的0.3%。美国的易腐货物的总产量不及我国的1/3～1/4，但其冷藏车保有量约为33万辆，占全美货运车辆总数的1.5%。日本、德国、法国分别有冷藏运输车12万辆、4万辆、3万辆，约占货车总量的2%～3%。可见，我国目前冷藏运输装备严重不足，仅能满足社会潜在货运需求的一小部分，冷藏运输市场还有很大的发展空间。目前我国新鲜水果蔬菜的运输，中、短距离以公路运输为主，铁路在长距离运输中发挥着重要作用。公路运输的主要优势是灵活、方便、快捷，可以采用普通卡车进行装运。绝大多数果蔬产品长距离铁路运输必须使用冷藏运输工具，运输成本相对较高。

随着我国农业产品结构的优化调整，发挥区位、地理及气候优势，开发地域性特色名、优产品的趋势正在形成，农产品生产正在向产业化、规模化方向发展。随着地域性特色农产品产量的增加，以及基地化、规模化生产模式的进一步发展，我国区域性产品调运量将继续增长，中长运距的区域间运输还有较大的发展潜力，铁路将在未来我国冷藏运输市场中保有一定的份额，发挥重要作用。

1.3 我国铁路鲜活货物运输特点及要求

1. 特点

根据我国鲜活货物的产销状况、市场格局及货流情况，我国铁路鲜活货物运输具有以下特点：

(1)运输淡旺季明显,运量波动大

大部分鲜活货物的生产具有季节性,如水果集中在三、四季度,水产品集中在春秋汛期,“南菜北运”集中在冬春两季,这就形成了鲜活货物运输的旺季和淡季,出现运量波动性大、不稳定的情况。旺季时,运量过于集中,运输负荷大,运输装备紧张;淡季时,运量不足,冷藏运输车辆会出现闲置现象。

(2)货物品种繁多,特性及储运要求差异大

我国的鲜活产品生产资源丰富、品种繁多,如鱼产品种超过 2 000 多种、果蔬产品种类多达数千种,家畜、家禽和蛋奶产品种类也极为丰富。各种货物品类、品种的特征和性质差异大,运输需求也各不相同。有的货物运输时需要采取制冷、保温措施,而有些货物可能要求采取加温、通风、供水、供(饲)料等保护措施。对应各种运输需求,要采取相应的运输条件、装卸方式,使用适宜的运输工具。装车前,需要进行预冷冷藏车车体(或冷藏箱箱体)、整备设备、准备装卸机具和人员以及备货、上货等一系列作业过程,鲜活货物的运输组织工作较为复杂。

(3)平均运距较长,运输时限要求紧

我国地域辽阔,鲜活货物生产分布范围较广,需要通过运输来调节,以满足各地市场的需求。我国鲜活货物产地相对较为集中,但销地十分分散,地区间的运输距离一般较长。铁路在中、长途鲜活货物运输中占较大比重,目前铁路冷藏车的平均运距已超过 2 300 km。鲜活货物运输的时效性要求很强,货物从生产到销售(及消费)所经历的时间越短越有利于保持货物质量。运送时间越长,剩余的货架期和商业价值就会越少,货物养分损失量、腐烂变质几率也越大。活动物运输时间过长,可能会出现掉膘、病残,甚至死亡现象。因此,鲜活货物的运输要有严格的运到期限要求,铁路的运到期限必须在货物的容许运输时间之内(通常需要比货物容许运输时间少 3 d 以上)。

(4)运输批量零散,去向分散

近年来,尽管鲜活货物市场总体需求量增大,但各地市场需求呈现品种多、批量小、运输频度高的发展趋势。除少数大宗鲜活货物的流向较为稳定、流量较大外,多数货物的流向流量比较分散。从市场经营角度来看,同一品种货物批量化上市不利于保证销售利润。因此,要根据市场的承受能力适当控制各品种的上市量和运量,使得铁路鲜活货物货源组织工作更加复杂、要求更高。

(5)具有易腐性,运输质量易受环境条件影响

鲜活货物与其他货物最大的不同是其具有易腐特性，质量极易受到外界气温和所处环境的卫生条件等影响。储运环境中冷、热、干、湿度控制不当均易造成易腐货物腐烂、变质或干耗等现象发生，影响货物质量。而外界气候条件、车内外温度条件等随时会受各种因素影响而发生变化，需要实时进行监测和调整。运输活动物时，也要注意各地气候变化的影响，尤其要注意热天的防暑降温、供水以及寒冬季节的御寒、防冻准备工作。另外，鲜活货物也易受环境卫生条件的影响，较差的环境条件极易导致货物受有害物质污染或感染微生物，加速货物质量的下降过程。

(6)质量要求高，运输条件及组织工作复杂

随着人们的生活水平不断提高，对鲜活货物的质量要求越来越高，不仅要求新鲜、美观、口感好、风味佳，而且要求营养、卫生、安全性好。为此，要更加注重从发运前、承运开始，到装卸堆码、途中服务及到货通知、交付等各环节的作业质量，对运输方式、车辆使用及运输温度控制等应严格要求，以最大限度地保持易腐货物的新鲜程度、色泽等外观质量以及卫生性能、营养价值等内在品质，更好地满足市场的多样化要求，满足食品冷藏供应链的质量要求。

鲜活货物的组织工作比较复杂，一是因为其时效性要求高，各环节必须紧密衔接；二是货物品种多、性质各异，需要按照不同的运输条件、采用专门的运输工具，作业内容多、操作繁杂；三是货源组织工作复杂，目前的多元化经营、小规模个体经销，使货物来源复杂、质量和批量较难统一。此外，有些鲜活货物还必须进行动植物检验检疫工作；除机冷车运输过程需要乘务人员值乘外，有些活动物运输时需派押运人员。

2. 要求

铁路鲜活货物运输工作的根本目的是最大限度地保持鲜活货物的质量，及时快速地将货物运达目的地。要采取合适的运输方法，使用合适的运输工具，在适宜的运输条件下进行运输。具体的运输要求包括：

(1)承运货物要符合运输条件的规定

质量良好的货物是保证铁路易腐货物运输质量的首要环节。易腐货物的热状态、承运质量、承运温度、包装和容许运输期限等要符合规定。活动物应无病残，有规定的检疫证明。需要的容器、饲料和装车备品也应符合规定要求。

(2)配备相应的运输车辆、运载工具和运输设备

为保证鲜活货物的运输质量，需要使用冷藏车、冷藏集装箱等专业运输工具。这些运输工具必须具备良好的冷藏、隔热、通风及加温功能等。同时，还

需要为鲜活货物运输提供预冷、上水、供电等服务设施。

(3)运输过程中需要保持适宜的温度和湿度

在易腐货物的储运过程中,需要始终保持各类货物所需要的适宜温度、湿度及卫生条件等。例如,储运香蕉时最适宜的温度为 11.7 ℃,相对湿度为80%～85%,用机械冷藏车装运时,车内温度要求保持在 11～15 ℃的范围内。

(4)要有良好的卫生和通风条件

鲜活货物的储运环境应符合卫生防疫的要求,必须严格按规定对货车、货位进行清扫、洗刷除污和消毒;使用的装卸搬运机具、用品应清洁,饮用水要卫生,防止货物受到污染和微生物侵害;还要有良好的通风条件,便于散热降温,排除有害气体、异味和多余水汽,保持空气清新适宜。

(5)加强运输组织,实现快速、及时运输

为适应易腐货物运输去向分散、批量小的发展趋势,一方面需要开发更加符合市场发展要求的新型冷藏运输装备,如增加单节式冷藏车数量,发展冷藏集装箱等多式联运装备,开发多室、多温等多功能铁路冷藏专用运输工具;另一方面要加强组织工作,在加强各作业环节的有效衔接和提高作业效率的同时,采用灵活多样的运输组织方式。针对鲜活货物运输季节性强、运量波动大、时间要求快的特点,不断提高运输组织工作水平,做到快速运输。要积极组织开行鲜活货物快运直达列车、鲜活货物“五定”(即定点、定线、定车次、定时、定价)班列,发展鲜活货物行包快运和开辟“绿色通道”等多种快运形式。

在装卸车作业及车辆取送、编组、挂运各环节,应本着快速、高效的原则,实现冷藏车辆的快装、快卸、快取、快送和及时编挂。积极落实“优先安排运输计划、优先进货装车、优先配车、优先取送、优先编组、优先挂运”的“六优先”原则。

另外,为提高易腐货物的流通质量,铁路还应积极参与易腐货物从生产到储藏、运输以及销售的一体化冷藏链建设,实现冷藏运输网络与冷藏仓储、配送网络的有效对接,逐步形成易腐货物的冷链物流系统,为易腐货物提供优质的全程物流服务。

2　国外鲜活货物运输概况

2.1　国外鲜活货物运输市场概况

冷藏运输起源于19世纪上半叶的欧美国家铁路，其发展演变过程与国家的经济发展及交通运输格局等密切相关。目前，欧洲、北美国家及日本等经济发达国家或地区的易腐货物冷藏运输率较高，一般在80%以上，中等发达国家冷藏运输率在50%左右，而欠发达国家或地区则在10%～20%，如印度为15%左右。肉类、鱼类产品以及蛋奶、果蔬类产品具有易腐特性，在储藏和运输过程中需要冷藏。发达国家在某些地区或季节，对部分粮食、种子产品也要进行冷藏运输。根据德鲁里航运咨询中心的数据：2000年全球公路、铁路和水运的冷藏货物总运量为1.14亿t，2007年为1.52亿t，年均增长率为4.3%。美国农业部的有关资料显示，每年全球跨国食品运输中有60%采用海运，35%为陆路运输，5%采用空运。在美国国内，大多数食品采用陆运方式，即使用公路和铁路运输。

冷藏运输在各种运输方式中的发展程度也有所不同。第二次世界大战前，铁路在冷藏运输中占重要地位；20世纪60年代，公路冷藏保温汽车和冷藏船舶发展较快；70年代以后，冷藏集装箱在海运及多式联运中开始得到迅速发展。目前，公路运输在世界各国易腐货物冷藏运输中均占主要地位，海运在国际易腐货物贸易运输中发挥着主导作用。除俄罗斯铁路在中、长途运输中仍占有较大比例外，铁路冷藏运输在各国货物运输中所占比例均不大。从冷藏运输装备发展情况上看，公路以冷藏汽车、冷藏半挂车运输为主，海运已从专业冷藏船逐渐趋向于以使用冷藏集装箱为主。目前，冷藏集装箱在海运易腐货物运输中的比例已超过60%；冷藏集装箱在各种运输方式中的比例在不断增加。

从全球易腐货物运量增长情况来看，冷藏运输装备的发展相对比较滞后，全球范围内的冷藏运力严重不足。2008年在英国伦敦举办的全球冷冻货物流大会和全球冷链物流大会指出，随着全球海产品、冷冻食品和新鲜果蔬进出口贸易量不断增长，全球冷冻集装箱设备和冷冻散货运输船运力均出现不足,其缺口还在逐渐扩大,这是造成大量易腐产品采后损失的重要因素。1997 年到 2007 年的十年间,全球需要温度控制的冷藏食品运量增长了 51%,其中绝大多数是新鲜水果和蔬菜,其次是新鲜鱼、乳品和肉类产品,但在同一期间全球冷藏集装箱设备和冷藏船运力增长率仅为 10%。根据国际制冷学会 2009 年 6 月公布的数据,全球每年的易腐食品产后的损失率达食品总产量的 25%,其中欠发达地区的农产品采后损失率高达产量的 40%。在当前世界人口的 14%还在因食物短缺而遭受饥饿的痛苦情况下,这种食物的大量浪费尤其令人焦虑和心痛。据有关资料显示,2008 年全球营养不良人口数有 9 亿多,其中 97%生活在发展中国家。因此,发展和建立完善食品冷藏链体系,减少易腐食品的产后损失和食品安全问题已成为世界关注的焦点。

国外运输的活动物,包括宠物、马戏团表演用的动物以及家禽、牲畜类动物。表演用动物运输单批次数量很少,公路运输能够提供较好的定制化服务,基本上采用公路运输。美国的所有活牲畜运输都由公路来完成。用于食用及加工用的牛、马、家禽类活动物的运输虽有一定批量,铁路也曾经承担过部分牲畜的运输,但随着肉类食品加工业的发展,产地进行屠宰加工的比例不断增大,运输需求量下降,适合铁路运输的活动物越来越少。另外,发达国家对活动物也有相关的"福利"保障法律,活动物运输要受有关动物保护的规章、条例的限制。对运输途中应给予动物的照料要求不断细化,服务要求不断增多,不仅对运输动物容器的空间、运行速度、环境温度、湿度条件等方面有规定,还对饲料供给、饮水条件等方面有具体要求。另外还需要满足动物生活的"舒适性"要求,包括考虑牲畜情绪,长距离运输中还可能要求中途进行一定时间的放牧、休息等。铁路运输难以满足诸多特殊要求,所以目前活动物运输基本由公路承担。

2.2 国外冷藏供应链发展状况

冷藏运输是连接食品生产与消费的纽带,是食品冷藏流通的关键环节。由于食品冷藏供应链涉及产品生产、加工包装、仓储、运输及零售等多个环节,具有跨行业、跨领域、跨部门,供应链条较长的特点,因此建立完整的冷藏供应链体系十分重要。国外的冷藏链发展较为完善,不仅在于注重冷藏链基础设施的建设,还在于建立完整的供应链体系,通过供应链上下游行业和企业间建立战略联盟和良好合作关系,确保供应链的稳定性和各环节的有效衔接。

国际贸易中的冷链运输环节更多、成本更高，对冷藏供应链的依赖更大。建立稳定完整的供应链，选择信誉良好、有足够能力和实力的企业建立战略联盟，已经成为国际冷藏贸易中十分重要的部分，是冷链运输质量的重要保障。例如，从加拿大经美国往墨西哥运输易腐产品，不仅要面临长距离的冷藏运输，还要经历多个环节，包括在不同国家的冷藏运输，经历两次跨越国境、进出海关的货物检查以及到达目的地的冷库装卸作业等环节，其运输时间和物流费用比一般情况下的花费要高很多，对供应链的可靠性和稳定性要求很高。各国冷藏链基础设施条件有所差异，某些供应链存在着薄弱环节，如墨西哥在运输高峰时期常会出现冷库及冷藏车短缺问题，此时所选择的当地参与企业的能力会起决定性的作用。加拿大出口商的经验是，只有与当地有足够能力和经验的供应商建立和保持长期合作伙伴关系，才能在各种复杂情况下保证冷藏链“不断裂”，而采用临时性或短期的合作方式，很难保证冷藏供应链的稳定性和完整性。

加拿大是北美地区最大的冻薯条加工基地，每年向美国及墨西哥地区出口大量冻货。大部分出口食品运输由冷藏汽车完成，公路运输的费用虽然比铁路运输要高 30%左右，但具有时间短、运输单元大小适中、灵活便利等优势。然而近年来，公路运输市场的竞争激烈，波动性很大，运输高峰时的道路拥堵问题十分严重。美国铁路通过与加拿大铁路公司建立良好的合作关系，构建完整冷藏链体系，开展多式联运业务，在该运输通道上争取到一些长途冷藏运输业务。一些批量较大的易腐货物运输，尤其是对时间期限要求相对较宽松的冻结货物，有可能选择铁路运输方案。

生鲜农产品的流通模式，主要取决于一个国家的农业生产经营条件（生产环节）、现代物流技术的发展（流通环节）和消费模式（消费环节）。在发达国家，农产品冷链物流发展模式，有产销地直销的订单模式，也有批发市场的竞拍模式，还有第三方物流专业模式。如在美国，大型农场的产地向销地的直销，或消费端大型超市、连锁店到产地的采购模式的冷链物流量约占农产品流通量的 80%，批发市场的冷链流通量仅占 20%；而在日本，则以批发市场竞拍流通模式为主。因为美国的市场发展较完善，生产加工企业的发展规模较大，生产区域化程度高，可以不需要中间商直接为零售端提供大批量、多品种的农产品；而日本土地规模小，农业生产经营分散。以批发市场为主的流通模式能有效地解决小规模农业生产和大市场、大流通之间的矛盾。

在加拿大，有以大型花椰菜产地加工企业 MelvinFarms 与北美地区最大的铁路公司——加拿大铁路公司(CN)为主体的蔬菜冷链物流模式，有以大型农产品批发市场 Ontario Food Terminal Board 和全国最大的配送中心 Sobeys 为主体的农产品冷链流通模式，还有以全国最大的第三方物流企业 Thomson Group 为主体的冷链物流模式。

上述无论哪一种模式都有一个共同的特点，就是以大型企业为主体构成冷链流通体系。

海运是实现跨国贸易流通的重要运输形式，目前全球海上冷藏运输主要集中在缺乏陆路运输条件的区域间。随着全球范围易腐货物运输需求的迅速增长，各种运输方式中的冷藏运输装备都有不同程度的发展，其中以冷藏集装箱发展最快。据有关文章介绍，2002 年全球海运冷藏运量中，冷藏集装箱完成比例已达 50%。2007 年全球远洋运输冷藏货运量为 7 700 万 t，预计到 2015 年将达到 1 亿多 t，以冷藏集装箱运输为主体的全球冷链服务将供不应求。

由于使用冷藏船运输时，从冷藏船仓往陆地冷藏车上装卸货物时常在常温条件下完成，难免影响货物质量。而使用冷藏集装箱运载时，则可在冷藏条件下实现不同运输方式间的转换，能够确保食品冷藏链持续“不断裂”，即冷藏集装箱运输对于冷链的质量保证明显优于冷藏船。因此，冷藏集装箱运输在海运中的比例越来越高。截至 2008 年底，全世界船厂已基本停止建造专业化冷藏船，代之而起的是越来越多地采用冷藏集装箱运输。但必须指出的是，全球集装箱船队中冷藏集装箱运力仍十分有限，2000 年拥有电源插座的冷藏箱位总量占全球集装箱箱位总量份额仅为 13%，到 2008 年才达到 16%。马士基班轮公司于 2008 年 7 月初为南美洲东海岸航线量身订造的 7 450 TEU 型集装箱船舶中，冷藏集装箱的载运能力达 1 700 只 40 ft 箱(3 400 TEU)。最近建造的绝大部分新型集装箱船舶都有近一半的冷藏集装箱箱位，目前全球海运冷藏箱运载能力已达 153 万 TEU。

冷藏集装箱运量的增长还受运载工具的影响，公路运输中冷藏箱需要由运载车辆如集装箱专用平车进行运输。即使在美国这样集装箱运输相当普及的发达国家，冷藏集装箱运输能力也还很薄弱。目前美国各地拥有冷藏集装箱的大型专业冷藏集装箱公路运输公司仅有 50 多家，远远不能满足不断增长的冷藏运输市场需求。究其原因，主要是冷藏集装箱的运输成本高、风险大、运营组织复杂，只有具有一定实力的企业才能开展此项业务。冷藏集装箱的设备投资约是普通干货集装箱的两倍多，制冷控温设备操作专业性强，集装箱维修保养成本高。冷藏货物有运输品种批量大小不一、小包装比例大、装卸停站点多等特点，还需要日夜不断地控制温度，运输中一旦出现温度失控情况，造成的货物损失很大，严重时甚至会造成运输公司破产，因此，愿意从事冷藏集装箱运输业务的公司较少。但强劲的市场需求增长态势对冷藏箱运输的发展形成很大的推动力，由冷藏集装箱生产量的增长趋势可知，冷藏集装箱运输比例必然会逐年扩大。

拼箱业务是提高冷藏集装箱运用效率、降低冷藏箱运营成本的一种有效做法。多批货源的拼箱业务，对冷藏集装箱运输的经营管理提出了更高的要求。美国市场化经营的灵活多样的企业合作方式，为需求多样化的冷藏运输提供了有利条件。在冷藏集装箱运力不足的条件下，为更好地开展冷藏集装箱拼箱及运输业务，冷藏集装箱公司需要加强与其他冷藏储运公司尤其是冷藏箱卡车运输公司的合作，建立必要的冷藏集装箱运输服务网络，更好地满足多样化的市场需求。随着国际食品贸易的发展，多式联运技术的不断成熟，冷藏集装箱运输市场需求将进一步增长，进而推动冷藏集装箱运输的不断发展壮大。

2.3 国外铁路冷藏运输

2.3.1 美　　国

美国现有 7 个一级铁路公司拥有全美近八成的铁路营业线路，完成 90% 以上的货运收入。其中，联合太平洋公司(UP)和北伯林顿圣塔菲公司(BNSF)是目前美国铁路冷藏运输的主力军。根据公开披露的公司年报，2008 年 BNSF 公司共拥有、租赁冷藏车 3 945 辆，占全部货车总数的 4.78%；2009 年 UP 公司共拥有冷藏车 2 630 辆，租赁冷藏车 4 484 辆，共计 7 114 辆，占全部货车总数的 8.55%。

1. 发展历程

美国铁路冷藏运输随美国铁路的兴衰经历了艰难曲折的发展过程，150 多年的进程大体可分为三个阶段：第一阶段——从 19 世纪中叶至 20 世纪上半叶(1851～1930 年)，为兴起并迅速发展阶段；第二阶段——在 20 世纪中后期，为衰退阶段；第三阶段——从 20 世纪末至 21 世纪初(1999～2005 年)，为重新复苏阶段。

冷藏运输的发展基于农业的发展。19 世纪中期是美国农业发展的黄金期，当时美国的交通运输体系尚不发达，公路条件尤其差，运输时不仅费时费力、费用昂贵，而且货物损失严重。而此阶段正值美国大力兴建铁路时期，铁路网络的迅速完善很快打通了全国范围的运输通道。铁路成为当时速度快、运力大、运输成本低的运输方式，担当了农产品流通的主要力量，在加速美国农产品的商品化进程方面发挥了重要作用。食品加工业也随之得以迅速发展，逐步形成了全国农业生产的区域化布局，以及专业化、规模化生产格局。1851 年，北美铁路最先出现的冷藏运输形式是以天然冰为冷源，采用普通货车进行易腐货物运输。美国铁路正规的冷藏运输业务是从 1878 年开始，当时铁路已经研制生产了有隔热车体、车端部带容冰箱体的冷藏专用车辆。到 1913 年，美国铁路冷藏车已迅速增加到 10 万辆，1930 年时达到 18 万辆。

进入 20 世纪以来，公路的迅速发展为易腐货物流通市场开辟了更好的渠道，尤其高速公路的发展，使汽车快捷、便利的优势得以充分发挥，成为最具吸引力的冷藏运输方式。以美国的蔬菜生产为例，由于以大型农场为主的区域性生产日趋集中化，各产区栽培品种趋向单纯化，但市场供应则品种多样化，多数蔬菜品种可实现全年供应，因此需要有一定的长途调拨需求量。例如，美国加利福尼亚联邦州以生产番茄为主，80%供生产加工；其次是生菜、芹菜、菜花，产量均居全美首位，其中芹菜产量占全美的 70%。每年加州 70%的蔬菜销往州外。这些蔬菜主要用大型冷藏拖车经高速公路运输，一般 4 500～5 500 km 的运程可在第 4 日清晨到达。与此同时，制冷技术及设备的发展也进一步推动了冷藏运输市场的变革。1925 年至 1930 年机械制冷技术用于卡车运输，并很快得到普遍认可。而铁路的加冰冷藏车开始进入老化期，车辆状况恶化，服务质量下降。公路很快吸引了大部分冷藏货源，迅速占领了易腐货物运输市场，铁路冷藏运输进入衰退期。

到 21 世纪，公路运输中的问题不断加剧，如道路拥堵、汽油价格上涨、环境污染问题严重等，人们又开始关注传统的铁路运输方式，铁路逐渐走出低谷并成为增长最快的运输方式。根据北美冷藏运输市场的调研报告，自 21 世纪初美国铁路冷藏运输市场开始回暖，2003 年北美冷藏运输市场止跌回升，2004 年继续呈上升态势，冷藏运输装备市场较上一年有了较大的发展，年收入增长达 23%。

2. 冷藏快运产品

(1)长途冷藏快运列车

早在 20 世纪初(1906 年)，美国 UP 公司和圣塔菲铁路公司合作成立了太平洋水果快运公司(PFE)，并成功开行了铁路水果快运列车，吸引了大量易腐货源。当时的冷藏运输装备主要是冰箱式冷藏车，随着运量的增长，冷藏车数量实现了较快发展。据资料记载，太平洋水果快运公司的冷藏车数量在开业初期(1907 年)仅为 6 600 辆，到 1930 年已迅速发展到 40 509 辆。但之后受公路冷藏运输发展影响，铁路冷藏车辆有所减少，1950 年为 38 840 辆，1970 年降至 17 648 辆。到了 20 世纪 70 年代中期，大量易腐货运量流向公路，铁路运量下滑。1978 年太平洋水果快运公司解散，分为两个独立经营的快运公司——南太平洋水果快运公司(SPFE)和联合太平洋水果快运公司(UPFE)。此后，铁路易腐货物运输进入一段萧条期，直到 20 世纪 90 年代中后期，因燃油价格上涨等问题铁路运输才呈现回暖迹象。

20 世纪末，随着美国政府放松对铁路的管制，燃油价格上涨使公路运输成本升高，美国铁路抓住这一有利时机，积极改善运输及装备技术，组织开发一体化、直达化为主的长途快捷联运产品，以缩短运行时间、提高运输效率，极大地提高了铁路在易腐货物运输市场中的吸引力。其中以 UP 公司的“快运走廊”(Express Lane)和 BNSF 公司的“冰冷快线”(Ice Cold Express)最具有代表性。

2000 年 4 月，美国西部的联合太平洋铁路公司(UP)和东部的切西滨海铁路公司(CSX)合作开发了新时代易腐货物快运列车——“快运走廊”(Express Lane)，主要运送从加利福尼亚州和西北太平洋沿岸地区到东海岸地区的易腐货物。这条冷藏快运线的最大特点就是实现了铁路运输内部，以及冷藏链上的铁路与上下游环节的良好衔接。在铁路运输环节，为实现从美国西海岸到东海岸的长距离运输，“快运走廊”的列车要跨越 UP 和 CSX 两家公司的铁路线。这种联合运输的列车运输组织工作更加复杂。两家公司之间每天往返 20 趟快运列车，有 2 000 多辆交换车，因此，两家公司都必须 90%以上按计划完成运行图，才能成功地实现列车的良好接续，成功地设计并执行整体运行图计划是联合运作的关键。其次，管理手段和方式的一致性也十分重要，必须扩大公司之间的信息交流及管理范围，才能实现有效的统一运作。两家公司使用了相同的联运服务管理软件，可实现像在一家公司那样掌握快运列车自始发站至到达站之间的全程运行状况。UP 公司还将这种统一化的服务管理方式应用于与一些运营短线运输的铁路公司的合作当中，以扩大“快运走廊”的货源基础。美国铁路有众多短线路运营商，与这些短线运营公司的合作可以汇集更多长途运输的货源，延伸运输里程和拓宽市场经营范围。“快运走廊”上几乎一半的农作物货物来自众多的短线铁路。

在铁路与外部环节的接续上，铁路公司采取的是与货源企业、社会物流资源建立松散型联盟的方式，通过签订合同的形式来建立与冷藏链上下游企业（如易腐产品货源企业、物流托运企业以及目的地的公路运输企业）之间的关系，力求做到从货源产生地到车站货场，以及到达目的地后从货场到需求地点的整个过程的无缝衔接。UP 公司的"快运走廊"列车，将东西海岸间的运输时间缩短为 8～9 d，比该通道的普通列车速度有了较大幅度的提高（原来的运输时间为 12～16 d），大大提高了市场竞争力。虽然铁路的运输速度仍比不上高速公路，但铁路提供服务的连续性和安全稳定性，更为客户看重，因此该快运线与公路运输形成一定的竞争。

"冰冷快线"是 BNSF 公司与 CSX 公司合作开发的铁路冷藏快运产品，2001 年在美国南部加利福尼亚州及中西部地区与纽约城之间运输易腐货物，每周开行两趟。通过直达化运输组织形式，使从美国西海岸到芝加哥的运输时间比原来缩短了一整天的时间。"冰冷快线"的特点是能够实现公铁联运，它由 200 辆 53 ft 公铁两用机械冷藏半拖车（Reefer Railer Trailers）编成，不仅能够实现不同铁路公司之间的联运，还可以实现不同运输方式间的无缝衔接，大大提高了铁路快运产品的运输效率和市场竞争力。如 BNSF 公司与美国最大的私人公路运营商 SWIFT 公司达成协议，提供多式联运服务。由 BNSF 公司负责长途运输，SWIFT 公司承担短途公路运输。初期，很多托运人并不想使用这种公铁联运产品，因为有太多的参与方，管理十分复杂。但 BNSF 公司与易腐货物冷藏供应链上下游环节间的长期合作战略，消除了托运人的这种顾虑，有效地促进了此项业务的开展。

2010 年 4 月，铁路物流公司（Rail Logisntics，Lc）在昆西港和芝加哥港间开行了冷藏列车，2 000 多英里的距离 3 d 内就可到达。

（2）与物流配送中心的联合服务产品

进入 21 世纪以来，社会的环保压力和能源紧张状况加剧，铁路运输的成本及资源节省性和环境友好性等特点重新获得市场的关注。社会可持续发展的需要促使铁路冷藏运输需求增加，这一点可以从公路运输公司这一传统竞争对手角色的转变上得到充分证实。受燃油价格不断攀升、公路运输状况恶化等因素影响，公路冷藏运输中存在的一些问题日益严重，公路运输公司经营困难促使对铁路快运产品的需求增加，公路运输公司不再以铁路的竞争对手面目出现，而是开始成为铁路运输的合作伙伴，主动与铁路联合开发运作冷藏运输产品，积极帮助铁路实现与区域配送中心的良好衔接，拓宽流通渠道，提高冷链流通速度。公铁联合运作开展冷藏运输，成为一种新的发展趋势。

2006 年 10 月，美国西部的 UP 铁路公司和东部的 CSX 铁路公司，与美国最大的物流企业 Railex 公司签署协议，在华盛顿州和纽约州之间开通易腐货物运输业务。Railex 公司为此在华盛顿州的 Wallula 花费巨资建造了 20 万 ft^2 的货场设施。货场设计了方便周边农场卡车进出的通道，6 个冷冻储藏间都设有密封门式月台结构，不仅可提供不同温度的多样化储藏条件，还保证了卡车装卸货过程完全在冷藏环境下进行，很好地保持了冷藏链的良好衔接。该货场还配置了长约 2 英里的环形铁路装卸线及冷藏装卸月台，可满足 55 辆货车编组的列车的整列装卸和发车需要，大大加快了铁路冷藏货物列车的运送速度。该公司在纽约州的鹿特丹产业园区内也修建了类似的设施，同时货场选址时还充分考虑了与铁路公司干线以及州际高速公路的衔接。列车在到达该货场后可在 24 h 内完成整列(55 辆车)卸车任务，并通过本地汽车运输公司很快将易腐产品配送至纽约、波士顿都市圈及方圆 250 英里(400 km)内的其他市场。在整个运输过程中，很好地保持了冷藏链的链式结构，依靠各个环节的良好衔接，提高了铁路冷藏运输产品的市场吸引力。

MB(Martin-Brower)公司是北美地区最大的食品和饮料配送商之一，在美国经营 14 个地区配送中心。公司旗下位于美国东部的 Manassas 配送中心，长期使用冷藏汽车从加拿大中部往该中心冷库运送炸薯条等高附加值冻结产品。面对日益加剧的市场竞争，公司通过增加车辆来提高运输能力，以增强市场竞争力。但在燃油价格不断上涨的情况下，运营费用不断增加，公司的经营利润越来越少；运输车数的增加还带来装卸等待时间延长问题，待装卸的车辆排队越来越长，造成了装卸月台和配送中心通道拥堵，使整个配送中心的运转出现困难。因此，2001 年初，该配送中心开始寻求新的更经济、高效的运输替代方案。经研究发现，采用现代化科技手段，可使传统的铁路运输方案成为最好的解决方案。

采用铁路运输方案，MB 公司必须要进行大量基础设施，如冷库附近闲置多年的铁路专用线和配送中心装卸设施的更新改造，还要解决公司对既有客户的运输承诺和资金保障等问题。另外，铁路运输周期比公路运输长，需要调整配送中心产品库存计划，增加安全库存量。尽管存在诸多问题，经研究分析后得出的结论是：使用铁路运输方案不仅能稳定目前的运营成本，而且还能解决车辆装卸时的拥塞问题。整个配送中心能更有效地运转，铁路运输方案还有可能节省上百万美元的运营支出费用。于是，MB 公司与加拿大 CP 铁路公司和诺福克南方铁路公司鉴定了长期合作合同，开始在该线路上实施铁路运输方案。初期的铁路运输比例为 50%，第二年该通道 80%的公路运量就转向了铁路。经过近五年与美国不同铁路公司及加拿大铁路公司的合作，到 2006

年 7 月，MB 公司完全取消了该通道上的公路运输，全部改由铁路运输。铁路运输方式使配送中心的运营成本保持稳定，运输效果得到了新老客户们的认可，原有客户的订单签单率达 100％。

对该运输项目进行的相关研究认为：长途运输中铁路运输费用要比公路运输少 25％～30％。而且还可以缓解交通拥堵、降低高速公路磨损。该项目中投入铁路冷藏车 487 辆，减少了 1 800 辆公路汽车。可见，铁路运输替代公路运输方案在能耗节省等社会效益和经济效益上均有显著效果。有专家认为，随着社会环保问题日益受到公众关注，铁路运输作为公路运输公司长途运输产品中的一部分是一种新的发展趋势，铁路多式联运产品比例会不断增加。

3. 冷藏运输及装备技术

美国铁路公司之间的联合快运列车以及多式联运技术的应用，使美国铁路能够提供更符合市场需求、具有竞争力的运输产品，使铁路重回冷藏运输市场。铁路能够再度受到社会的关注，不仅仅是由于铁路的可持续发展和环保性能，铁路运输组织技术的创新、最新高科技的运用、现代新型装备技术的开发等都发挥了巨大作用。

铁路运输技术及装备设计的创新，为铁路冷藏运输开创了新的局面。首先，铁路冷藏运输装备功能的增强，为开发更具市场竞争力的货运产品提供了有力保障。美国新型单节机冷车的制造水平居世界领先水平，不仅车型新、容量大，而且车辆制冷、隔热性能好。

美国新型机冷车的装载量很大，最大可达 90 t，装货容积达到 244.5 m^3，最小的机冷车车内有效容积为 130 m^3。新型机冷车的载重量是卡车的 4 倍。BNSF 公司最新开发的“今日之星”新型冷藏车，总重约 130 t(28.6 万磅)，装货容积 7 892 ft^3(约 213 m^3)。采用铝合金、塑料、新型隔热材料等新材料以及新的制造工艺，使车体隔热层厚度减至 130～140 mm，降低了车体自重，增加了有效装货容积。美国近年还研发采用玻璃钢的隔热车，在增加载重量的同时，进一步提高了车辆的耐腐性能。BNSF 公司设计新型冷藏车时，最初想使用全复合材料，但经过多次试验后，决定使用钢材料做侧墙，复合材料做车顶。新型车采用了新型制冷机组，车内温度可保持在－25～＋26 ℃之间，而且机组性能稳定。当在同一节车中运输不同温度要求的货物时，车内可安装密闭的可移动挡板，将车内分隔成多个空间。附挂式新型冷王(53 ft)启/停式制冷设备广泛用于卡车运输，现也在铁路冷藏车上使用，该机型的特点是只在需要时开机制冷，可节省燃油消耗。

铁路联运技术及装备的创新，改善了冷链运输条件，也为铁路高质量地完成运输服务提供了重要的技术支撑。例如，采用机械冷藏半挂车运输易腐货物，可以实现公铁联运，加快易腐货物的运送速度，减少运输途中的货物损失率。东西海岸间铁路冷藏快运列车的最快速度可达每天 1 000 km 以上。铁路不仅可以连挂公铁联运车辆，还可将公路拖车直接装上火车进行长途运输，到达目的站后继续经公路运输，这样铁路运输范围和能力大大扩展，能够更好地满足市场需求。美国铁路主要是进行中长途冷藏运输，除了驮背运输外，大部分铁路运输的货物要进入冷库，再由公路汽车进行转运，将货物分送至最终消费地。因此，铁路与公路短途运输的衔接也十分必要，它对冷藏运输市场的发展有较大影响。可以说公铁联运技术的发展对美国铁路的再次复苏起到了重要的推动作用。

由公铁联运完成长途运输，不仅节省了大量的公路燃油费用，还可使汽车司机的驾驶距离由数千公里的长途变为 200 km 左右的短途，缓解了长途卡车司机人员短缺、驾驶时间过长的问题，对公路运输公司也具有相当的吸引力。另外，有关研究认为，铁路运输的燃油消耗量比公路节省约 2/3。同时，铁路运输的可视性和可控性得到提高。美国 UP 公司和 BNSF 公司均于 20 世纪末开始设计研制新车。新型冷藏车不仅改进了车辆结构和材料，使车辆容积增加、自重减轻，经济性提高；同时还进一步提高了制冷机组的自控能力和自动化程度，采用 GPS 卫星定位及无线远程遥测等高新技术，能够实现对货物运输的全过程监控，不仅保证了运输质量，还可以通过遥控操作缩短机组检测维修占用的时间，提高了车辆使用效率。冷藏车的车辆周转过程中，有很多时间是用于车辆的维修检查和整备，例如 BNSF 公司的《车辆管理规程》规定，车辆卸空后要送到专门的车辆检查站进行定期检查，以确保制动系统、悬挂系统以及车厢的完好性符合要求。另外，还要检查制冷系统，一旦出现问题，则会影响下一次的装运时间。每次使用车辆之前必须进行清洗和检查，如果收货人没有按规定在卸车后进行清洗，必须要送到清洗厂清洗，这些作业往往需要花几天时间。现在采用远程遥控技术，可在车辆卸空后就可开始对制冷机系统进行预巡检查，下一次装运温度的设定或调整操作也可以通过卫星遥控技术来完成。机组的各种运转信息会及时传回地面控制中心，技术人员通过远程操作进行一些简单的维修和数据调整，或及时安排维修计划等。利用卫星传输技术还可以收集到许多所需要的信息，包括制冷机组运行状态、检测控制信息，车内温度情况等。因此，无论是运营管理者还是托、收货人都能更好地掌握货物的动态信息，及时进行生产过程管理和调控，大大提高了运营管理效率，改善了运营状况，也提高了对货物质量的安全保障能力。

2.3.2 俄罗斯

俄罗斯铁路运营里程 8.62 万 km，仅次于美国和中国，居世界第 3 位，是世界上最强大的国家铁路运输体系之一。俄罗斯联邦国家地域辽阔、南北季节温差较大，易腐货物运输一直是铁路运营工作的一个重要的组成部分。

俄罗斯铁路的易腐货物运输，主要使用传统的加冰冷藏车（冰冷车）和机械冷藏车。车顶式冰冷车从 1952 年开始生产，后来逐步增加成组式机械冷藏车，包括 3、5、12 和 23 辆一组式的机冷车。1959 年机械冷藏车在冷藏运输装备中所占比例仅为 6%，1970 年增加到 30%，到 1975 年达到 60%。1965 年，停止制造冰冷车。1966 年，开始运用单节式机械冷藏车，以增加单节车的比例。至 20 世纪 90 年代初，5 万多辆冷藏车中，成组式机械冷藏车占 81%，单节式冷藏车占 19%。前苏联解体后，1994 年有 2.3 万辆冷藏（保温）车辆划归各加盟共和国铁路，俄罗斯铁路冷藏车辆的构成也发生了相应变化，机械冷藏车组和单节车所占比例分别为 83%和 17%。与此同时，俄罗斯联邦政府实行由计划经济向市场经济过渡的改革，也使包括易腐货物运输在内的铁路运输市场发生了新的变化。国内出现了许多小型食品生产企业和消费用户，大批量（200 t 及以上）的易腐货物发运量减少；货主不愿建造和利用大型冷库储存货物，而使用冷藏车辆作为临时仓库；收货人要求易腐货物快速送达进入市场。在这种环境下，小批量易腐货物运输客户越来越多，成组式的机冷车组显得既不经济又不方便。因此，在俄罗斯“新一代货车研制和生产”规划草案中，特别强调要生产单节式机械冷藏车；并且发展有隔热性能的隔热车，以及水果蔬菜运输用的隔热通风车，这主要是从经济角度考虑，以充分利用俄罗斯气候相对较低的有利条件。规划中特别强调提高车辆的构造速度（运行速度达 140 km/h），采取对车辆进行技术改造以延长使用期限的方法，以降低运营成本和提高车辆的使用效率。同时，为提高冷藏车辆的运用效率，俄罗斯交通部还将部分成组式机械冷藏车列为备用（热备或封存）。在这批车辆中，有相当数量的机械冷藏车已超过使用年限，通过撤除车内的制冷加温装置和进行必要的技术改造使之成为单节隔热车，另有 1 000 多辆机械冷藏车则出售给私营企业。据统计，到 2008 年 1 月，俄罗斯铁路运营的冷藏保温车辆总数为 11 700辆，其中，机械冷藏车组所占比重减少到 33%，单节保温车辆比重增加至 67%。

目前，俄罗斯全国易腐货物总运量约 7 500 万 t，其中运输距离超过 600

km 的中、长途货物运量1 500万 t(占 20%),利用汽车运输的短途货物运量 6 000万 t(占 80%)。而在中、长途货物运量中,由铁路运输完成的运量为 1 130万 t(占 75%),公路运输完成的运量为 370 万 t(占 25%)。铁路使用机械冷藏车组运输易腐货物的平均距离为 4 000 km,最长的是从远东往俄罗斯欧洲部分中央地区运送鱼类货物,运输距离为 7 000 km。使用单节冷藏车辆运输易腐货物的平均距离为 2 600 km。在这样长的运输距离下,公路运输无法与铁路运输竞争,即铁路在长距离运输中仍有较大优势。

进入 21 世纪,俄罗斯铁路易腐货流的构成也在发生变化。易腐货物(主要是液汁、酒类、矿泉水、不含酒精饮料等)运量开始逐步增长,但长途运输途中需要通风、制冷或保温的货物运量逐年减少,其易腐货物构成变化情况见表 2.1。

表 2.1 俄罗斯铁路易腐货物构成

项目	货物名称	占易腐货物运量比重(%)						
		2001 年	2002 年	2003 年	2004 年	2005 年	2006 年	2007 年
1	鱼	29	29	17	11	12	8	8
2	肉和肉制品	22	17	14	13	15	15	12
3	啤酒,酒,伏特加	16	16	19	25	26	29	45
4	液汁,不含酒精饮料	5	15	19	20	20	19	16
5	水果,蔬菜	12	8	7	7	6	7	4
6	人造黄油制品	3	2	3	3	3	5	3
7	罐头	5	4	3	3	3	3	4
8	糖果点心	5	3	3	3	2	2	2
9	其他	3	13	14	15	13	12	6

2.3.3 欧　　盟

欧洲铁路冷藏运输公司(Interfrigo)成立于 1949 年,主要从事欧盟各国间的铁路冷藏运输业务,还经营冷藏车的制造、销售等业务。公司跨国经营管理 24 个成员国的冷藏运输业务及冷藏运输装备。公司管理的冷藏运输装备中,有较大一部分是各成员国的车辆,1980 年公司管理的外来车辆数为 16 523辆,而自有车数为 6 974 辆。1987 年,公司的冷藏车总数为 25 341 辆,到 1993 年减少为 11 005 辆。20 世纪 90 年代初拥有隔热车近 1 000 辆,约占控温车总数的 7%。

1993 年,Interfrigo 公司与 Intercontainer 公司合并,组成了国际集装箱冷藏运输公司 ICF(Intercontainer-Interfrigo. s. c),从事欧洲各国间的铁路冷藏运输及集装箱运输业务。随着冷藏运量的减少,冷藏装备数量不断缩减,到2000年底时公司的冷藏车仅有2 200辆。虽然冷藏车的数量在减少,但车辆的质量却不断提高,新型冷藏车的高科技含量增加、性能增强,车型向着现代化、大型化方向发展。1999年,公司成立50周年时,又生产了50辆新式机械冷藏车。这种新型车辆不仅结构得到改善,还采用新的轻质材料底架,使车辆自重有所降低。新型车辆能更大程度地满足客户的要求,更好地适应市场需求的变化,使公司在深冷货物运输市场中的份额有所增长。公司最大的冷藏运输业务是香蕉运输,约占冷藏运量的55%,其次是冷冻食品(占16%)和新鲜蔬菜(占11%)以及饮料和普通货物。

在欧盟地区,各国铁路间运距较短,铁路冷藏运输的发展空间有限。目前比较稳定的运输品种主要是香蕉等批量较大的货物。冷藏运输公司仅靠单一的运输业务不能很好的维持企业的经营,需要进一步开拓业务渠道,开展多种运输服务业务。2001年,公司增加冷藏车租赁和包裹全程运输业务。对于出租的车辆,由承租人负责运输计划和管理,ICF负责车辆的技术维护。

2.4 国外公路冷藏运输

目前公路运输在世界大多数国家已成为冷藏运输市场的主力,尤其在发达国家,公路占很大的市场份额。如在欧美、日本等国,以吨计的公路冷藏运量与总货运量之比为60%~80%,以货运周转量计的冷藏运量比重也在60%以上。公路运输已逐步取代铁路,成为冷藏运输的主要方式。一篇有关世界公路发展趋势的文章称:在易腐货物运输中,公路自20世纪80~90年代就开始占据主导地位。美国运距500 km以内的易腐货物运输全部由公路来完成。水果、蔬菜运输中公路的运输比例1987年时就达80%。因此,公路冷藏运输的发展情况,能较大程度地反映易腐货物运输市场特性及发展变化规律。

美国的高速公路四通八达,高速公路长途冷藏运输距离约2 400 km,最长的是从美国西部地区往东部城市的运输,4 000 km的运距可在第四日运达,运输速度达每天1 200 km。除铁路多式联运类快运列车外,公路的运输速度约比铁路快1倍。因此,公路在美国内陆冷藏运输中占有绝对优势,目前约占91%的市场份额。1987年,日本97%以上的食品、水果蔬菜、水产品、机械制造品、木材、金属制品、特种制品等由汽车运送,所有的牲畜也都由公路汽车运输。

2.4.1 冷藏运输装备

据2003年国际制冷学会(IIR)公报,全球冷藏汽车数量2000年时已达120万辆。欧洲地区的公路冷藏汽车数量约为65万辆,包括载重3.5 t的小型冷藏货车,载重达32 t的大中型冷藏卡车,以及大型冷藏拖车和半挂车(最大载重可达44 t)。大型冷藏拖车及半挂车是欧洲公路的主型冷藏运输工具。英国32 t以上的冷藏车,承担了全国约80%的易腐货物运输周转量。典型的公路冷藏拖车尺寸,外部尺寸(长×宽×高)为13.56 m×2.6 m×2.75 m;内部尺寸(长×宽×高)为13.35 m×2.46 m×2.5 m。欧洲的冷藏挂车如图2.1所示。

图2.1 欧洲的冷藏挂车

日本冷藏保温车数量约为12万辆,其中保温汽车占40%~50%,低温冷冻冷藏车约占25%,冷藏汽车占25%~30%。美国公路冷藏运输车约为33万辆,包括冷藏汽车、保温汽车、冷藏拖车和冷藏半挂车。据美国最大的移动控温设备制造商——冷王公司(Themo-King)的调研资料显示,北美地区每年的冷藏拖车需求约3万多辆,2006年时最高达3.8万辆。冷藏运输装备市场的变化反映了运输市场需求的发展态势。21世纪初,国家经济状况好转、GDP增长促进了人们食品及饮料购买力的提高,进而促进了冷藏运输装备需求的增长。另据对北美地区冷藏运输市场的一份调研资料介绍,2003年和2004年北美冷藏运输市场需求呈现上升态势,2004年冷藏运输装备市场较上一年实现了较大增长,年装备销售额约增长了23%。北美的冷藏挂车如图2.2所示。

为提高冷藏运输的综合经济效益,各种冷藏运输装备都在向着大型化、多功能化方向发展。大吨位的冷藏拖车和冷藏半挂车,以及40 ft及以上冷藏集

图 2.2　北美的冷藏挂车

装箱增长较快。据统计,冷藏箱中 40 ft 以上的大型箱约占冷藏箱总量的八成。在美国 40 ft 高箱和 45 ft 大型箱的增长较快,因为从购置成本和运力增加情况来看,大型箱、车更为经济合理。如 40 ft 箱的价格比 20 ft 箱高约 24%,但装载容积却增加了 93%,即运力的增加远高于购置费用的增加,因此冷藏运输装备的大型化成为一种发展趋势。美国的国内运输中,还有 45 ft、48 ft 以及 53 ft 规格的超大型冷藏箱。

易腐食品市场的销售周期短、循环快,因此对货物配送的小批量、多品种、均衡性供应的要求越来越多。易腐货物品种繁多,性质各异,需要不同的温度等多种运输条件,装备大型化发展和运输小批量促进了多室、多温装备的发展。

另外,全球环保形势严峻,对交通运输的限制条件更加严格,也使冷藏装备向多功能化方向发展。如欧盟在相关法规的修订过程中,增加了对运输车辆噪声的限制,对单一运输车辆运输线路及次数的限定等。这些规定对城镇地区冷藏运输的夜间配送有较大影响,即对冷藏车辆的运送往返次数有了较大的制约,因此多室、多温性能的冷藏车数量开始增加。如出现了具有两室或三室的多温控系统的冷藏车,包括各型冷藏拖车、冷藏卡车及厢式货车。这样就可以在一辆车内装运冻结货、冷却货或干货产品,可根据各个分室所装货物的需要分别将温度设定为 −18 ℃、0 ℃和 10 ℃,或者不用开机制冷运送货物。冷藏运输装备的多功能化,除表现在具有多种温度控制能力,能够实现单程运输多品类货物及多站点配送功能外,还表现在多式联运功能的增强上,如公铁两用车的出现和冷藏半挂车比例增加,不仅提升了冷藏运输的质量,还提高了冷藏运输效率。

易腐货物冷藏运输中的多温共同配送的需求越来越高,主要是由于冷链物流的低温特点,物流企业若单独建立冷链物流中心,投资成本高,而且回收期较长。将整个社会的冷链物流业联合起来，共同建立冷链物流配送中心，实现冷链物流业的多温共同配送可大大降低配送成本。

多温同共配送是经过长期的发展和探索优化出的一种追求合理化的配送形式，也是美国、日本等一些发达国家采用比较广泛、影响面较大的一种先进的物流配送方式，它在提高物流运作效率、降低物流成本方面具有重要意义。从微观角度看，实现冷链物流的多温共同配送，能够提高冷链物流运作的效率，降低企业运营成本，可以节省大量资金、设备、土地、人力等。企业可以集中精力经营核心业务，促进企业的成长与发展，扩大市场范围，消除有封闭性的销售网络，共建共存共享的环境。从整个社会角度来讲，实现冷链物流的多温共同配送可以减少社会冷藏车的总量，减少城市卸货妨碍交通的现象，改善交通运输状况；通过冷链物流集中化处理，有效提高冷链车辆的装载率，节省冷链物流处理空间和人力资源，提升冷链商业物流环境，进而改善整体社会生活品质。

2.4.2 市场经营与运作

美国的公路易腐货物冷藏运输市场存在着多种经营方式，有专门从事冷藏运输的公路运输公司，有各种食品配送中心，如区域性运输中心和专业配送公司；有以提供公用冷库储藏为中心，延伸提供配送业务的储运公司。一些较大的食品储运公司和工业制冷服务商还提供冷藏供应链解决方案。还有以制造和出租冷藏车为主营业务的专业化公司，以及大量私人运输服务公司。美国各行业间、行业内企业间的合作方式非常多，如冷冻仓储公司与公路运输公司的合作，制冷、控温设备制造商与冷冻冷藏储运公司的合作，公路运输公司与铁路运输公司的合作等，可以提供更完整的运输服务项目和冷藏供应链解决方案，完成从易腐货物产地到销地超市的整个供应过程的无缝衔接。这种灵活多样的市场经营方式，使冷藏运输这一复杂多变的市场得以稳步发展。

公路冷藏运输经营的一大特点是成本高、风险大。首先，由于冷藏运输装备的固定投资大、成本较高，还有大量的燃油消耗和劳动力成本。通常冷藏车辆的购置成本比普通卡车高约 3 倍，一辆 53 ft 的冷藏拖车的购置费在 8 万至 9 万美元之间，而且与干货拖车相比，冷藏车的使用寿命要短很多，大约只能使用 12～13 年，而干货拖车一般可以使用 16～18 年。因为，随着时间的推移，冷藏拖车会逐渐失去冷藏保温能力，隔热材料开始吸入水分，这使得拖车越发沉重、隔热功能减退。研究表明，冷藏车隔热性能会逐年退化，即车体隔热层的导热率或车体传热系数（K 值）每年会增加 3%～5%，就是说，如果冷藏车的初始传热系数 K 值为 0.4 $W/(m^2 \cdot K)$，则使用 9 年后 K 值将变为 0.62 $W/(m^2 \cdot K)$，此时的车体能耗将增加 50%。一些冷藏拖车使用多年后，只能用于运输那些冷量需求小或仅需要隔热保温功能的易腐货物如马铃薯等。车辆的自重加大，会降低车辆的运载能力，车辆的技术性能和经济性能均有所下降。因此，冷藏车的使用年限比普通拖车要短约 1/3。

另外，冷藏汽车的劳动力成本也比普通卡车的要高，公路冷藏运输经营长期遭受司机短缺的困扰。因为对于公路长途运输来说，冷藏汽车或拖车司机不仅要有较高的驾驶技术，还要经过制冷机设备等的操作技能培训，具备特殊的专业技术资质。同时还要经历长时间驾驶、周末不能回家等痛苦，对人的精神和体力是一种考验。因此，美国劳动工会对工人的作业条件、劳动强度，尤其是连续工作时间等都有较多的严格限制，目的在于保护劳工的身心健康。这也是美国公路冷藏运输运营成本高的原因之一，只有足够高的薪金待遇才能吸引到有资质的驾驶人员。

公路冷藏运输中的燃油消耗比普通货物运输高是运营成本高的另一个原因，因为不仅车辆运行要消耗大量燃油，制冷机组也要消耗油料。因此，燃油价格是公路冷藏运输公司最关注的问题之一，每次的燃油价格上涨都可能引起一些公司出现运作困难甚至倒闭现象。1980 年以前，美国的州际卡车运输由联邦政府严格管制，即只能在规定的运价范围内，在州际商委会批准的运行线路上进行运输。这种运输许可证方式对大部分的公路运输公司能起到保护作用。但是由于业内竞争形势加剧，卡车供应量过剩带来一些恶性竞争行为，如违规现象使公路运价不断下降，在最严重时期公路货运价格几乎减了一半，这对整车运输形成了很大的冲击，一些承受能力差的运输公司很快倒闭。如 20 世纪 80 年代初行业排名前 45 位的公司中，有 33 家在 1987 年已不复存在。

由此可见，公路冷藏运输的运营风险较大，经营运作复杂，整个冷藏链涉及的环节很多。仅在冷藏运输环节就存在各类装备的专业化运营机构，如冷藏运输装备的制造商和运营商、移动制冷设备供应商；对于冷藏集装箱和半挂车运输方式，还涉及运载车辆如牵引动力车（或称卡车拖头）、集装箱平车供应商等。因此，美国公路冷藏装备有一些是以租赁方式运作的，即拥有冷藏车辆的公司负责车辆维修保养，出租性能良好的车辆，运输公司租赁冷藏车用于运输。也有部分公司拥有车辆并参与运输，这主要是一些小型运输公司或私人经营者，人车一体同时租用。可通过中介公司或行业服务机构将货主与车辆拥有者及运输业务有机地结合起来，共同完成运输任务。

从美国公路冷藏运输多年的发展情况来看，这一市场具有高度分散化特点，且受诸多因素影响波动性大。美国目前公路冷藏运输市场的高度分散状态表现在：运营商约有数千家，但缺少具有明显主导地位的企业，大部分承运商的年运营收入都不到5 000万美元，2006年仅有12家公司收入过亿。一些大的食品厂商、销售公司和零售连锁店会使用自有车辆进行运输；基础货源也较为分散，大型运输公司客户数量众多。收入排名在全美前三甲的冷冻食品快运工业公司(Frozen Food Express Industries，FFE)有近1万家客户，在近五年当中没有哪一家的收入超过总收入的10%。

近几年，随着核心承运商通过卫星通信系统和电子数据交换等方式来改善服务水平，一些大的发货商开始通过减少自有车辆来降低成本，一些发货人甚至放弃了私有车辆，代之以委托核心公共承运人和合同承运商来进行运输，这是运输市场深入发展的表现，会推动冷藏运输企业进一步向专业化、规模化发展，有利于提高市场集中度，改善经营环境。

以下案例比较具体地说明了美国公路冷藏运输的经营运作方式和市场状况。

FFE公司成立于1969年，是当时北美地区最大的公募上市公路冷藏运输公司，也是唯一一家在全美范围提供固定运输时间的全程运输服务的控温与冷藏运输服务公司。主要运输食品、药品和糖果类产品，包括肉类、冰冻食品、家禽、海鲜、加工食品、糖果等甜食、乳类制品、药品、医疗用品、新鲜和冷冻的水果蔬菜、化妆品、胶片和圣诞树等。该公司经营从加拿大经美国48个地区直到墨西哥的运输线路。

由于易腐货物运输量在全美货运总量中的比例较小，成本又较高，所以许多大型运输公司会将这一块业务转给较小的运营商来运作。即冷藏运输业务大都签约给独立合约人，由于这种合作通常是不固定、短期的，营运网络中的运输线路也不固定。因此，冷藏运输业务服务的稳定性较差。FFE公司提供了一种新的运作模式，使冷藏运输服务稳定性提高。FFE公司在其雇员队伍中发展独立承包人，资助他们购买牵引车，并为他们提供拖车和客户，支持他们开展冷藏运输业务。独立承包人提供第二司机和动力车(卡车拖头)。FFE公司大约70%的零担业务都是由独立合约人经营完成的，公司根据市场发展情况及时补充购置新型车，保证公司的运输能力。这种方式使公司的冷藏运量迅速增长。

FFE公司1988年的运营收入超过1亿美元，1992年是第三个收入和利润双增年，运营收入和纯利润分别达 1.95 亿和 700 万美元，并于当年首次入围“福布斯”200 个美国最好的小公司名单，引起华尔街投资商的高度关注。1994 年公司实现收入 2.7 亿美元，利润达 1 190 万美元，运输范围遍及美国 7 000个城市和乡镇。为进一步改善公司的运营状况、提高运输服务水平，FFE 公司在运输车辆上安装了卫星定位系统设备，以便能实时获得装卸、出发时间状况，及时了解天气、道路、航线和燃油等信息，加强运营操作和提高管理效率。同时，也便于客户了解货物在途的准确位置信息。1995 年 FFE 公司与一家多式联运服务公司合作，增加多式联运业务，将冷藏运输服务区域扩展到美国以及加拿大和墨西哥等地区，冷藏运输装备也进一步壮大，在既有的 2 100 辆冷藏车的基础上增加了 400 台冷藏集装箱和冷藏拖车。

2000～2003 年，公司业绩呈增长态势。但从 2005 年开始，公司经营出现困境，除了因气候条件影响外，主要受燃油附加税上涨和燃油价格上涨以及保险费率提高和美国经济疲软等因素的影响。由于该公司收费形式是在完成运输服务后 30～50 d 内收取客户的费用，因此需要面临劳动力成本上升、燃油成本波动和保险费增长等经营风险。司机的短缺和高流动性加大了招聘成本和人员支出，降低了运营效率，进而使运输收入减少、运营成本增加。实际上，从 2002 年开始公司就时常受到司机短缺的影响，2007 年公司的雇佣司机流动率接近 90%，直到 2008 年第一季度这种状况才有所好转，其中主要原因是公司开始与铁路合作开展多式联运业务。公铁联运项目使公司在不增加燃油消耗的情况下，增强了远距离的运输能力。

公路冷藏运输的发展状况，充分说明了冷藏运输市场的易变性特点，以及经营运作的复杂程度，因此，冷藏运输的经营运作模式也应采取灵活多样的方式。

从国际冷藏运输的发展情况可以看出，公路和铁路冷藏运输的联系越来越紧密，美国的一些公路长途运输业务甚至于开始依赖铁路冷藏运输业务。铁路冷藏运输服务量的减少可能会直接影响到公路运输的成本。因此，铁路与公路运输企业的关系越来越密切，双方更加倾向于互利合作，而不完全是竞争的对立关系。

3 我国铁路鲜活货物运输概况

3.1 运量及运输市场需求的变化

1. 铁路鲜活货物运量

我国铁路 1953 年正式开办冷藏运输业务，滞后国外近百年。初期我国铁路鲜活货物运量仅约 110 万 t，至 1960 年发展到 300 多万 t，之后受三年自然灾害影响，运量有所减少，1961 年时为 244 万 t。1964 年后运量开始回升，到 1978 年时增加到 758 万 t，是开办初期运量的近 7 倍。20 世纪 80 至 90 年代是我国鲜活货物运输发展较迅速阶段，最高峰时（1991 年）运量达 1 669 万 t。当时，尚未出现大棚种植技术，南北地区水果、蔬菜产品种植依赖地域自然条件。我国鲜活产品市场的流通供应形式为“统购统销”，存在大批量的调运需求。当时公路不发达，各地鲜活货物运输对铁路有很大依赖性。特别是到每年冬春季节，农副产品南北调运需求量非常大，铁路鲜活货物运输在这一阶段发展迅速，最高时所占市场份额达 80%～90%。这一时期铁路充分发挥了运输大动脉的作用，在及时供应日常消费市场、丰富北方地区“菜篮子”，满足人民生活需求、提高生活质量等方面，作出了巨大贡献。到目前为止，铁路“南菜北运”仍是南北地区季节性水果、蔬菜品种调剂的重要运输方式。

自 20 世纪 90 年代后期，迅速发展的公路运输开始占领市场，大量冷藏货源流向公路，铁路冷藏运输逐渐步入衰退阶段。随着铁路旧型冷藏车的逐渐报废，加冰冷藏车、家畜车的逐步淘汰，铁路鲜活货物运量进一步下滑。2009 年，铁路鲜活货物运量仅为 416.5 万 t。根据铁路统计汇编等资料，我国铁路历年鲜活货物运量变化情况如图 3.1 所示。

铁路鲜活货物运输的品类主要有：冻鱼、冻肉、冻禽及其制品等冻结食品，乳制品和新鲜水果、蔬菜类产品以及活动物。1999 年，活动物运量为 27.3 万 t，占铁路鲜活货物运输总量的 3.9%；到 2009 年，活动物运量下降为 0.3 万 t，仅为铁路鲜活货物运输总量的 0.08%。

铁路易腐货物运输中，从热状态来看，水果、蔬菜等未冷却货物占大部分。

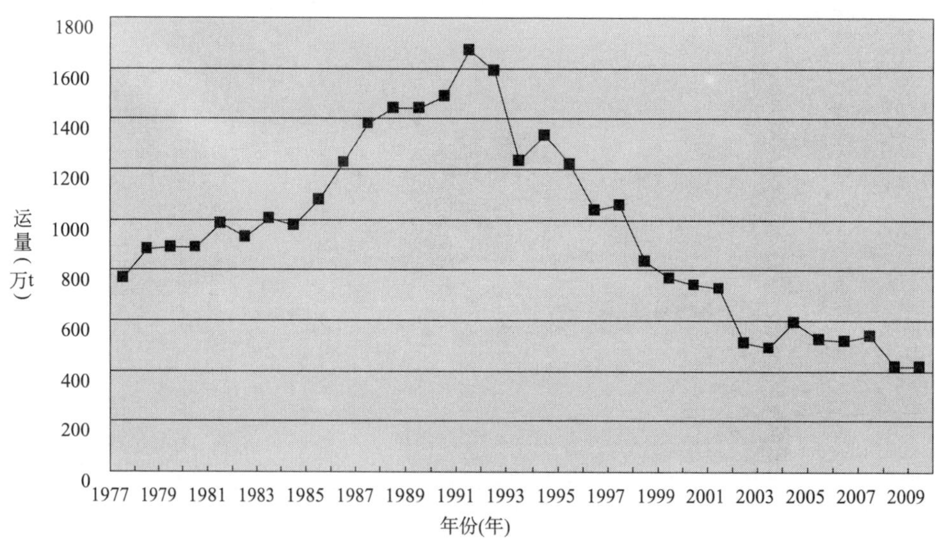

图 3.1 我国铁路历年鲜活货物运量

1999 年和 2001 年,冻结货物比例分别为 24%和 23%,水果、蔬菜等未冷却货分别为 72%和 73%,冷却货物为 4%;2008 年冻结货物比例为 21.2%,水果、蔬菜类等未冷却货的比例为 77.3%,冷却货物为 1.5%。从车种别来看,棚、敞车完成比例较大。1999 年棚、敞车和冷藏车完成的易腐货物运量分别为 420.5 万 t、245.0 万 t;随着冷藏车数量不断减少,棚、敞车完成比例不断提高,2009 年棚、敞车和冷藏车完成的易腐货物运量分别为 310.4 万 t、105.8 万 t。

我国易腐货物生产的旺盛形势与铁路鲜活货物运量下滑形成鲜明对比。改革开放以来,我国社会农副产品产量逐年增长,主要品类的年均增长率在 5%左右,奶类产品近几年增长更为迅猛,年增长率达 20%,水果、蔬菜、肉类产品的产量已居世界首位。目前蔬菜产量约占全球总产量的 60%,水果和肉类产量占全球总产量的 30%,禽蛋和水产品产量占全球总产量的 90%。根据国家统计局的数据,2009 年全国肉类总产量7 642 万 t,牛奶产量 3 518 万 t,禽蛋产量 2 741 万 t,水产品产量 5 120 万 t。根据农业部的数据,2008 年全国蔬菜产量 5.75 亿 t,2009 年全国蔬菜产量 6.02 亿 t。另外,近年来我国速冻食品产业成长迅速,速冻食品的年产量已近 1 000 万 t。每年约有 4 亿 t 生鲜农产品进入流通领域,而且还在不断增长。在我国易腐货物产销量逐年增长的大好形势下,铁路鲜活货物运量逐年下滑,反映了我国铁路运输不能很好地适应新的市场发展需要,时效性差等问题严重制约着铁路鲜活货物运输的发展。

2. 运输市场需求的变化

(1)易腐货物产销形势的变化

改革开放以来,国家经济政策的改变使农业经济发生了巨大变化。首先是农副产品产量有较大幅度增长,尤其是肉类、水果、蔬菜生产增长迅速,蔬菜产量占世界产量的66%,已连续数年位居世界第一。新品种、新种植技术的引进进一步丰富了各地农副食品的供给。北方蔬菜冬季温室大棚技术的普遍采用,畜牧养殖业的发展,打破了以气候和地理条件差异自然形成的产区格局,使全国各地大部分主要农副食品供应逐步实现自给自足。随着特色食品需求的增加,近10多年来,我国共推广了上千个蔬菜新品种,引进了一大批"名、特、稀、优"品种。仅山东寿光地区近些年来就引进推广380多个国外新品种,市场日上市蔬菜交易品种达数百个。随着农村产业结构调整,以及田间管理、采前采后处理、储藏、包装等技术的不断发展,蔬菜的生产和运输正向着高品质、绿色、高档化方向发展。

我国主要农产品生产专业化分工和区域化生产格局正在逐渐形成,农产品逐步向优势产区集中。与改革开放初期相比,种植业的区域化生产格局已基本形成,畜牧业生产也更加向区域化集中方向发展。四川、湖南等13个生猪主产省的猪肉产量已占到全国的75%以上。内蒙古、黑龙江等7个奶业主产省的牛奶产量占全国的60%以上。同时,国家对农副产品批发市场建设非常重视,每年有1亿~2亿元贴息贷款用于蔬菜批发市场的建设。使一些规模较大、档次较高、辐射能力较强的市场迅速成为区域性或全国性集散中心,有力地促进了各地农副产品的流通。目前,全国蔬菜类产品的商品率已越过30%,畜产品、水产品的商品率超过50%,水果的商品率接近90%。这种集中化生产、分散化销售的流通发展模式,将成为运输市场雄厚的货源基础,易腐货物的冷藏运输市场还有很大的发展潜力。

根据中铁特货公司对全国重点地区冷藏运输市场的调查资料,由于公路条件的改变,近几年铁路的重点货源情况也发生了一些变化,主要是冻结货物货源情况的变化,冻货品种中新增了速冻食品品类。铁路冻结货物货源中三全、思念、双汇、金锣等肉类食品加工企业为主要大客户。冻结货物运输没有明显的淡旺季,一年四季均有运量,是铁路冷藏运输的第一大货源。其中,冻肉的主要发运地已从成都地区转向东北、华中地区。东北地区的冻肉主要流向广州、成都、上海等大城市。2007年,东北地区金锣、双汇公司等大客户共生产冻肉、冻禽47.9万t,其中铁路发运量为13.8万t,占总产量的28%;山东地区也已成为铁路冻禽、冻肉的主要发运地,主要流向成都、昆明、乌鲁木齐、上海地区,2007年、2008年铁路发运量分别为17.4

万 t 和 13.7 万 t。另外，广州地区也是冻品的主要发运地之一，主要流向成都、乌鲁木齐、兰州、西安等地。广州地区运输的冻品品种主要为进口猪杂、鸡杂、冻鱼等，主要大客户为吉泰物流公司，该公司年运销量约 100 万 t，其中铁路发运 16 万 t。

速冻食品的主要发运地为河南郑州地区，流向西南、东北、华南、华东等地，没有明显的运输淡旺季，但春节前比平时运量大。2007 年，郑州地区速冻食品产量约 35 万 t，铁路发运 8.3 万 t，约占总产量的 23%；2008 年的产量约 40 万 t，铁路发运 9.8 万 t，约占总产量的 25%。

香蕉是铁路冷藏运输的第一大水果货源，2007 年香蕉产量，海南约为 100 万 t，广东、广西地区分别为 80 万 t、90 万 t，其中铁路发运量 5.4 万 t，占该三省总产量的 2%；昆明地区香蕉产量约 59.5 万 t，外运量约 53.5 万 t，其中铁路运量 4.2 万 t，占外运量的 7.8%。香蕉运输有明显的季节性，运输旺季为每年 11 月至次年 3 月，主要流向成都、新疆等西北、华北和东北等地。

新疆瓜果是铁路冷藏运输的第二大水果货源，新疆葡萄的年外运量约 25 万 t，运输季节为每年 7 月至 9 月，主要流向广州、柳州地区；香梨的年外运量约 5 万 t，运输季节在每年 12 月至春节前，主要流向广州、成都、上海、昆明等地。2007 年，铁路共发运新疆瓜果 9.3 万 t，约占外运量的 31%；2008 年铁路共发送新疆瓜果 4.8 万 t，约占外运量的 16%。

"南菜北运"仍是铁路的重要运输项目，海南省以及广西河湛茂地区为主要发运地，主要流向西北、东北、华北地区；昆明地区的蔬菜主要流向北方大中城市，通过铁路冷藏班列(昆明—兰州)运往兰州、宝鸡方向。福建地区的蔬菜有一些出口外运量，运输季节为每年的冬春季节(12 月至次年 5 月)，主要发站为魁岐站，主要流向满洲里、牡丹江、二连等站。

我国市场经济目前还处在初期发展阶段，商品经营的规模化程度仍然较低。易腐货物经销方式已由过去单一的国营单位统购统销模式，改变为以个体、民营企业为主的多元化经营模式。这种个体经营的数量多、规模小，受小本经营规模的限制，资金投入少、设备能力以及承担风险能力等都相对较弱。因此，经销市场呈现出运输批量小、品种多、分散度大的特点。而且经营成本核算也更加精细化，即对运输质量、准时性、时效性以及运价等有更高的要求。食品贸易市场化及鲜货市场变化大、变化快的特点，决定了对冷藏运输灵活性的要求也有所增加。同一品类鲜货的批量化集中上市，虽然有利于平抑市场物价，但不利于产品经销，因此市场日常供应需求呈现同类产品运输批量变小、品种数量增加的趋势。

(2)日常消费形势的变化

经济的发展带来人们生活观念和习惯的改变，购买能力的提高使日常消费结构发生了较大变化。人们不再通过批量性采购来节省开支，而是改用随吃随买的方式，这样既能保证产品购买质量和品种多样化，又可减少家庭存放带来的诸多麻烦和损失。因此，食品消费形势日趋均衡化、及时化，即要求"长流水、不断线"式的稳定供应，品种花样要求数量多，但批量小、批次多。

根据国家统计局的统计分析，我国改革开放 30 多年来，城乡居民在食品消费支出增长的同时，消费质量在不断提高。从食品消费结构来看，粮食消费量下降，副食品消费量增加。消费结构从"主食型"向"副食型"转变。2007 年北京市城镇居民人均购买粮食支出 315 元，占食品支出的比重由 1978 年的 31.3%下降到 6.4%，肉禽蛋奶、水产品等副食品消费比重从 30.3%上升到 42%。食品消费开始多样化，膳食结构逐步优化。吃好、吃精、注重营养、追求方便的倾向越来越明显。肉、禽、蛋、奶、鱼、虾等副食品消费量逐年增加。农村居民人均猪肉的消费量由 1978 年的 5.2 kg 上升到 2007 年的 13.4 kg，禽蛋由 0.8 kg 上升到 4.7 kg；城镇居民猪肉的消费量由 1978 年的 13.7 kg 上升到 2007 年的 18.2 kg，禽蛋由 1.97 kg 上升到 10.3 kg。

(3)市场准入门槛及产品档次提升

首先，人们生活水平提高带来食品市场供应质量要求的提升，对产品质量的要求普遍提高。食品消费需求已由"数量型"转为"质量型"，从"温饱型"转为"营养调剂型"。其次，人们的食品安全意识普遍增强，"新鲜、营养、安全、卫生"逐渐成为食品供应的主旋律。当前人们对食品卫生安全的关注度空前高涨，已上升到消费需求的第一位。第三，食品生产和贸易的国际化发展趋势，使食品安全问题具有全球化效应，也极大地推动了我国食品安全体系的建立和质量标准的提高。社会食品管理体系的不断建立和完善，使市场供应质量"门槛"有所提升。因此，对食品流通质量的要求也有较大幅度提高。另外，市场供应需求多样化促进食品加工水平不断提高，同时，食品质量随高档产品比例的提高而改善。这些变化都会进一步提升对易腐货物流通质量的要求，进而促进冷藏运输市场需求的增长。

农产品深加工技术的发展，促进了易腐食品供应档次不断提高，深加工比例、高档产品数量不断增加。农副产品流通过程需要减少中间作业，缩短供应链环节，以加快流通速度，但适宜的保鲜加工技术能延长产品的货架期，进而提高鲜货的商用价值。因此，为提高产品商业价值还需适当拉长产业链条，提高产品加工率及深加工比率。随着产品附加值的提高，流通质量要求也会提高，对冷藏运输的需求量也会有所增加，冷藏运输环境条件也将随之有所改善。

市场经济的深入推进和社会经济的发展，也在不断促进我国食品生产向规模化、产业化方向发展，食品行业经营组织方式和企业格局在不断的发展和优化中。近几年出现了一些实力强的大型食品企业，市场上食品经销主体实力呈现了较大跨度，产品经营品种和层次呈现多样化。货物运输要求根据产品附加值及企业经营能力、发展目标的差异而有所不同，高、中、低档产品并存的形势日渐明显。铁路鲜活货物运输中，中高档产品的比例有所提高，大众化中低档货物运输需求仍占相当份额，即对铁路运输的要求也呈现出不同档次的多样化趋势。

3.2　运输装备的发展

我国铁路自开办冷藏运输以来，就开始发展冷藏运输装备。武昌车辆厂是铁路冷藏车专业生产基地。冷藏车的生产早期以加冰冷藏车为主，后来在进口机械冷藏车组和关键技术的同时，自主研发并逐步开始研制生产机械冷藏车。曾出现过的各种铁路冷藏保温车型有：加冰冷藏车、机械冷藏车、冷板冷藏车、液氮冷藏车以及无冷源的保温隔热车。其中冷板冷藏车和液氮冷藏车停留在试验研究和试运阶段，没有得到推广应用。我国铁路从 1996 年开始发展冷藏集装箱运输业务，但没有形成规模，冷藏集装箱后来退出了运输市场。

在铁路冷藏运输高峰时期，铁路冷藏车保有量最多达 7 800 多辆。我国铁路曾经的主型冷藏车为加冰冷藏车，高峰时期的冰冷车保有量达 5 000 多辆，占到全路冷藏车总数的七成以上。由于冰冷车设备陈旧老化、技术状况不符合发展要求等原因，自 2006 年开始分批改作它用，2007 年底全部退出铁路冷藏运输市场，铁路冷藏运输装备大幅减少，目前仅剩下机械式冷藏车。

2009 年 10 月 15 日起，铁路部门开展了新型冷藏集装箱试运工作。试运装备为 45 ft 柴电一体式冷藏集装箱，内容积约 74.5 m^3，自重 7 000～7 180 kg，最大总重 30 480 kg，箱内温控范围为－29～＋27 ℃，如图 3.2 所示。试运范围为 8 个铁路局的 9 个车站，截至 2010 年 8 月底冷藏集装箱保有量达到 100 只，运量为 1 028 TEU。目前冷藏集装箱正处于快速发展阶段。

我国铁路曾使用过的家畜车车型有 J_1、J_2、J_3、J_4、J_5、J_6 型，载重量分别为 10 t、15 t、10 t、18 t、20 t、16.6 t。其中 J_6 型为活牛专用车。1997 年铁路的家

图 3.2 我国铁路组织试运的 45 ft 柴电一体式冷藏集装箱

畜车数量近 900 辆，其中活牛专用车 100 余辆。出口活猪基本全部使用家畜车运输。2003 年组建中铁特货运输公司时，接管的家畜车数量为 722 辆，其中 J_5 型车 581 辆，J_6 型车 141 辆。由于市场的变化，家畜车的装车数逐年下降，车辆闲置问题严重，自 2004 年底家畜车开始改作它用。另外，我国铁路也曾使用过活鱼车。目前活动物运输主要使用棚、敞车。

1. 加冰冷藏车

我国铁路发展过的加冰冷藏车型共有：B_3、B_4、B_5、B_6、B_7、B_8 和 B_{11} 几种，其中，以 B_{11}、B_6 车型为主。

我国铁路自 1952 年开始制造 B_5 型车顶式加冰冷藏车，1953 年又制造了 B_4 型车端式加冰冷藏车。这两种车都是参照铁路旧型车辆图纸制造的，设计中存在很多问题。对设计进行修改后制造出了 B_3 型车端式加冰冷藏车。由于这几种车型的隔热材料采用毛毡或甘蔗板等材料，隔热性能较差，传热系数仅达到 0.73～0.79 W/(m^2 · K)，漏气量也较大，在外温高于 20 ℃时车内仅能维持－1～4 ℃的温度范围。

1956 年武昌车辆厂仿造前苏联的图纸开始批量生产 B_{11} 型车顶式冰箱冷藏车，该车为电焊钢架、木质包板结构，车顶有 6 个冰箱，隔热材料选用米波拉泡沫塑料板；上下地板为木板，地板下的沥青和油毛毡为防水层，最上面敷设镀锌钢板。车体传热系数降到了 0.63 W/(m^2 · K)，在外温为 35 ℃时车内可维持－7.2 ℃。B_{11} 型车将冰箱置于车顶，车内的制冷效果较好。该车在性能上比前几种加冰冷藏车有了较大提高。

1959 年我国进口了 200 辆 B_8 型车顶式加冰冷藏车。该车的车体结构和隔热情况大体与 B_{11} 相似，但外壁板为全钢材料，内顶板和内墙板为木板，车门处使用了橡胶板加强气密性。该型车一直使用到 20 世纪 80 年代。随着 B_{11}

型车的生产，B_3、B_4、B_5 等老式冰冷车逐步淘汰。1961 年我国停止了加冰冷藏车的生产。到 1978 年，我国铁路加冰冷藏车仅有 B_8 和 B_{11} 型，它们在相当长的一段时期里成为我国铁路的主力冷藏车型。

改革开放后，随着人民生活水平的提高，对铁路冷藏运输质和量的要求日趋提高和加大，大大促进了铁路冷藏运输工具的快速发展。1979 年铁路恢复了加冰冷藏车的生产，针对 B_{11} 和 B_8 型加冰冷藏车使用时间长、车况差，单节车数量少、不能满足需求的情况，开始研制新式 B_6 型加冰冷藏车。该车从车体隔热性、车辆结构和性能上较旧式加冰冷藏车有了较大程度的提高。车体采用整体承载全钢结构，外墙板为酸洗冷轧钢板，内墙板为镀锌钢板，下地板为镀锌钢板，上地板为木版上敷橡胶板（塑料地板布）。车体隔热材料为聚苯乙烯硬泡沫板，车体传热系数进一步降到了 0.42 W/(m^2 · K)。在外温为 35 ℃时车内可维持－7～－8 ℃。该车的结构和技术性能比 B_{11} 型车有了很大改进。针对该车种的冰盐腐蚀问题，还曾进行了一些改进设计，采用耐候钢、高档底面漆、薄膜焊接等新材料和新工艺，使技术性能进一步提高。但限于制造成本等方面的原因，新型耐腐式加冰冷藏车并没有得到应用。随着各种旧型车加冰冷藏车逐步淘汰，B_6 型冰冷车成为铁路冷藏运输的主力军。至 1998 年铁路停止制造加冰冷藏车时，累计生产了 5 000 多辆 B_6 型车。

为提高加冰冷藏车的通用性能，根据冰盐制冷原理，我国冰冷车的运用采取冰内掺盐方式，即根据各类货物的温度需求在冰内掺不同比例的盐进行冷藏运输。冰内掺盐比为最大的 30%时，可使冷藏车内的温度达最低的－8 ℃。这样就可使加冰冷藏车不仅能运果蔬类鲜货，还可运输部分冻结货物。在国外，加冰冷藏车的使用过程只加冰不加盐，用于运输温度较高的水果、蔬菜类货物，因此不存在冰盐腐蚀问题。

加冰冷藏车能在我国很长一段时间担当主力军，它具有车辆造价低、可单节运用，使用灵活、方便且不用人员随乘等优点。但该型车也存在一些严重的缺陷难以解决，如冰内掺盐的制冷方式，带来对铁路钢轨和车辆的腐蚀问题。另外，加冰冷藏车的制冷降温范围较小，车内最低温度仅能达－8 ℃，不能满足一些冻结货等品种的运输要求，运输质量难以保证，加上车辆运用管理方式难以保证车辆状态等，使加冰冷藏车的运用管理问题越来越多。因此，铁路部门已于 2007 年底全部停止使用加冰冷藏车。

2. 加冰所

铁路加冰冷藏车的运用过程中必须有地面配套设施——加冰所，以满足较长运距的用冰需求。1954 年铁路开始在主要干线筹备成立铁路加冰所，加冰所的主要任务是为加冰冷藏车进行始发加冰和途中加冰。1955 年成立了满洲里、博克图、哈尔滨、绥芬河、天津、郑州、徐州、集宁、株洲、广州等 10 处加冰所，1956 年又增加了四平、江岸、济南、上海、柳州等 5 处加冰所，1957 年又增加了丰台、锦州、成都、凭祥等几处加冰所。随着加冰所的进一步发展和调整，到改革开放前的 1978 年，全国铁路共有加冰所 23 个，它们是：满洲里、免渡河、哈尔滨、四平、锦州、天津北、济南、徐州北、杨浦、新龙华、鹰潭、广州西、柳州南、株洲北、江岸西、郑州北、丰台西、集宁、西安东、兰州西、成都东、贵阳南、哈密、乌鲁木齐西。其中除杨浦和乌鲁木齐西为始发加冰所外，其余均为中途加冰所，均由相关铁路局管理，形成了较为完善的加冰服务体系。

加冰所的主要设施设备是制冰厂和储冰设备。制冰厂配置有制冰设备，用制冰机制冰，还设有储冰库储冰，以确保冰源，随时提供加冰冷藏车用冰。北方部分地区可利用天然冰作冰源。在制冰方法上，在北方较寒冷的地方采用在冬季冻结和储存天然冰的办法，其他地区采用机械制冰。制冰工艺采用氨制冷机在盐水池中冻结大块冰的传统制冰方式。后期还引进了一些国际上先进的快速制冰技术设备，如管状冰、颗粒冰制冷机。

3. 机械冷藏车

我国机械冷藏车的发展过程是以进口国外车辆带动国产车的发展，进口车辆主要是从原民主德国的德骚工厂进口。早期计划经济时期的运输批量较大，因此，进口的都是大组机列，如 23 辆、12 辆一组式机冷车组。后来逐步发现大组机列运用的灵活性较差，因此，将机组数减为 10 辆和 9 辆，后期只进口 5 辆一组式的小组机列。机列的组织排列方式是：制冷发电、工作车放在机列的中部位置，两端分别放置货物车。需有随车乘务人员进行发电制冷设备的操作。

1956 年进口了 10 组 B_{16} 型机械冷藏车，后来又进口了 30 组 B_{17} 型机械冷藏车。这两种车均采用氨作为制冷工质、盐水作为载冷剂的间接制冷方式。由发电车集中发电、冷冻机车统一制冷控温，即由冷冻机车上的制冷机组集中制冷，在蒸发器内先将盐水冷却，然后再用盐水泵将冷盐水通过管子输送到各货物车上，由盐水排管散冷控制车内温度。每节货物车是不能单独调控温度的，因此对每次运输的品种限制较大，车辆使用的灵活性差。

1967 年进口了 20 组 10 辆一组的 B_{18} 型机械冷藏车。该车组为集中供电分散直接制冷方式，制冷效率有所提高。发电机置于发电乘务车，制冷机置于装货车两端墙顶部，可分别调控每节车的温度，较好地解决了运输品种单一性问题，提高了机组使用的灵活性。机组的制冷工质为氟利昂(R12)。此后进口和国产的机械冷藏车组均采用这种制冷方式和制冷工质。1976 年又进口了一批 9 辆式的 B_{20} 型机冷车组。到 1978 年我国的机械冷藏车基本全部为进口产品。各型进口机械冷藏车组构成情况和累计进口量见表 3.1。

表 3.1　各型进口机械冷藏车组构成情况和累计进口量

车型	车组构成车数(其中装货车)	工作车构成	车辆数
B_{16}	23(20 辆)	一辆柴油发电车、一辆冷冻机车、一辆乘务工作车、	230
B_{17}	12(10 辆)	一辆发电乘务车、一辆冷冻机车	360
B_{18}	10(9 辆)	一辆发电乘务车	200
B_{20}	9(8 辆)	一辆发电乘务车	300
B_{21}	5(4 辆)	一辆发电乘务车	100
B_{22}	5(4 辆)	一辆发电乘务车	1 020

早在 1959 年,我国铁路曾自行设计研制了一组 JB_5 型五节式机械冷藏车,证明了我国具备自主设计制造机械式冷藏车的能力。正式自产机械冷藏车是在改革开放以后。1979 年,我国自行研制了五辆一组式 B_{19} 型机械冷藏车,并通过鉴定开始批量生产,至 1989 年停止生产时,累计生产了 73 组 365 辆车。该车型的车体为全钢结构,隔热材料为聚苯乙烯硬泡沫板,车体传热系数为 0.36～0.38 $W/(m^2 \cdot K)$。使用国产制冷机组,在外温为 40 ℃时车内温度调控范围为－18～－15 ℃。

由于国产车的隔热保温性能和车内的温度与发达国家的产品还有较大差距,加之国内冷藏车制造能力满足不了实际需求,于是 1985 年又进口了 B_{21} 型五节式机械冷藏车组。在"七五"、"八五"期间对冷藏车主要生产基地——武昌车辆厂进行了较大规模的改造,在消化吸收国外技术的基础上,进行产品的升级换代,进一步扩大生产能力。武昌车辆厂引进了德国的 B_{22} 型机械冷藏车生产制造技术,新建和改建了发泡、油漆烘干、夹层结构、机械加工、阳极氧化工艺车间和 4 万 m^2 厂房,添置了钢材预处理生产线、压型机、龙门点焊机等加工设备,形成了年生产 200 辆机械冷藏车和 300 辆加冰冷藏车的生产能力。

1987 年又进口了 204 组(1 020 辆)B_{22} 型机械冷藏车组,其中 B_{22}-2 型 20 组(100 辆);B_{22}-2 型车的货物车为进口散件组装,发电车除两辆为进口外,其余均为我国自行生产。

1992 年铁道部设立了"B_{23} 型机械冷藏车组"研制项目,由武昌车辆厂进行国产机械冷藏车组的研制工作。这是在引进 B_{22} 型车制造技术的基础上,对制冷机及机械冷藏车组进行技术消化吸收,研究制造的新型国产小组机列。该车采用石家庄车辆厂制冷分厂设计的 FAL056/3(Z)制冷机组,制冷剂为

R12。后期又采用石家庄车辆厂的LFT50型机组，制冷工质改为了R22。车体主要采用夹层结构的聚氨酯发泡，并采用了多项新材料和新工艺，车组性能有较大提高，车体传热系数和气密性达到了国际上较先进的水平。该项目于1993年通过了部级鉴定，并开始进行批量生产。B_{23}型机列的生产截止到1999年。

随着社会主义市场经济的逐步建立和发展，易腐货物运输小批量、多品种、快速度的运输要求越来越强烈。为适应这一运输要求，从90年代起我国铁路开始研制在国外铁路早已得到应用的单节式机冷车，并于2000年正式批量生产B_{10}型单节机械冷藏车。B_{10}型机械冷藏车的车体结构基本上与B_{23}型车相同，分别采用美国开利公司的NDM-94A柴油机直接驱动制冷机组以及石家庄车辆厂生产的“兰鲸Ⅰ”型制冷机组，制冷工质均为R22。在试制生产后又改进加大了乘务间，发展成B_{10A}和B_{10B}两种车型。

为满足冷藏运输的快运需求，冷藏运输装备的车辆构造速度也需要进行提高。1999年铁道部设立“120 km/h快速机械冷藏车研制”和“120 km/h快速机械冷板冷藏车研制”项目，开展高速度等级冷藏运输装备的研究。120 km/h快速机械冷板冷藏车是在机械冷板冷藏车技术基础上研制而成的新型铁路冷藏车，有带乘务室的货物车和不带乘务室的货物车，两种车既可成组使用，又可单节使用。通常两节车联挂使用更方便值乘人员工作。该型车兼有加冰冷藏车的机动灵活性和机械冷藏车的良好保温性能和制冷控温能力。经过一次充冷后，车上冷冻板内的低熔冰可以连续、稳定地放冷120 h以上。该车采用了时速120 km的提速转向架(转K2型)技术，通过优化弹性常接触旁承参数、枕簧参数等措施，提高了车辆的动力学性能；制冷设备采用减振、隔振技术，提高了制冷系统的运用可靠性；采用夹层隔热结构技术及新研制的共晶液，使车辆热工性能整体最佳，具有良好的技术经济指标。该型车可附挂在普通货运班列、“五定”班列上运输，也可附挂在快速货运班列、行包快运专列甚至旅客列车上，实现一般易腐货物、速冻食品等高档货物的快捷铁路冷藏运输。该项目通过了铁道部科技成果鉴定，但未正式投入生产和运用。

机械冷藏车保有量最高时为2 828辆，随着市场需求的变化，成组式机械冷藏车单次运货量偏大的弊端逐渐显现。随着车辆使用年限的增加，报废车数增多，机械冷藏车数量也开始减少。目前，铁路冷藏车仅剩五节一组式的机械冷藏车和单节机械冷藏车，冷藏车保有量为1 910辆(货物车1 578辆)，其中B_{10} 250辆、B_{21} 100辆、B_{22} 1 000辆、B_{23} 560辆。另外，还有一些淘汰机械冷藏车改造的隔热保温车(代棚车用)。

4. 活动物专用车

① 家畜车

家畜车是运输猪、牛、羊、鸡、鸭、鹅等家畜、家禽的专用车。我国铁路曾使用过的家畜车主要为 J_5、J_6 型，其中 J_6 型是活牛专用车。家畜车主要技术参数见表 3.2。

表 3.2　家畜车的主要技术参数

车型	生产厂家	自重(t)	载重(t)	有效装载面积(m^2)	最高运行速度(km/h)	水箱容积(L)	车辆最大宽度(mm)
J_5	铜陵车辆厂	25.5	20	79.8	100	2 000	3 160
	武昌车辆厂	27	20	104	100	1 920	3 160
J_6	铜陵车辆厂	24.6	16.6	42.77	100	2 749	3 130
	武昌车辆厂	26.5	16.6	42.8	100	2 750	—

家畜车的车体设置有车墙，车门及两侧、两端的调节窗、端窗，通风器等通风调温装置。车内装货间一般分为 2～3 层，设有押运人员休息室和饲料用具存放架。车上安装水箱、水管等储给水设备，有的还设有饲料槽。活牛专用车分为押运人生活间和装货间两部分。

② 活鱼车

活鱼车是运输活鱼、鱼苗的专用车。车内设有水槽、水泵循环水流系统和储水箱等设备。使用时，鱼、鱼苗盛放在水槽内。水槽内的水在水泵的作用下，通过水循环装置流动，经水槽上的喷雾器喷入空气再落入水槽，将氧气带入水中，不断循环，给水补氧。

3.3　鲜活货物快运组织

长期以来，我国铁路受运力紧张的限制，易腐货物运输速度较低，这在很大程度上制约了铁路冷藏运输的发展。易腐货物运输基本上采用与普通货物相同的运输组织方式，即易腐货物在货运站装车后，由小运转挂运到编组站，经编组站编入各种货运列车(包括区段列车、直通和直达列车等)中，再经过运行到达目的地附近的编组站，解体编入小运转列车、挂运到到站卸车，这种传统的货物运输组织形式，货物送达速度低，车辆周转时间长，无法满足易腐货物运输市场的快运需求。《铁路鲜活货物运输规则》中提出，应根据易腐货物时效性要求强的特点，加强运输组织工作，坚持“优先安排运输计划、优先进货装车、优先编组、优先取送、优先配空、优先挂运”的“六优先”要求，但在实际操作中难以落实到位。

通过加强运输组织，开发快运产品，可有效解决易腐货物运送速度低的问题。早在20世纪60年代，我国铁路就开始办理鲜活货物的快运组织业务。典型的快运产品是1962年开始开行的“供应港澳鲜活商品三趟快运货物列车”，简称“三趟快车”。“三趟快车”是从上海、郑州、武汉(及长沙)经深圳到香港的鲜活快运列车，主要运送活猪、牛、禽类及冷冻肉类产品等。“三趟快车”最显著的特点就是“快”。从江岸站到广州站过去需运行4～5 d，如途中解结，则需要运行7～8 d。开行快车后，只需要52 h，大大地缩短了运输时间。另外，该快运线不仅满足了复杂的运输服务需求，如活动物在运输途中(上水)、途中定点加挂车辆等，还以长期以来的定时到达，保障了市场供应的均衡稳定性和及时性。“三趟快车”的开行在很大程度上解决了供港澳鲜活商品运输时间长、掉膘、残次死亡率高的问题，满足了港澳同胞喜食“生、猛、鲜、活”的生活需要。统计数据显示，1980年至1996年是“三趟快车”最辉煌的时期，通过“三趟快车”运往香港的鲜活冷冻商品，在香港市场上占据了举足轻重的地位，其中活畜、活禽占香港市场份额近90%，被誉为保证香港供应的“生命线”。自2001年起，经“三趟快车”运输的鲜活货物大幅度下滑。2007年，“三趟快车”共开行743列，仅运送供港鲜活物资610车(其中活动物28车)，平均每列不足1车。2008年，深圳北站全部过港易腐货物运量仅为154车、6 920 t，活动物运量为零，“三趟快车”已处于自然停开状态。

铁路易腐货物的快运可通过在运行图上铺画快运线，组织快运列车方式来实现；还可通过组织季节性快运直达列车的方式来实现，另外还可采用在客运列车上加挂冷藏车或制冷装置等方式。国外的冷藏直达快运专列是时效性很高的快运方式，但在我国区域性物流中心尚不完善条件下，铁路运输的货物大都直接进入市场，而市场的日常供应消费量有限，易腐货物又不易存放，冷藏专列的运货批量太大，超过上市的日常消费能力，这样不仅会造成对销售价格的打压，还会造成滞销带来的货物损失。因此，专列快运形式除在一定区段和果蔬采收旺季时短期采用外，大部分情况下不适于我国的易腐货物运输需要。

20世纪90年代末，铁路曾开行易腐货物快运直达专列，为季节性运输的“南菜北运”产品开辟“绿色通道”，1998年12月从南宁铁路局的果蔬发运站湛江至郑州间开行的果蔬快运列车，为粤西和海南地区鲜活农产品的北运发挥了巨大作用，大大加快了水果蔬菜的运输速度，降低了途中货损率。因为这一快运专列是区段性快运产品，到达郑州后还要解编、编入其他列车继续运行才能到达目的地,不是完全的直达快运专列,所以运输速度只有一定的提高,还达不到直达快运专列的运输效果。

铁路开发应用的几种冷藏快运产品主要包括(混合式)冷藏快运班列、行包快运专列和行李车冷藏快运。

(1)冷藏快运班列

铁路的“五定”班列快速货运产品的出现,为运能紧张情况下的货运市场带来了新的活力。对于易腐货物冷藏运输,除了要快速,发到时刻的确定性和准时性也十分重要。它不仅有利于铁路的货源组织工作和货物快速集散作业,还有利于货主(收货人)的市场经营行为,增强市场竞争力。

图 3.3　铁路冷藏快运班列

自铁道部 2003 年进行特种货物运输的专业化改革以来,中铁特货公司积极开展冷藏快运业务,曾开行了三趟冷藏快运班列,进行冷冻货物及鲜货的成组运输。运输区域分别为:成都—广州、昆明—兰州、海南(海口)—北京(大红门)—东北地区(沈阳南)。运输的货物品类:成都至广州,以运输肉类产品为主;昆明至兰州,以反季节蔬菜及香蕉为主;海南至东北地区也以海南地区的新鲜水果、蔬菜类货物为主。冷藏班列形式大大提高了冷藏车的运用周转率。

(2)行包快运专列

行包快运专列的出现为易腐食品的运输开辟了一条快捷运输方式。行包快运专列是按旅客列车组织形式,整列装载行李包裹的列车,固定列车编组,有确定的发到车站,确定的发到时间,运行安全可靠、方便快捷,价格合理。行包快运专列全列使用棚车，果蔬类产品的运输质量比冷藏车低，但仍能吸引大量易腐货物，这也说明了改进运输组织、加快货物速达速度对易腐货物运输十分重要。乌鲁木齐铁路局在行包快运专列开行的第一年(1998 年)即使用行包专列外运瓜果 3 万 t，占该局当年瓜果外运总量的 21%。广州铁路集团公司 1999 年行包专列中的易腐货物也占了 10%。

(3)行李车冷藏快运

铁路正式使用客运列车行李车运输易腐货物，是在 1999 年至 2003 年期间。由中铁特货运输公司开发的“铁路行包冷藏快运研究”项目，利用铁路客运快速网络、空调动力和人力资源，通过改造行李车、加装冷藏箱，满足特种货物(花卉)保鲜、快速运输的要求，实现门到门一条龙服务。该项目是在昆明至北京的客运列车的行李车上增加冷藏装备运输鲜花。这种方式既能大大加快运输速度，又能提高运输的准时性，而且还能满足易腐货物“小批量、多批次、均衡供应”的市场需求，深受客户的欢迎。

3.4 面临的困难及问题

分析国内外冷藏运输的发展变化过程可知，影响和制约铁路冷藏运输发展的因素有很多，大体可分为铁路外部和内部两方面的因素。

1. 外部环境因素

外部环境因素是社会经济发展水平和市场环境条件因素，主要包括经济发展状况、农业生产规模、交通运输格局与运输技术发展、食品流通模式、市场环境条件及制冷技术等。

(1)社会经济及交通运输发展状况

社会经济发展水平、经济实力以及农业生产规模和布局状况，决定了冷链基础设施条件和市场需求状况；交通运输的发展决定了运输速度和流通效率，这是冷藏运输发展的关键要素。

冷藏运输市场会随国家经济状况产生波动。每当 GDP 增长较快、社会经济形势好转时，食品及饮料购买力增加，冷藏运输的需求就会增长，反之则下降。美国公路冷藏运输公司业绩的变化情况反映了这一规律。经营运作的复杂性决定了冷藏运输需要有一定的经济实力支撑。首先，冷藏运输市场需求的变动性较大，存在很多不稳定因素。另外，其管理成本和运营成本较高，没有足够的经济实力难以发展。冷藏运输不仅需要专门的冷藏运输装备，固定设备资产投资较大，且运输设备和制冷机组均需消耗燃油，直接成本消耗也较大;还需要有专业知识技能的操作及管理人员,对管理能力要求高。冷藏流通体系涉及多领域、多行业、多部门,衔接环节多,影响因素多、工况复杂,管理难度大。因此,在经济发达国家冷藏运输发展较快,欧美、日本等发达国家易腐货物运输的冷藏率较高,而经济欠发达地区的冷藏率则较低。

速度和效率是影响各种运输方式冷藏运输市场份额的重要因素。由美国冷藏运输发展过程可知,冷藏运输起源于铁路是因为当时的公路运输尚不发达,缺乏网络性通道。而铁路路网通达,是当时运输速度快、服务质量好的运输方式。一旦公路网建成,高速公路崛起,便以方便、快捷的运输优势迅速抢占了铁路的市场份额,成为市场的主角。可见,交通运输结构和时效性对冷藏运输起着重要作用。

(2)农业生产发展程度

美国农业具有以大型农场为主的区域性,使农产品生产日趋集中化、规模化,各产区栽培品种趋向单纯化,而市场供应则需品种多样化,必然产生一定的长途调运量。可见,农业生产规模及产区格局对冷藏运输市场需求也有较大影响。我国目前的农业生产规模化、组织化程度都较低,产区范围也较大,货源货流较分散,农产品经销又是以个体小规模为主,货源组织较为困难。

(3)市场环境因素

市场规范化程度影响经营企业的发展,决定着市场集中度大小。通常发育较成熟的市场,相应的市场操作规范化程度高、质量标准及管理体系也较健全,商品流通质量有基本保障。我国目前的市场经济发展还不够成熟,市场环境条件欠佳,表现在软硬件两方面的欠缺。硬件条件指基础设施设备建设不足,尤其是冷藏链基础设施薄弱,冷藏运力不足,缺乏必要的质量保障措施和手段;软件环境条件的欠缺指食品质量安全管理体系不健全,市场操作规范化、规模化程度不够,市场秩序混乱。这也进一步说明我国食品管理制度不健全,缺乏必要的运输市场准入制度和有效的监管制度。一些不符合食品冷藏运输条件的车辆从事易腐货物的运输,而缺乏管理和限制,导致出现运输市场上的低成本恶性竞争现象,造成市场秩序的混乱。另外,食品冷链管理体系不健全,冷藏基础设施薄弱,加重了铁路冷藏运输的负荷,对铁路运输质量形成一定的影响。未经预冷的货物装入铁路冷藏车,不仅难以快速排除货物的田间热,而且车上制冷的成本也远远高于地面制冷。缺乏有效的质量控制手段,对装运环节的质量把握困难,也是造成铁路装车环节质量问题多的因素之一。

由此可见,我国目前冷藏运输发展虽有较强的货源基础,社会需求增长较快,但还没有足够的经济实力来支撑冷藏运输的高成本。这也充分表明了我国社会经济已有较大的发展,人们生活水平有了较大幅度的提高,但经济水平仍然较低,经济实力还十分有限;冷藏物流行业展仍处于起步阶段,发展的道路既光明而又漫长。目前,我国的食品安全管理体系已在逐步地建立和完善之中,《食品安全法》已于2009年6月1日起正式实施,从《食品卫生法》到《食品安全法》的转变,也说明我国食品安全从立法观念到监管模式全方位的重大转变。市场环境条件正在改善之中,食品冷链物流事业有待进一步的发展。

2. 铁路内部因素

内部因素是指铁路自身发展中存在的问题。

(1)铁路长期以来的运能紧张状况,使冷藏运输缺乏运力保障,运输时限不确定,对易腐货物运输影响很大

生鲜产品保质期短,时效性要求非常高,尤其是果蔬类货物采收后不能及时外运,会出现腐坏变质现象,因此,若铁路不能及时提供车辆和运力保障,冷藏货源自然会流向其他运输方式,运送速度慢是制约铁路鲜活货物运输发展的重要因素。

(2)铁路运输的灵活性差,运输环节多,手续繁琐,不能实现"门到门"运输等弊端,都对运输时效性要求高的鲜活货物运输十分不利

不能实现"门到门"运输,不仅增加了两端货物的装卸搬运作业,增加了作业时间和运输成本,还易造成冷藏链的断裂,影响货温的持续稳定性,进而引起货物质量的下降。这一问题可以通过改善冷藏运输装备和组织模式来加以缓解,如采用联运组织技术——公铁联运方式,使用冷藏集装箱等联运装备可有效解决铁路冷藏运输与其他运输方式的衔接问题。

(3)铁路目前的冷藏车型不适应市场需求

现在正在运用的铁路冷藏运输装备只剩下机械冷藏车,机械冷藏车除250辆B_{10}是单节式车外,B_{21}、B_{22}、B_{23}机械冷藏车均为5辆一组式(装货车4辆),每组载重为184 t,车组构成偏大,不能满足当前"小批量、多品种"的运输市场需求。B_{10}型机械冷藏车可单车运行,符合市场的小批量、多批次的特点,但该车设计中存在一些先天缺陷,故障率较高、维修困难,单端制冷方式使车内温度不够均匀,加上单人值乘、存在人员安全隐患,目前主要用于"昆兰"冷藏班列上。可见,铁路冷藏车的使用受到一定制约,铁路冷藏运输装备急需更新换代。

另外,现有铁路运输组织模式和管理方式也不能很好地适应市场变化,如

运输计划与运输需求的对接问题，车货衔接不及时对冷藏货物的市场营销工作有很大影响，因此流失了不少货源。铁路的整体服务意识也有待转变，服务质量有待进一步提高。

铁路自身存在的这些问题，有些会随着铁路建设和设施设备能力的扩大而得到缓解，有些则还需要经过大量的努力来加以改变，包括从运营机制、绩效核算方式、组织管理模式和经营策略、作业质量考核等方面进行改进。

4 易腐货物储藏保鲜技术

4.1 易腐货物保藏原理

大部分易腐货物(除部分后熟的果品)的质量变化规律是:自产成或采收后质量便开始进入逐渐下降阶段,其品质不能在后续过程中进行改善或提高,但可以一定程度地维持和保存。可以针对引起质量下降的原因和品质变化机理,采取相应的保藏技术措施,来延缓货物质量下降、品质劣变的速度,尽可能多地保持其原有品质。食品保藏的基本原理就是通过控制和改变引起食品变质腐败的各种因素作用的条件,来阻止食品的变质腐败,延长产品寿命。

4.1.1 食品成分及其变质机理

1. 食品的化学成分

食品的天然成分主要有:碳水化合物、蛋白质、脂类、维生素、酶、有机酸和胶质类等有机物以及水、矿物质等无机物。这些成分是人类赖以生存的物质和能量来源。食品腐败变质过程,实质上就是食品成分,如蛋白质、碳水化合物、脂肪等的氧化、分解变化过程,其程度因食品种类、微生物种类和数量及环境条件的不同而异。保持食品质量就是尽可能多地保持食品的这些有益成分。

(1)蛋白质

蛋白质是一类由多种氨基酸构成的复杂的高分子含氮化合物,是一切生命活动的基础,是构成生物体组织、细胞的主要原料,是重要的食品营养成分。人体的生长发育、组织细胞的新陈代谢,都离不开蛋白质。蛋白质的种类繁多、结构复杂,但它们的化学元素组成均相似,主要由碳、氢、氧、氮、硫、磷等元素组成,少数含有铁、铜、锌等元素。蛋白质广泛存在于动物和植物体内,最主要的有肉、鱼、乳品、蛋、谷类、豆类和坚果类食物。

当受到外界因素如冷冻、加热、加压、振荡等的影响时,蛋白质的构象发生改变,导致其理化性质和生物学特性相应发生变化,即引起蛋白质的变性。变性蛋白质的溶解度会降低,失去生物学活性,易被蛋白酶分解。富含蛋白质的食品如肉、鱼、蛋和大豆制品等的腐败变质,主要以蛋白质的分解为其特征。蛋白质在微生物的作用下被分解成低分子物质,便丧失了其原有的营养价值。蛋白质的最终分解产物为NH_3、H_2S和水等,具有强烈的刺激气味。

(2)糖类

糖类是由碳、氢、氧三种元素组成的,绝大多数糖含氢和氧的比例是和水中氢和氧比例一样,因此,又称为碳水化合物。糖是供给人体热量的重要原料,以植物性食品含量居多。

糖类分单糖、二糖(或双糖)及多糖三类。单糖是不能水解的单糖分子,如葡萄糖、果糖和半乳糖等。果实中存在大量葡萄糖和果糖。单糖在新鲜果蔬中,通过酶促作用下的呼吸过程,可分解成水和二氧化碳,并伴有热量产生。双糖水解后可以生成两分子单糖,如蔗糖、麦芽糖和乳糖;多糖分解后可以生成多分子的单糖,如淀粉、纤维素和糖元等。糖元是葡萄糖在动物体及人体内储存的主要形式,也叫动物性淀粉或肝淀粉。

果蔬的含糖量,是衡量果蔬的内在品质、成熟度和储藏质量的重要指标。各种糖的甜度不一,以蔗糖甜度为100的话,则果糖的甜度为173.3,葡萄糖的甜度为74.3。果蔬甜味的浓淡与含糖总量有关,也与含糖的种类有关,同时还会受其他物质如有机酸、单宁物质的影响。

纤维素是一种不可消化的多糖,是植物细胞壁的主要成分。它不能被人体分解和吸收,但可以帮助肠道的蠕动,维持正常的消化功能,起间接营养的作用,还具有清理肠道的功能。

(3)脂类

脂类在动物性食品中和植物的种子中含量较多,日常食用的植物油如花生油、大豆油、芝麻油、菜子油等,动物脂肪如猪油、牛油等,其主要成分是由各种不同的脂肪酸和甘油结合而成的甘油三酯,即油脂或脂肪。脂肪是食品中重要的组成成分和人体营养成分,是热量最高的营养素。

从动植物中获取的油脂,其化学成分和结构基本相似,储存过程中脂肪会发生一系列的化学变化,如在空气氧、光的作用下的油脂氧化以及在高温、酸、碱和微生物解脂酶等作用下甘油三酯被降解为次级甘油酯、甘油和脂肪酸的水解。将甘油酯的水解和不饱和脂肪酸的氧化,称作脂肪的“酸败”。酸败是由酶和氧、水分作用,使食品中的中性脂肪分解为甘油和脂肪酸,脂肪酸进一步分解生成过氧化物和氧化物,随之产生具有特殊刺激气味的酮和醛等酸败产物，即所谓的“哈喇”味。酸败较轻会影响食品的原有风味，酸败严重则不能食用。

(4)维生素

维生素是维持生物正常生命活动所需的一类微量有机物质，是维持身体健康所必需的一类低分子有机化合物，它可调节生物体的新陈代谢。大多数维生素在人体内不能合成，必须由食物来供给。维生素又分脂溶性维生素和水溶性维生素，脂溶性的维生素有 A、D、E、K 类，它们不溶于水而溶于脂肪；水溶性的维生素有 B、C 类。

(5)酶

酶是活细胞产生的一种特殊的具有催化作用的蛋白质，故称为生物催化剂。它脱离活细胞后仍然具有活性。酶和蛋白质一样，受到冷冻、加热、振荡等都能引起变性，丧失活性，失去催化作用。酶对温度和环境的酸碱度十分敏感。每种酶都有一定的适宜的活性温度和酸度范围，高于或低于这一范围会降低活性，或丧失活性，失去催化能力。

(6)矿物质

矿物质又称无机盐，是除碳、氢、氧、氮的有机化合物之外的其余各种元素，无论含量多少统称为矿物质。矿物质常以钾、钠、钙、镁、铁、锌、碘、铜等元素的无机盐类形式存在。矿质元素是动物机体组织和器官构成的主要成分(如钙、磷构成骨骼和牙齿等)，能够维持体液酸碱度和渗透压的平衡，维持神经、肌肉的正常功能和敏感性等功能。在人及动物体内，矿物质总量不超过体重的 4%～5%，但却是人和动物体不可缺少的成分。在植物体中，矿物质的含量占 1%～15%，所以，果蔬是人类获得矿物质营养的重要来源。

矿物质与其他有机营养元素不同，它们既不能在人体内合成，也不能在代谢过程中消失，可被排出体外回到环境中去。

(7)水

水是各种食品的主要组成成分之一，各种食品的含水量是不同的，如水果、蔬菜的含水量分别在 73%～90%和 65%～96%。其中，含水量较大的瓜类如莴苣、甜瓜的含水量为 95%，黄瓜可达 98%。而富含淀粉的山药、木薯、马铃薯等块茎类产品的含水量则较低。各类果蔬产品的实际含水量，还取决于收获时植物组织所能得到的水分。肉类产品的含水量为 50%左右。

水是溶剂，各种生物生理反应、电解质的电解和代谢废物的溶解等都离不开水。水分的散失会导致食品鲜度、嫩度、风味及口感、观感等指标的下降，也会造成产品质量的下降。

2. 食品的变质机理

易腐食品在存放过程中，受外来因素和内部各种因素的影响，引起食品的原有色、香、味和营养成分等内在品质性质和状态的变化，降低或丧失了食品的营养价值和商用价值，这种变化叫做食品的腐败、变质。引起食品品质变化的因素按其属性可分为生物的、化学的和物理的因素，主要包括微生物作用、酶促作用、氧化反应和呼吸作用等，各种因素作用的大小均受温度、水分、pH值、光和氧气等条件的影响。其中，由微生物污染所引起的食品败坏最为重要和普遍，它不仅会降低食品的营养价值和卫生质量，还可能会危害人体健康。

(1)微生物繁殖引起的质变

微生物是一种微小的只有在显微镜下才能看到的生物，它在自然界中几乎无处不在，不仅分布广、种类多，而且生命力强，生长繁殖速度极快。微生物是以细胞分裂方式来繁衍生殖，以大肠杆菌为例，在条件适宜时每 20 min 细胞就可增长分裂一次，细胞数量以几何级数的速度增长，8 h 后 1 个细胞可繁殖为 200 万个，10 h 后可超过 10 亿个，24 h 后，微生物繁殖的数量可庞大到难以计数的程度。食品中微生物的生长繁殖能引起产品结构的破坏和营养成分的分解，加速产品成熟老化及腐败过程。污染食品的微生物会分泌有毒物质(主要是水解酶)，破坏细胞壁并浸入细胞内部，分解吸收复杂的有机物质来繁殖后代。

引起食品腐败变质的微生物种类，主要有细菌和真菌(酵母菌、霉菌)。微生物对蔬菜的破坏以细菌为主。新鲜蔬菜含有大量水分，利于细菌滋生。细菌引起的腐败现象中最为常见的是蔬菜的软腐病，细菌通过破坏蔬菜的果胶质使其变软烂，有时还会产生使人不愉快的气味及水浸状外观。真菌则能引起蔬菜产品的霉变和根腐病等。由于水果的 pH 值大多低于细菌生长的范围，因此，由细菌引起的水果腐败现象并不常见。水果的腐败主要是由真菌引起的，特别是霉菌。霉菌能以水果中的简单化合物为能量，破坏水果中的结构多糖和果皮部分。酵母菌能使水果中的糖类酵解生成乙醇和 CO_2。

微生物引起肉类产品腐败的现象主要有肉质发黏、变色、长霉，以及产生异味等。肉类产品含有丰富的水分和营养成分，为微生物的生长、繁殖提供了良好的环境。当微生物繁殖达到一定数量，就会使肉质组织发生软化、绿变和霉变腐烂现象，以致不堪食用。要想完全灭绝微生物不太可能，但是可以利用一些物理和化学因素的作用，对微生物的生长繁殖进行不同程度的抑制，通过控制微生物的数量来有效降低食品变质的速度。

微生物的生长繁殖速度又受环境条件的影响，如所在环境中的营养物质含量、水分、温度、pH 值和渗透压、光线等。

营养物质是微生物生长繁殖的重要影响因素。微生物和其他生物一样，在生长过程中需要进行新陈代谢，需要糖类、盐类、蛋白质、维生素等营养物质。每种微生物对营养物质种类的吸收有一定的选择性，如酵母菌喜欢糖类营养物，不喜欢脂肪类物质；而一些腐败菌需要蛋白质类营养物。

水分是微生物生命活动所必需的成分，是组成原生质的基本成分，微生物借水进行新陈代谢。食品所含水分越多，微生物越容易繁殖，一般认为食品含水分 50%以上时微生物才能生长繁殖，水分在 30%以下时繁殖开始受到抑制。食品中的水分有两种存在形式：自由水和结合水。自由水是可以自由流动的游离状态的水，结合水是在细胞中与其他物质结合了的水。结合水不能再溶解其他物质，不易流动，也不再能直接参与各种生化反应。即食品所含水分中，只有自由水能被微生物、酶和各种化学反应所利用，因此常用能反映自由水含量的水分活度来衡量评判其影响力。水分活度(A_w)值等于食品中呈溶液状态的水的蒸气压(P)与纯水的蒸气压(P_0)之比：

$$A_w = \frac{P}{P_0}$$

食品中只有自由水才能溶解可溶性的成分，呈溶液状态的水的蒸气压随可溶性物质的增加而减少，因此，其蒸汽压都小于纯水的蒸汽压，即食品的水分活性均小于 1。食品中的水分活度越大，细菌越容易繁殖。多数细菌的最低水分活度界限为 0.86，酵母是 0.78，霉菌为 0.65。冻结过程使水结成冰后，会降低食品的水分活度，也是抑制微生物繁殖的一项措施。

温度是影响微生物生长的重要因素，不同的微生物有不同的适宜生长温度范围，在最适温度，微生物的生长速度最快。超出最适范围的温度，会对微生物有抑制或杀灭作用。超出范围越多则抑制作用越强。大多数微生物在 37.2 ℃的条件下生长最快，高于此温度，其繁殖力也会减弱，在 70～80 ℃时就会死亡，100 ℃时会迅速死亡。按微生物适应的温度范围，可分为嗜冷菌、嗜温菌及嗜热菌。

大部分水中的细菌是嗜冷性微生物，它们在 0 ℃以下仍能繁殖。5 ℃以下的低温对大部分细菌生长有明显的抑制作用(参见表 4.1)，低温冻结还能杀死部分细菌，但难以将其灭绝。一些嗜冷性的霉菌或酵母菌很能耐受低温，即使在−8 ℃的低温下，仍然发现有孢子出芽。因此，不能依赖低温冻结处理来减少食品的微生物污染，应在产品冻结前尽量避免微生物的污染，即产品冻结前的卫生状况对减少微生物引发的食品质量问题十分重要。

表 4.1 食品中微生物生长的最低温度

食品	微生物	生长最低温度(℃)	食品	微生物	生长最低温度(℃)
猪肉	细菌	−4	冰激凌	嗜冷菌	−20～−10
牛肉	霉菌、酵母菌、细菌	−1～1.6	冰激凌	细菌	−10～−3
羊肉	霉菌、酵母菌、细菌	−5～−1	大豆	霉菌	−6.7
腊肠	细菌	5	苹果	霉菌	0
熏肉	细菌	−10～−5	葡萄汁	酵母菌	0
鱼类	细菌	−11	浓缩橘汁	酵母菌	−10
乳	细菌	−1～0	柿子	酵母菌	−17.8

适宜的低温能在保持生鲜产品的新鲜、营养前提下，有效阻止微生物的繁殖，但一旦温度升高，微生物的繁殖也会逐渐旺盛起来。因此要防止微生物对食品的影响，必须将食品持续保持在足够的低温环境中。

微生物所处环境的酸碱性也会对其生长速度有较大影响，在最低或最高pH值环境中，微生物虽然尚能生存和生长，但生长速度非常缓慢。各种微生物有各自最适的pH值范围。大多数细菌在中性或弱碱性环境中较适宜，霉菌和酵母菌则在弱酸的环境中较适宜。当食品的pH值超出其适宜范围时，便能影响微生物对营养物质的摄取，还会降低微生物的耐热性或耐冷性。

渗透压泛指由于水分子总是从低浓度溶液向高浓度溶液自然扩散，在所通过的渗透膜两边形成的压力差。微生物的细胞膜是半透性的，细胞内比细胞外围渗透压大。如果微生物处于渗透压较大的环境中，如在糖和盐溶液中，其细胞会发生质壁分离现象，从而破坏或抑制微生物的生长繁殖。

日光中的紫外线对微生物有杀灭作用。紫外线杀菌的作用机理主要是紫外线被原生质的核蛋白吸收，使微生物发生变异。

(2)酶的作用引起的质变

酶是生物体内的一种特殊蛋白质，具有高度催化活性。它能促使化学变化发生而不消耗它自身。无论是动物性食品还是植物性食品本身都含有酶。在食品加工、储藏过程中，由于酶的作用，特别是氧化酶类、水解酶类的催化会导致发生多种多样的酶促反应，造成食品色、香、味和质地的变化。微生物也能分泌导致食品发酵、酸败和腐败的酶类，与产品自身的酶一起作用，加速食品腐败变质的过程。因酶的作用引起的食品腐败变质现象中较为常见的是果蔬的褐变、虾的黑变、脂质的水解和氧化以及果蔬的软烂等。

酶的活性和稳定性与温度之间有密切的关系。在一定温度范围内，随着温度的升高，酶的活性也增加。酶的耐热性因种类不同而有较大差异，大多数与食品加工有关的酶在45 ℃以上时逐渐失活，但乳碱性磷酸酶和植物过氧化物酶在pH中性条件下相当耐热。在加热处理时，其他的酶和微生物大都在这两种酶失活之前就已被破坏。因此，在乳品工业和果蔬加工时，常以这两种酶是否失活来判断巴氏杀菌和热烫是否充分。温度低于0 ℃时，酶的催化作用明显缓慢，一旦温度回升又会恢复催化活性。任何酶的最适温度范围都不是固定的，会受到环境因素的影响。

酶的活性与水分活度之间存在着一定的关系。当水分活度在中等偏上范围内增大时，酶的活性也逐渐增大。相反，减小水分活度则会抑制酶的活性。酶要起作用，必须在最低 A_w 以上时才行。最低 A_w 与酶的种类、食品种类、温度及pH值等因素有关。如磷脂酶D的最低 A_w 为0.45，而磷脂酶B的最低 A_w 为0.55。

酶对环境的酸碱度也十分敏感，稍高于或低于每种酶的最适pH值范围其活性都会下降，甚至丧失催化作用。共存的化合物也会对酶的活性有一定影响，有些化合物能提高酶的活性，有些则能起抑制作用。

(3)氧化、呼吸作用引起的质变

在食品储运过程中，食品成分会与所接触空气中的氧发生化学反应，从而引起食品品质的变化。如油脂的氧化分解会破坏脂肪酸和部分维生素的结构、促进蛋白质的变性，导致食品营养成分的减少，甚至会产生有毒、有害物质；维生素、色素等成分的氧化会引起生物体生理活性的降低，引起色泽、风味的劣变。

脂肪的氧化受环境温度、光线、氧化和水分等的影响，储藏过程中应采取低温、避光、控制水分、降低氧气含量等措施，还可通过添加抗氧化剂，来降低脂肪的氧化酸败引起的食品品质下降速度。

对于新鲜水果、蔬菜产品以及花卉等植物类产品，采摘后仍进行着生命活动，以完成其成熟直到老化的生命过程。采摘后的水果、蔬菜类产品无法通过植株吸收土地中养分来进行新陈代谢过程，需要通过呼吸运动来维持这个过程，呼吸作用可以使植物体产生免疫功能以抵御外界微生物的入侵，维持正常的完熟过程，保持产品新鲜度。但这一过程是以消耗自身体内的营养物质为代价。因此，应对呼吸作用加以控制，即在维持果蔬产品正常呼吸代谢的前提下，尽量减缓呼吸作用，以放缓其成熟老化速度，达到保持产品品质和延长保质期的目的。

呼吸过程中果蔬产品吸收氧气，将复杂的有机物质分解成比较简单的物质，并放出二氧化碳、水分和热量。实际上呼吸作用的实质是在酶的参与下的缓慢氧化过程。呼吸作用有两种情况，氧气充足时为有氧呼吸；当氧气减少到6%以下，二氧化碳浓度达15%以上时，为缺氧呼吸。有氧呼吸的化学变化可用下列方程式表示：

$$C_6H_{12}O_6+6O_2 = 6CO_2+6H_2O+2\ 282\ kJ$$

有氧条件下的呼吸作用的结果，主要是消耗糖类成分，产生的热量会促进果蔬产品的其他生化作用，并为微生物的生长繁殖创造适宜条件。反应释放出的能量并不是全部被细胞所利用，其中绝大部分在果蔬储藏期间，以热的方式发散出来，放出来的热称为呼吸热。但在缺氧条件下果蔬的呼吸会产生一些不利影响，无氧呼吸不仅会消耗更多的营养成分，还会产生乙醇、乙醛类有害物质，破坏产品组织或杀死细胞，造成果蔬品质下降。缺氧呼吸的化学变化可用下列方程式表示：

$$C_6H_{12}O_6 = 2\ C_2H_5OH+2CO_2+117\ kJ$$

呼吸过程释放的二氧化碳与吸入的氧在容量上的比值称为呼吸系数。单位重量的水果、蔬菜在单位时间内吸入的氧量或放出的二氧化碳量被称为呼吸强度。

呼吸强度决定着各种生化过程的快慢，即决定着产品的寿命。因此，适当控制呼吸强度是果蔬保鲜的重要措施。呼吸强度因果蔬的产品品种、类别以及所处环境条件的不同而不同。尤其是不同成熟期的产品其呼吸强度会有较大差异。一般的植物及果实幼嫩时呼吸强度较高，随着果实的成熟，呼吸强度逐渐下降。但呼吸跃变型果实进入完熟期时，呼吸强度会有骤然升高的现象，达到呼吸高峰后，随果实的衰老逐渐下降。

(4)环境条件引起的质变

食品品质的变化与环境中温度、湿度、空气、光线等物理因素密切相关。其中温度是影响食品品质变化最重要的环境因素，温度不仅对微生物和酶促作用有影响，还对食品中的各种化学变化、鲜活食品的生理作用、水分活度等有影响。如足够的低温会使水冻结成冰晶，从而降低产品的水分活度。

温度升高引起的食品腐败变质，主要表现在影响食品中发生化学变化和酶促作用的生化反应速度，以及微生物的生长繁殖速度。根据化学反应速率变化的范特霍夫(Van't Hoff)规则，温度每升高10 ℃，化学反应速率大约增加2～4倍。这是因为温度升高，反应速率常数迅速增大的缘故。

在生物科学和食品科学中，Van't Hoff规则常用温度系数Q_{10}来表示，温度系数(tempreature coefficient)为：

$$Q_{10}=\frac{K(t+10)}{Kt}$$

式中，$K(t+10)$和Kt分别表示在温度为$(t+10)$℃和t ℃时的反应速率常数。温度常数K与热力学温度T成指数关系，热力学温度T的微小变化都会导致K值的较大变化。

微生物的生长速率与温度的关系可用温度系数来表示，多数微生物的Q_{10}在1.5～2.5之间。温度对酶促反应的影响也常用温度系数Q_{10}来表示，如新鲜果蔬的呼吸作用是一系列的酶促作用下的缓慢氧化反应，果蔬的温度系数Q_{10}表示温度每升高10 ℃，其呼吸强度增加的倍数。大部分果蔬的Q_{10}为2～2.5。不同果蔬种类和品种以及同一品种环境条件不同时温度系数也有所不同，大多数果蔬的温度系数在较低温度段要比较高温度范围时大，如0～10 ℃时比11～21 ℃时的Q_{10}大。因此，应更严格地控制低温储藏时的温度波动。对于怕冻的果蔬产品，对温度下限也要严格控制，因为超过范围的低温会引发果蔬产品的生理病害，如出现冷害或冻害，加速产品的腐败变质。冷害的发生及其严重程度取决于产品的冷敏性和在冷害温度下的持续时间。而产品对低温的敏感性或冷害的临界温度又取决于果蔬种类、品种和成熟度等。热带和亚热带果蔬产品，由于其生长发育过程处于高温环境中，对低温较敏感，冷藏过程中易受冷害。

水分不仅影响食品的营养成分、风味和感观质量，也影响微生物的生长和各种生化反应速度。很多化学反应和生物活动必须有水分子的参与，低于一定水分活度，微生物便不能生长繁殖。水可以促进酶和底物活化作用。因此，降低水分活度，可以抑制微生物繁殖、减少酶促反应和氧化反应等引起的产品营养成分劣变。

对于新鲜果蔬类产品，植物体内的水分向大气中蒸发散失的过程，即蒸腾作用，会影响产品的鲜嫩度、脆度、口感及外观效果。果蔬产品的含水量很高，大多在65%～95%之间，这使得其表面具有光泽并有弹性，组织呈现坚挺脆嫩的状态，外观新鲜。失水率达3%～5%时就会导致明显的感观质量问题，会出现外观的萎蔫干皱、色泽暗淡、硬度和光泽度降低等失鲜状态，直接影响产品的新鲜美观程度。萝卜失水，外表变化不大，内部则会出现糠心。所以，新鲜果蔬类产品在储运过程中需要较高的湿度环境。失水引起的食品干耗还会使一些组织疏松的食品产生干缩僵硬及重量损耗。失水现象也会使食品的水分活度发生变化，会使食品的滋味、香气、色泽和形态结构产生变化以及产生其他方面的质量劣变，还会造成产品数量(重量)上的直接损失。

但失水对某些产品的储藏也有一定益处，有些果蔬产品采后适度失水可抑制生理代谢过程，延长储藏期，如大白菜、柑橘等，采收后轻微晾晒，使组织轻度变软，利于码垛、减少机械伤。适度失水可减轻柑橘果实的浮皮病。适度失水还有利于降低呼吸强度，如洋葱、大蒜采收后进行晾晒，使其外皮干燥，也可抑制呼吸。

氧和气体成分也对食品质量有影响。首先在食品储藏过程中的氧化作用会使食品色泽、风味变差，营养价值下降，甚至会生成有害物质等。如油脂的酸败，油脂与空气接触，发生氧化反应，生成醛、酮、酸等化学物质，伴随产生“哈喇”味，影响食品的色泽和风味。维生素 C 很容易被氧化分解，失去维生素 C 的生理作用，营养价值下降。环境气体成分会影响果蔬的生理作用强度，如适当降低空气中的含氧量或提高二氧化碳比例会抑制果蔬的呼吸强度。在通风不良、氧气缺乏或不足情况下，会形成果蔬的缺氧呼吸，缺氧呼吸时会消耗更多的产品养分，并伴随产生乙醛、乙醇类物质，这些物质会破坏产品的组织结构，加快质量下降速度。

其他引起食品变质的因素还有外来的机械损伤、环境污染、农药残留、添加剂使用不当，以及包装材料不合格等引发的质量问题。对于果蔬产品，任何机械损伤，即使是轻微的挤伤、碰伤或压伤都会损伤破坏完好的细胞结构，加速气体交换，提高组织内氧的含量，增加组织中酶与作用底物接触的机会，从而引起呼吸强度加大，加速产品生理进程以及成熟衰老的速度。

引起食品腐败变质的生物、化学及物理因素各有其特点，但通常它们不是单独起作用，而是相互影响、相互作用的，常常是几种因素的共同作用导致食品品质的变化。比如，机械伤能增加果蔬产品微生物浸入感染的几率，并在增加氧化作用强度的同时增大呼吸强度，进而加速果蔬产品的成熟腐败进程。

分析各种质变因素可知，各类食品变质过程大都含有温度因素的影响，即温度是影响各类食品质量变化的最重要的因素。温度不仅影响着微生物的生长繁殖、产品生化反应速度、酶促作用，生鲜产品的僵直、软化过程，还决定着果蔬产品的成熟老化速度、呼吸和蒸腾作用强度等。因此，通过控制温度（低温保藏）可以有效地控制食品的质变速度和进程。

4.1.2 生鲜产品的腐败过程

1. 肉类

按我国民俗习惯，肉类产品多来源于哺乳类动物，以养殖牲畜、禽类为主。肉及肉制品富含蛋白质、脂肪、糖类、矿物盐类和维生素等多种营养成分。肉类产品的腐败变质主要是微生物引起的蛋白质和糖类的分解变化、脂肪的酸败以及环境条件引起的氧化变色和失水干耗等。

畜禽类动物在被屠宰后的最初阶段，肌体要经历僵直和软化过程，即所谓的肉"熟化"过程。这是因为刚屠宰后畜肌体的温度还较高，肉体内糖元成分开始自行分解，酸性物质增加，使蛋白质状态产生变化，析出部分水分，肌肉组织硬度增加，出现僵直现象。但随着酸类物质的继续增加，蛋白质成分进一步分解，肌体结缔组织和细胞纤维组织被软化，使僵直的肉体变得比僵直前还柔软。肉的"熟化"过程会增加肉质的鲜嫩度，对改善肉质和风味十分有利。禽类的熟化时间较短，仅数小时，羊肉和牛肉的熟化时间较长，可能要几天的时间。肉的熟化过程需要在非冻结状态下，甚至在较高温度下进行，也是最容易被微生物污染的时期。因此，要特别注意加强该过程的卫生防护措施，并创造适宜的环境条件。使熟化过程在非冻结的较低冷藏温度环境下进行，对改善肉质、避免微生物的感染、提高产品加工质量都非常重要。

微生物感染是引起肉类产品变质的首要因素。一般健康生长的牲畜肉体细菌较少，但在屠宰后随着自身代谢功能的消失，也丧失了先天的防御机能，微生物会乘虚而入，先从肉体表层进行感染，逐渐深入内部。在肉的屠宰加工、包装过程中难免受到微生物的污染，这些被感染的微生物会在之后的储藏、运输保管过程中开始进行繁殖，消耗肉食品的营养物质，导致品质的下降。

微生物引起的肉类腐败，往往在肉的表面产生明显的感官变化，如表面发黏、长霉斑，变色和变味等。生鲜肉类产品的腐败过程：首先是肉的液化，微生物分泌胶原蛋白酶，水解肌束之间的结缔组织，引起组织分解；其次是降解营养成分并产生气体。微生物的繁殖过程引起肉类产品营养成分的变化，如蛋白质的分解，脂肪的氧化，引起变色、酸败、发黏和风味劣变等现象。蛋白质在微生物的生长繁殖过程中被分解成低分子物质，如氨基酸，在相应酶的作用下氨基酸又进一步分解为有机胺、硫化氢、吲哚、氨等各种难闻气体和有毒物质。不仅促使食品营养成分分解，降低了食品的营养价值，还会产生对人体有毒有害的致病物质，给人体健康带来危害。脂肪的氧化分解会使其丧失生理功能，分解过程产生的具有难闻气味的挥发性物质，会严重影响肉类食品的感观质量和食用价值。

冻藏过程中水分不断从食品表面蒸发，使冻肉不断减重，俗称"干耗"。干耗不仅会因产品失重带来一定的经济损失，还会使冻品表层组织因脱水而形成海绵体，随着储藏时间的延长，海绵体会逐渐增厚，使冻肉丧失原有的味道和营养。而且，冻品干耗过程中冰晶升华会留下一定的空间，随即进入的空气会增加氧化作用，引起表层色泽、营养成分及外观的明显变化。因此，冻藏过程中防止食品干耗也是保持食品质量的重要措施之一。

2. 鱼类

鱼类产品比一般畜禽肉类食品腐败快的原因：一是鱼所生活的环境中存在大量微生物，鱼的体表黏液中、鳃内以及消化道内都有一定数量的微生物存在；二是鱼肉组织较松软，含水量多，容易被微生物所感染；三是鱼体常处于4～10 ℃的低温环境，肌体内酶的活性较强。一般海水鱼的冰点为：－0.6～－2 ℃，淡水鱼的冰点为：－0.2～－0.7 ℃。

鱼类和一般的陆生动物一样，死后不久会进入僵硬阶段，而后经过自溶作用鱼体开始软化。鱼死后至僵硬中的主要变化是肌糖元$(C_6H_{10}C_5)_n$的分解，这一分解过程会产生乳酸$(C_3H_6O_3)$类酸性物质，使鱼肉组织酸性增加，并产生大量热量，进一步促进水解酶的作用和微生物的生长繁殖。经过僵硬阶段的鱼体，由于组织中水解酶的作用，使蛋白质逐渐分解为氨基酸等物质，为腐败微生物的繁殖提供了有利条件，从而加速腐败进程，因而自溶阶段的鱼的新鲜度开始下降。

鱼类腐败主要是腐败微生物在鱼体繁殖分解的结果。微生物侵入鱼体的途径有多种，首先，鱼肠内存在很多水中的微生物，鱼在保存时，肠内蛋白酶作用于肠壁，使微生物从肠内透出。其次，鱼常因窒息而死，因此鱼鳃内易充血，这为微生物繁殖提供了条件。另外，就是从鱼表皮的黏液下侵入，鱼皮肤腺分泌的黏液是一种可溶性含氮物，是很好的生物培养基。或者，可从捕捞过程中造成的伤口中侵入鱼体内。

鱼的腐败过程：微生物在鱼鳃内繁殖过程中产生的分泌物会分解鳃中的血红素，使鱼鳃变褐、变暗。腐败微生物在鱼体表面黏液中繁殖，促使鱼鳞的结缔组织发生蛋白质水解，破坏了鱼鳞与皮肤相结合的坚韧性，使鳞片脱落；侵入眼内的微生物将眼角膜组织分解，使眼部色泽混浊而模糊。鱼肠内的微生物也在不断繁殖，并穿透肠壁，使鱼腹膨胀或破裂，侵入肌肉，最后使脊骨与肌肉松脱。自各方位的腐败过程不断向肌肉组织深处推进时，沿着鱼体内结缔组织层和骨膜，波及一块又一块新组织。其结果是使鱼体组织的蛋白质、氨基酸以及其他一些含氮物被分解为氨、硫化氢、吲哚等腐败、恶臭物质，最终使鱼肉腐败变质，失去食用价值。

3. 蛋

蛋类食品的腐败也主要是由微生物引起的。蛋被微生物污染的途径：一是不健康的禽体卵巢内寄生着病原菌，二是在蛋未排出禽体之前或刚排出体外时蛋体表面的脏物经蛋壳孔进入蛋体内。

微生物进入蛋壳后，由于内蛋壳膜、蛋白膜的渗透性比蛋壳小，所以大部分微生物集中在两膜之间。经过储藏，细菌分泌出一种溶解膜的酶，将两膜破坏，进入蛋白中。细菌进入蛋白后会遇到蛋白中卵球蛋白G的溶菌破坏，很难繁殖。大约经过一段时间后，溶菌作用消失，蛋白抵抗力减弱，蛋白在细菌和酶的作用下分解为氨基酸、蛋白胨，然后进一步分解产生硫化氢、氨气和粪臭素等。继续作用会使浓厚的蛋白变稀，蛋黄膜破裂，蛋白和蛋黄相混，成为一种混浊带有臭味的液体。当蛋内积聚大量气体之后，能引起蛋壳爆裂。

鲜蛋储藏的温湿度条件不合适时，会引起各种生化变化，还会引起重量的损失。如环境温度较高(20 ℃以上)时，会引起胚胎出现发育膨大等生理变化，其耐藏性会随之降低，甚至会引起蛋的腐败变质；若温度过低，会使蛋内水分冻结，造成蛋壳破裂。冷藏库的最适宜温度为－2～0 ℃，最低不得低于－4 ℃。环境湿度较低时，蛋中的水分会通过蛋壳气孔大量蒸发，不仅会造成重量的损失，还会引起蛋白层、蛋黄体积的变化，形成散黄蛋等，耐藏性变差。

鲜蛋在进入冷库储藏前也需要进行预冷。因为，若直接进入冷库，蛋的温度会使库温升高，库内温度的波动会使蛋壳表面出现凝结水珠，给霉菌滋生创造条件。同样道理，蛋出库时应使蛋温慢慢回升，若不经回温直接出库，也易造成蛋壳表面“出汗”现象。鲜蛋预冷库的温度一般应控制在0～2 ℃，相对湿度70％～85％，大约预冷24 h。

4. 水果蔬菜

新鲜水果蔬菜类产品的基本特征是在采后仍具有生命运动，通过呼吸作用维持生命周期。果实类产品采摘后，要经历成熟、完熟到衰老三个生理阶段。成熟是指果实完成生长发育达到生理成熟期(也称“绿熟”或“初熟”)，此时大部分果蔬产品，如苹果、梨、荔枝等，可以进行采收和食用。但对有些产品，如香蕉、菠萝、番茄等，尽管已完成了生长发育或生理成熟阶段，但并不一定是食用的最佳时期。完熟是成熟的后期，果实经进一步的生物化学变化逐渐形成产品固有的色、香、味和质地特征，然后达到最佳食用阶段。但香蕉、菠萝、番茄类产品不能等到完熟时才采摘，因为此时这些产品的硬度和耐藏性明显下降，不利于加工和储运。衰老则是指果蔬产品充分成熟后，又进一步发生的一系列品质劣变或组织老化、细胞崩溃和器官死亡的过程。大部分蔬菜产品的生理阶段不如果实类产品那么明显，而是连续的渐变过程，难以通过主观判定来划分。其采收期也不像果实类产品要到成熟期，许多蔬菜可在成熟前或生长过程的任一时期采收，采收越早，产品鲜嫩度越高，含水量越大，呼吸也越旺盛，耐藏性越差。

呼吸是维持农产品采后正常生命代谢过程的前提条件。呼吸作用越旺盛,各种生理生化过程越快,产品寿命就越短。果蔬呼吸过程中,各种食品营养成分会被不断地分解消耗,果实逐渐由青转黄,由硬变软;蔬菜则由绿转黄、变枯。同时,产品的抗病、抗菌能力不断下降,微生物的入侵会进一步加剧各种营养成分的分解,促使呼吸运动强度加大,最终导致植体组织的破坏、风味物质的劣变以及腐变、霉变现象。可见,果蔬品质的劣变主要源于呼吸作用和微生物作用所引起的过熟、老化及腐坏现象。产品的病害、虫害,会加速这些腐坏过程。农产品的生长条件对采后产品的抗病、抗菌和耐藏性能有一定影响。

果蔬的呼吸作用强弱不是始终如一的,尤其是水果类产品,存在呼吸跃变型果实和非呼吸跃变型果实。根据果实呼吸曲线可知,果实在幼嫩时期的呼吸旺盛,随着果实细胞的增大,直到发育定型之前,其呼吸强度都在不断下降。但呼吸跃变型果实在进入成熟后期后,呼吸强度会出现骤然迅速上升现象,达到呼吸高峰后便转为下降,果实也会很快进入衰老期。这个呼吸强度急剧上升的过程称为呼吸跃变(Respiratory Climacteric),如香蕉、番茄、苹果等为跃变型果实。另一类果实,如柑橘、草莓、荔枝等,在成熟过程中没有呼吸跃变现象,呼吸强度只表现为缓慢的下降,这类果实称为非跃变型果实。呼吸跃变型果实大多还具有成熟期间乙烯产生量较大的特点。乙烯是一种不饱和烃类化合物,是植物体本身存在的引起果实成熟的内源植物激素,它以极微量的作用就能影响果蔬的呼吸作用及生理成熟、衰老过程。部分果蔬的呼吸特性见表 4.2。

5. 乳及制品

乳及乳制品含有丰富的蛋白质、易吸收的钙和多种维生素,适宜微生物的生长繁殖。刚挤下的乳温度约在 36 ℃左右,是微生物繁殖最适宜的温度,因此,需尽快进行冷却。乳中感染微生物的渠道比较多,一是动物乳房常带有许多细菌,二是在挤奶时和挤奶后至食用前的各环节都有可能通过空气、滤奶器具、容器等方式感染微生物。

鲜乳的腐败变质过程大约经历三个时期:初期——抑制期,在新鲜的乳液中含有溶菌酶、乳素等抗菌物质,对乳中存在的微生物具有杀灭或抑制作用。在杀菌作用终止后,乳中存在的各种细菌迅速发育繁殖。其中以乳酸链球菌生长繁殖居优势,分解乳糖产生乳酸,使乳中的酸性物质不断增高。由于酸度的增高,抑制了腐败菌、产碱菌的生长。随着产酸增多,当 pH 值降至 4.5 以下时,乳链球菌本身的生长也受到抑制,数量开始减少。乳链球菌本身受到抑制,乳中可出现乳酸凝固块,这一时期约有 2 d 时间。当乳杆菌继续活动,pH 值达 3～3.5 时,绝大多数微生物被抑制。进入中期阶段,酵母菌、霉菌开始活动,pH 值升高,达中性,微生物繁殖加速。到了后期乳中能分解蛋白质和脂肪的细菌开始活跃,分解蛋白、脂肪,乳液的 pH 值不断上升,向碱性转化,同时伴随腐败细菌的生长繁殖,产生臭味,乳品出现腐败变质。

表 4.2 部分果蔬的呼吸特性表

品名	呼吸类型	乙烯释放量	品名	呼吸类型	乙烯释放量
苹果	呼吸跃变型	高	荔枝	非呼吸跃变型	中
杏	呼吸跃变型	高	菠萝	非呼吸跃变型	低
鳄梨	呼吸跃变型	高	越橘	非呼吸跃变型	低
猕猴桃	呼吸跃变型	高	黄瓜	非呼吸跃变型	低
硬皮甜瓜	呼吸跃变型	高	樱桃	非呼吸跃变型	很低
番木瓜	呼吸跃变型	很高	葡萄	非呼吸跃变型	很低
西番莲	呼吸跃变型	很高	柑橘	非呼吸跃变型	很低
番荔枝	呼吸跃变型	很高	草莓	非呼吸跃变型	很低
香蕉	呼吸跃变型	中	葡萄柚	非呼吸跃变型	
无花果	呼吸跃变型	中	柠檬	非呼吸跃变型	
番石榴	呼吸跃变型	中	橄榄	非呼吸跃变型	
芒果	呼吸跃变型	中	树番茄	非呼吸跃变型	
番茄	呼吸跃变型	中	茄子		低
李	呼吸跃变型	高	青椒		低
桃	呼吸跃变型	高	南瓜		低
梨	呼吸跃变型	高	叶菜类		很低
西瓜	呼吸跃变型	低	根菜类		很低
柿子	呼吸跃变型	低	马铃薯		很低
面包果	呼吸跃变型		枣		很低
哈密瓜	呼吸跃变型		石榴		很低

注:乙烯释放量值[μL/(kg·h)]范围,很低为<0.1;低为 0.1～1.0;中为 1～10;高为 10～100;很高为>100。

4.1.3 易腐货物的物理性质和储藏特性

1. 易腐货物的物理性质

易腐货物的物理性质,主要指易腐货物的比热容、导热系数、冻结温度和密度。这些性质对易腐食品的加工、储存和运输都有重要影响。

单位质量的物体温度变化 1K 所吸收或放出的热量,称为该物体的比热容,其单位为 kJ/(kg·K)。易腐食品比热容的大小直接影响食品冷却或冻结时消耗的冷量,比热容愈大,冷却或冻结时的耗冷量愈大,反之,耗冷量愈小。

物体的比热容随着温度的降低而减小,各类食品的比热容与其含水量密切相关，因此可用以下公式计算出各种易腐食品比热容的近似值：

高于冻结温度时

$$c=c_{水}\varphi+c'(1-\varphi)$$

式中 $c_{水}$——水的比热容，可取 4.1868 kJ/(kg·K)；

φ——食品的含水量，参见表 4.3；

c'——食品中干燥成分的比热容，可取 1.3～1.47 kJ/(kg·K)。

表 4.3 主要食品含水量

品名	含水量(%)	品名	含水量(%)	品名	含水量(%)
荔枝	73.5	甘蓝	94	葱头	90
香蕉	82	鸡蛋	64	猪肉	62
粉蕉	70.5	番茄	95	牛肉	64.1
黄瓜	96.9	豆角	93	羊肉	54.4
枇杷	77	茄子	95.7		

冻结食品的比热容：

$$c_0=2.092\varphi\omega+c'(1-\varphi)+c''\varphi(1-\omega)$$

式中 ω——冻结水量占食品全部水量的百分数，参见表 4.4；

c''——食品中未冻结的水的比热容，可取 3.77 kJ/(kg·K)；

c'——食品中干燥成分的比热容，1.3～1.47 kJ/(kg·K)。

表 4.4 易腐食品在不同温度下的冻结水量

食品终温(℃)	−5	−10	−15	−20	−25
冻结水量(%)	70～75	75～80	80～85	85～90	90～92

导热系数指 1 m 厚的块状物体，两面温差 1 K 时，单位时间(1 s)内，垂直通过 1 m^2 面积的热量，单位为 W/(m·K)。

冷却食品和冻结食品的导热系数可通过下列公式分别进行近似计算：

冷却食品

$$\lambda=0.605\varphi+0.256(1-\varphi)$$

冻结食品

$$\lambda_0=2.326\varphi\omega+0.256(1-\varphi)+0.605\varphi(1-\omega)$$

式中 φ——食品的含水量，%；

0.605——水的导热系数，W/(m·K)；

0.256——干燥物质的导热系数，W/(m·K)；

ω——冻结水量占食品中全部水量的百分比，%；

2.326——冰的导热系数，W/(m・K)。

冻结食品的导热系数依据温度的不同，在水和冰的导热系数之间变动。冻鱼和冻肉的导热系数约为 1.4 W/(m・K)。

食品的冻结温度与液汁中盐或糖的浓度有关，在一定限度内，食品中盐或糖在液汁中含量越多，食品的冻结温度越低。冻结温度的高低，直接影响食品冷加工的能量消耗。

单位体积物体的质量，称为物体的密度。食品的密度取决于其含水量的高低，一般来说，含水量越多，其密度越大，食品表面越娇嫩，保管、运输难度也越大。易腐食品的主要物理性质参见表 4.5。

表 4.5　易腐食品的主要物理性质表

食品名称	密度 (10^3 kg/m^3)	导热系数 [W/(m・K)]	冻结温度(℃)		比热容[kJ/(kg・K)]	
			由	到	C	C_0
瘦肉	0.97～0.99	0.556	−0.6	−1.2	3.18	1.76
肥肉	0.96～0.98		−0.6	−1.2	2.51	
猪肉	0.94～0.96		−0.6	−1.2	2.18	1.51
瘦鱼	1.01～1.02	0.45	−0.6	−2.0	3.35	1.34
肥鱼	0.97～0.99		−0.6	−2.0	2.85	1.80
蛋	1.0～1.09	0.29	−0.5	−0.6	3.18	1.67
奶油	0.92～0.95	0.15			2.68	1.67
牛奶	1.03～1.08	0.64	−0.53	−0.55	3.94	1.67
凝乳	0.94～1.02		−0.53	−0.55	3.52	2.51
水果	1.03～1.07		−1.0	−2.5	3.35～3.77	2.09
蔬菜	1.06～1.10		−1.0	−2.5	3.35～3.77	1.67～2.09

2. 易腐货物的储藏特性

大多数农副产品都具有易腐特性，但易腐程度有所差异，这主要取决于引起货物腐坏变质因子的多少和变化条件，以及产品自身的防腐、抗腐能力等。易腐货物的易腐特性或易腐程度可根据其保质期长短大体分为极易腐、易腐和较耐腐或耐腐几类。对于铁路运输方式来说，由于运输时间相对较长，需特别注意极易腐类的货物，一些保质期极短的极易腐货物不适于目前的我国铁路运输，即铁路运输的货物要能在货物保质期内完成运输任务，并留有一定商品货架期(销货时间)，否则运输就是徒劳的工作。对于初级农副产品可根据自然条件下的保质期长短来区分其易腐性，保质期在 1～2 周以内的为“极易腐”产品，保质期在 2～8 周的为“易腐”产品，保质期达 8 周及以上的为较耐腐或耐藏产品。经冷却冷冻加工后农副产品的储藏保质期大为延长，保质期延长多少与加工工艺、产品原有易腐特性、保鲜包装技术的运用等情况有关。

水产品、畜、禽肉类等动物性产品含有丰富的营养物质，是微生物繁殖的优良培养基。因此，肉类产品在常温下放置极易受到微生物的侵染而发生腐坏变质，需要在良好卫生环境及较低的温度条件下进行加工和储运。

低温储藏方法能在不引起动物组织根本性变化的情况下，有效抑制引起肉质腐败的各类因子的变化，最大限度地保持肉类产品的原有品质，是最常用的肉类储藏方法。根据温度范围的不同，又分冷却法和冷冻(冻结)法。冷却储藏是使肉深处的温度降低到 0～1 ℃，然后在 0 ℃左右储藏的方法。这种温度下仍有一些细菌可以生长，所以储藏期限不长，一般猪肉可以储藏 7 d 左右。若要延长冷却肉的储藏时间，可采取一些保鲜措施，进行特殊的加工处理。如使用高浓度二氧化碳气体、气氮来代替空气介质，使用抗菌素、放射线、紫外线杀菌处理等措施。但要长时间储藏此类产品，必须采取冻结方法。采用低于－12～－18 ℃以下的低温可很好地抑制引起腐败现象的各种因素，获得较长的保质储藏期。通常温度越低保质期越长，即冻藏的温度常设有上限而没有下限。多数冻结肉类产品在－18 ℃以下低温条件下，可储存半年至一年以上。

生鲜果蔬类、蛋类、奶类产品，各品类间的特性、适宜的储运条件和保质储藏期的差异较大。水果蔬菜类产品具有生命特征，温度高时会加剧呼吸作用，加速产品成熟衰老进程；温度太低超出产品耐受力时，又会影响果蔬产品正常的生命活动，引起生理病害。因此，果蔬产品是既怕冷又怕热的产品，储运过程中的温度调控原则是将温度控制在尽可能低但又能维持正常生理活动的范围，即将呼吸作用控制在最低允许限度。但速冻果蔬产品的耐藏性则较强，与冻肉类产品一样，在－18 ℃以下低温条件下可储藏半年至一年。一些原本较耐储藏的品种，如胡萝卜、南瓜等的速冻品储藏期可长达一年半至二年。

从品类别货物的耐藏性来讲，冻结产品较耐储存，冷却货物次之，而大部分新鲜果蔬和生鲜肉类货物则不耐储存。许多娇嫩果蔬和生鲜鱼肉类产品属极易腐产品，其产品寿命期仅有几天或一两周以内。新鲜果蔬产品种类繁多，生长发育特性各异，因此耐藏性因种类、品种、产地、产期等条件不同而有较大差异。

对各品类的果蔬产品来说，温带比热带地区的品种耐藏，晚熟品种比早熟品种耐藏。含水量低的比含水量高的品种耐藏，耐藏性由强到弱的排序为：仁果类＞柑橘类＞核果类＞浆果类；另外，生长期越长的品种越耐储藏。对同一品类的果蔬产品，采前因素、采收时机、采收技术以及采后的加工处理等都对产品的耐藏性有较大的影响。采前因素主要包括品种特性、田间栽培管理技术和地理环境条件因素。对果蔬本身的特性而言，品种不同，耐藏性就不同；即便是同一品种，在不同地域、不同生产季节以及不同的采收成熟度时，其产品的耐藏性也不同；田间栽培管理技术，如施肥、灌水、修剪和疏花疏果，土壤或叶面喷钙，生长期间杀菌剂和激素的应用等都会对果蔬的耐藏性产生影响。多施有机肥，增施磷钾肥的果蔬，耐藏性好。使用氮素化肥过量，果蔬的代谢强度会增加，发生生理病害的几率就增大，使果实的着色差且质地松软，储藏寿命缩短。田间适时多次增施钙肥，对提高果蔬的品质和耐藏性都有好处；拟储藏的果蔬应在采前 7～10 d 停止灌水，阴雨天及露水未干时不能采收，是储藏果蔬在采前和采收时应掌握的基本原则；环境和地理因素主要通过影响温度、降水、光照等影响果蔬耐藏性。通常，高海拔地区生产的果实，由于光照充足，昼夜温差大，固形物含量高，着色好，因而品质好、耐储藏。

对于蔬菜类产品，各品类的耐藏性为：根茎菜类强于果菜类，果菜类强于叶菜类。即叶状类产品相对最不耐藏。含水量高的比含水量低的品种不耐藏。含水量高的产品，极易受到外界的机械损伤以及微生物和生理病虫害的浸染，因此不耐储藏。而且，对环境空气湿度也有较高要求。湿度过大，会为腐败微生物的生长提供有利条件，加大微生物腐败几率；湿度过小，又会引起鲜嫩产品的"失鲜、失重"损失。由此可见，果蔬类产品的储运要求较多，操作控制较为复杂。除要严格控制温湿度外，还要保持环境空气的清新度，以维持果蔬呼吸作用所需的氧气量，同时装卸、搬运及堆码过程中还要轻拿轻放，避免造成果蔬产品的外来机械伤害。

鲜乳产品极不耐藏，属极易腐产品。因此，如不及时进行冷却，乳中微生物就会迅速繁殖，引起腐败变质现象。但鲜乳经净化后若能及时冷却到 4 ℃左右，则可使其抗菌特性保持较长的时间。

质量完好的鲜蛋有一定耐储藏性，在适宜的冷藏温度下可储藏数月。储藏温度应尽量低，但不低于蛋白的冻结温度（约 −2 ℃），湿度也不易太高，以 80% 为宜。湿度太高易使蛋表面产生水汽，易受到微生物的浸染。

4.2 低温及气调保藏技术

为控制食品质量的下降速度，保持产品固有品质和商品价值，减少损失，需根据食品质量的变化机理，采取相应的控制措施。食品的保藏方法有很多，有通过维持产品最低生命活动的方法，如冷却保藏法、气调保藏法；还有通过抑制产品变质因素的活动来达到保藏目的的物理或化学保藏保鲜方法，如干制、腌制、熏制、电子辐照防腐、微波保鲜、高压高温杀菌、保鲜剂或保鲜膜、冷冻保藏及罐藏等方式；以及通过生物发酵、包装等方式进行保藏。其中，冷却冷藏、气调保藏和冷冻保藏法是最为广泛使用的方法，因为低温保藏法不仅能有效抑制微生物和酶的活动，降低果蔬生化反应速度，有效控制食品腐坏变质程度，还有成本低、保藏质量好等优点，与其他保藏方法相比，能更好地保持食品原有的风味、色泽、新鲜度和营养成分。

4.2.1 食品的冷却方式

1. 基本冷却法

食品的低温保藏技术中最常使用的方式是冷却法，无论是采收后直接进入流通环节还是进行加工和储藏，都需要对农产品进行冷却处理。冷却是冷藏和冷冻储藏的必要前处理环节，是指将食品的温度降低到接近冰点但不冻结的方式。其目的是通过适宜的低温来抑制微生物和酶等质变因子的作用，延长产品保质期，又尽可能地保持产品的新鲜和营养成分。对于植物性产品，既能维持正常的新陈代谢活动，将呼吸作用降到最低，从而延缓产品成熟、老化速度，延长保质期。果蔬采摘后的及时冷却(严格意义应在24h内完成货物的降温)，又称为“预冷”。鱼类捕捞后的快速冷却处理，可最大限度地保持鱼肉品质和鲜度；肉类产品在冻结前要进行冷却加工。

冷却的方法有冷风冷却、冷水冷却、碎冰冷却和真空冷却法。

(1)冷风冷却，即冷空气冷却法。是将食品放置在冷却空气中，通过冷风循环带走食品的热量，达到品温降低目的。冷风的温度取决于产品种类，对于动物性产品在0 ℃左右，对于植物类产品在0～15 ℃范围。

这种方法的冷却效果主要取决于冷风温度、循环速度及湿度条件，以及产品的温度和与冷空气的接触程度，这又取决于包装、堆码及冷气流的分布情况等。一般情况下，冷风温度越低，空气循环速度越快、分布越均匀；货堆越松散，货物与冷气接触程度越高，冷却降温的速度越快。冷风的湿度会影响产品的水分蒸发流失情况。

冷风冷却法是一种简便易行且经济的方法，适用于各类食品的冷却，是应用十分普遍的冷却方法。其缺点是冷却速度较慢，食品的干耗较大。

(2)水冷却法，是将食品放置在低温水环境中，通过与低温水的直接接触将热量带走，达到食品的降温效果。水冷却法分为浸渍式、喷淋式、喷雾式等。

浸渍式冷水冷却是将农产品浸泡在冷水中进行冷却，此法的冷却水较容易被污染，要注意及时更换或消毒。该方法可与产品的清洁、消毒、保鲜处理过程相结合，在冷却水中加入杀菌和保鲜药剂等，可实现冷却、保鲜、加工等多重功效。冷水喷淋冷却是将冷水喷、淋在产品上进行冷却。它不仅能使农产品（特别是蔬菜）得到迅速冷却，还具有冷却均匀、加工时间短、加工能力大、干净卫生等优点，能抑制细菌、霉菌等微生物的作用。另外，还可将冷风机与冷水喷淋、喷雾相结合，以加速水分蒸发，加快预冷降温速度。

冷却用水可以由制冷设备提供，也可在水中放入冰使水温降低。冷水冷却法的最大优点是冷却速度快、冷却效果好，还可避免食品的干耗损失。但缺点是冷却后的产品带有较多水分，仅适用于不怕湿的产品，适用范围有限，水渍也会对部分产品外观产生一定影响。同时，若冷却水处理不当，易发生水污染。

(3)碎冰冷却法，是将碎冰与产品直接接触，通过冰的融化带走食品的热量，达到降温冷却效果。该方法的使用有一定的局限性，仅适用于水产品和一部分水果、蔬菜的冷却。其优缺点与水冷却法相似，但比水冷却法更节省空间，冷却规模灵活性强，可用于田间地头以及渔船上。但需事先储备碎冰，并应设计好渗水、排水系统。

碎冰冷却法的冷却效果与碎冰的大小、用冰量及与产品的接触程度有关。冰粒越小、接触面积越大，冷却效果越好。制冰用水需清洁、无污染。冰冷却过程还需注意及时补充碎冰和排除融化水，以保证冷却效果。

(4)真空冷却法，又称减压冷却法，是将新鲜果蔬类产品放入密闭的容器中，运用仪器设备迅速抽出里面的空气和水蒸汽，降低容器内的气压，利用低压使水的沸点降低的原理，使产品中的水分迅速蒸发带走热量，从而达到对食品冷却降温的目的。由于果蔬组织内外的压力差，组织内的有害气体和热量也随之被抽出，可以推迟果蔬跃变型呼吸高峰的到来。真空冷却适用于表面积较大的果蔬类产品和生鲜肉类产品的冷却加工和真空包装。真空冷却的失水控制在3%左右，不会引起果蔬发生萎软、失鲜现象。

真空冷却装置包括制冷系统、真空系统、电气控制系统，主要设备部件有真空冷却槽、真空泵以及冷凝器、压缩机、节流阀等，如图4.1所示。预冷却的食品置于真空槽中。

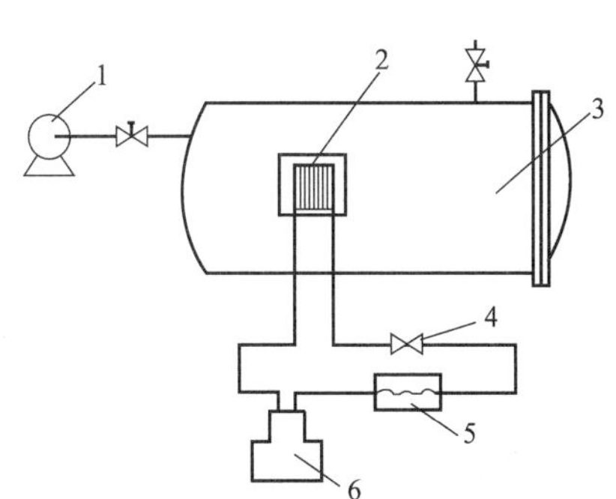

图4.1　真空冷却装置示意图

1—真空泵；2—蒸发器；3—真空冷却槽；4—节流阀；5—冷凝器；6—制冷压缩机。

2. 果蔬的预冷

新鲜水果蔬菜的保藏过程中，预冷是重要的第一环节。严格意义上的“预冷”，专指对果蔬产品采收后、储运或加工前，迅速使品温降至适宜温度的快速冷却降温操作过程。预冷能排除产品的田间热量，使果蔬尽快进入适宜的放缓自身生命运动的低温环境，可有效抑制呼吸作用，减缓成熟衰老进程，对保持产品品质、延长保存期十分有利。预冷能明显延长果蔬的货架期，特别是在高温季节，大批量产品集中收获时，如果不进行预冷处理，将整捆、整箱的产品降至储藏温度需要好几天时间，这将在一定程度上影响产品的储藏效果。据研究报道，一些新鲜果蔬在 26 ℃下 1 h 的衰老程度，相当于 1 ℃下 1 周的衰老程度。因此，果蔬产品在采摘后应及时进行预冷处理。

在发达国家，几乎所有新鲜果蔬产品都要进行预冷处理，才能进入储运环节。“预冷”与“冷却”的不同在于：预冷是任何快速去除“田间热”的方法，而冷却则泛指除去热量的方法。因此，冷却方法中能达到预冷效果的均可作为新鲜果蔬的预冷方式。

田间热指果蔬产品在采收时自身温度决定的热量，是随着产品品温下降而散发出来的潜热量。其热量值由果蔬产品的质量、比热容与所要降的温度差所决定，即：

$$Q=M\cdot c\cdot \Delta t$$

式中 Q——田间热，kJ；

M——果蔬产品的质量，kg；

c——果蔬的产品比热容，KJ/(kg · ℃)；

Δt——果蔬采收时品温与冷却温度之差，℃。

果蔬的预冷可采用各种冷却方法，包括冷风预冷、冰水预冷、碎冰预冷以及真空冷却法。其中，冷风预冷法又包含冷库预冷、强制通风预冷和差压通风预冷。

冷库预冷是普通的冷风预冷方法，是将果蔬产品放入冷库冷藏低温环境中进行冷却，利用冷库的冷风循环带走热量。由于该方法运用较方便，适用于任何种类的果蔬产品，范围广、成本低，果蔬预冷后可以不搬运，原库储藏，应用较为广泛。但普通冷库预冷的降温效果较差，降温速度较慢。冷库制冷设备制冷量要与冷库的容货量以及入库温度相匹配，冷量充足才有可能预冷迅速。

强制通风预冷是在冷库预冷的基础上，将产品置于风道上，使用风机将冷气吹向产品，以加快冷却的速度。这种方法的投资费用较低，适用的品种也较多，但由于很多产品都有包装，冷风不能直接吹到食品表面，产品包装内部的冷却要靠空气的对流和热传导来完成，所以冷却时间较长，而且不均匀。专门用于果蔬预冷用的通风冷库设计中，会加大制冷机和冷风机的功率，其制冷机制冷能力通常比普通冷库大 2～3 倍，并使用专用风机进行冷风的强制循环，以提高冷却速度。强制通风预冷库可在 10～15 h 内，将果蔬的品温从 25～30 ℃降至 5 ℃左右。

差压通风预冷与强制通风冷却类似，但是需要在包装件两侧产生气压差的方式，来达到迅速降温效果。通常差压通风预冷是将果蔬产品按特殊的方式堆放在仓库的专用容器里，用风机在容器的两端产生压差，使冷风通过容器内壁对农产品进行冷却。简易差压通风冷却方法是在产品垛靠近冷却器的一边竖立隔板，隔板下部安装风扇，风扇转动使隔板内外形成压力差。产品垛上面设置覆盖物，覆盖物的一边与隔板密接，使冷空气不能从产品垛的上方通过，而只能水平方向穿过包装上的缝或孔，在产品缝隙间流动带走热量。这种方法的冷却速度比强制通风方法还快，冷却也比较均匀，冷却效果较好，冷却所需时间是普通冷库通风冷却的 1/5～1/2。

差压预冷适宜的果蔬品种范围很广，但对包装的规范要求较高，最基本的要求是包装规格要统一规范，包装箱堆码后必须孔孔相对，以使负压引导的冷气能顺利穿过箱体内部。同时，包装箱的外侧必须相贴紧密，以减少通过箱体外侧的无效冷风量。如果采用单箱直立堆码，这个问题容易解决，但对于大多数承重能力有限的包装来说，交叉堆码更为多见，这种交叉堆码就需要在箱体的长侧和短侧面打孔，并且设计的位置需要严格计算。但差压预冷操作比其他几种冷风预冷的操作要复杂，而且处理能力有限，使用专用容器的成本较高。

水预冷和碎冰预冷，仅适用于部分果蔬品种。水预冷是以冷水为介质的一种冷却方式，将产品浸入温度接近 0 ℃的水中或冲淋，通过水的冷量快速传导使产品降温。冷却水有低温水(一般在 0～3 ℃)和自来水两种，前者冷却效果好，后者生产费用低。水预冷的速度最快，这是由于水的热流密度较大，热传导效率较高。但不是所有的产品都可以使用冰水预冷方式，对于表面积较大、表皮细嫩、沥水缓慢的产品，就不适宜采用冰水预冷。对于较大的果蔬，预冷时可以不需要包装，但是对于大部分的果蔬来说，包装还是必须的，需要防水性和通透性极好的塑料筐、柳条筐或竹筐包装。预冷后应及时进入冷库或冷藏车中，防止外界空气的热量进入。

碎冰预冷是一种简单古老的冷却方法，是在包装容器内的产品上方和中间加入碎冰，让冰与农产品充分接触，所以也称接触式加冰冷却。这种预冷方式的产品局限性较大，适用于经得起长时间湿冷的产品，如西兰花、芦笋、大葱、萝卜等。采用碎冰冷却时要仔细选择包装箱，箱体必须是防水的，且能够容纳足以冷却产品的碎冰，有足够的强度。包装需为钙塑或浸蜡的纸箱，涂蜡的纤维板箱，或者塑料包装箱。箱上无需打孔，底部留有融化水排出小孔即可。

真空预冷是根据水的沸点随压力下降而下降的原理，将产品置于真空容器中，其水分会迅速蒸发吸收周围热量达到快速降温目的。而且在抽真空情况下，冷却过程是从组织内部到外表面同时进行，因此要比其他冷却方式的"渗透式"降温更均匀、迅速。因此，真空预冷的冷却速度快，它可在 20～30 min 内将蔬菜温度从 30 ℃降至 5 ℃左右。同时，冷却过程干净卫生、操作方便，不受货物包装容器和材料的限制。但真空预冷要求包装有一定的通透性，使产品内外部的真空度达到一致，水分能够及时蒸发。真空预冷的蔬菜可能会出现失水过多而造成萎蔫现象，因此，产品在被冷却前应先进行"打湿"处理，或在真空罐中增加加湿、喷雾装置，既起冷却作用，又能补充产品水分。

真空预冷是依靠产品表面水分的快速蒸发吸热达到冷却效果，适用于比表面积比（表面积与体积之比）大的叶菜类和小浆果类产品，菠菜、结球生菜、莴苣等冷却效果十分明显。而对比表面积比小的产品如黄瓜、番茄等，冷却效果较差。真空预冷也不太适用于有蜡质表层的产品，因为这类产品的水分蒸发比较缓慢，预冷效率不高。由于真空冷却需要专门的真空冷却装置，设备造价较高，能耗大，操作较复杂，运营成本较高，因此，多用于对价格承受能力较强的叶菜类及花卉产品的预冷保鲜。自 20 世纪 60～70 年代，国外便开始试验运用真空预冷法，目前美国、日本等发达国家已广泛使用该方法。

4.2.2 冷却保藏

冷却保藏法常简称为"冷藏"，它是将食品储存于高于冰点的某个低温气体环境中，或将储藏食品空间的空气进行冷却，使食品的品质能在合理的时间内得以保持的一种低温保藏技术。它适用于各类易腐产品，包括生鲜动物性食品的短期储藏和新鲜水果、蔬菜类食品和花卉植物等的保藏。

冷却保藏是使用最为普遍的保藏方法，它是将食品放在冷藏库内进行保藏，其原理就是利用低温对引起食品质量变化的各种生物化学反应因子的抑制作用，来延缓产品的成熟衰老过程，降低质量下降速度。冷藏的效果主要取决于冷藏条件，包括冷藏温度、相对湿度、空气循环、通风换气以及产品的包装及堆码情况等。

冷藏温度是决定储藏质量的最重要的指标。大部分易腐食品的冷藏温度在－1.5～10 ℃之间，动物性食品的冷藏温度可稍低一些，水果、蔬菜的冷藏温度则因品种特性的不同有较大的差异。如苹果、葡萄的冷藏温度接近 0 ℃，青椒的冷藏温度在 7～10 ℃，而香蕉的冷藏温度在 12～13 ℃。部分生鲜食品的适宜冷藏条件见表 4.6。

表 4.6　部分生鲜食品的冷藏条件

品种	温度(℃)	相对湿度(%)	储藏期	品种	温度(℃)	相对湿度(%)	储藏期
苹果	0～4	90	2～6 月	马铃薯	4～6	90～95	4～8 月
荔枝	3～5	90～95	20～30 天	芦笋	0～2	90～95	2～3 周
杏	0	90	2～4 月	花椰菜	0	90～95	3～5 周
桃	0～3	90～95	2～4 周	卷心菜	0～5	85～95	1～3 月
猕猴桃	0～2	90～95	3～6 月	胡萝卜	0～2	90～95	3～5 月
柑橘	3～12	85～95	2～4 月	菜花	0	95	2～3 周
葡萄	0	90～95	1～4 周	芹菜	0～2	95	4～12 周
柠檬	0～5	85～95	2～6 月	大蒜	0	65～70	6～7 月
樱桃	0	90～95	1～2 周	韭菜	0	85～95	1～3 周
鲜枣	0	80～90	1～2 月	莴苣	0～1	90～95	1～2 周
梨	0～1	90～95	2～5 月	蘑菇	0	90～95	4～7 天
李子	0～1	90～95	2～4 月	干洋葱	0～3	65～70	6～8 月
草莓	0	90～95	1～5 天	(带皮绿鲜)豌豆	1.5～2	95	1～3 周
香蕉(青)	12～13	85～90	10～20 天	小红萝卜	0	90～95	1～2 周
香蕉(熟)	13～16	85～90	5～10 天	菠菜	0～2	90～95	1～2 周
石榴	8～10	90	2～3 周	菜豆	7～8	92～95	1～2 周
柚子	10	85～90	1～4 月	大头菜	0	95	1～2 周
柠檬(未熟)	10～14	85～90	1～4 月	芦笋	0～2	95～100	2～3 周
芒果(生)	12～15	90	2～4 周	黄油	0～4	85～95	2～4 周
甜瓜	7～10	85～90	1～12 周	干酪	0～5	80～85	3～6 月
菠萝(未熟)	10～13	85～90	2～4 周	(消毒)牛奶	4～6	85～95	7 天
菠萝(熟)	7～8	90	2～4 周	酸奶	2～6	85～95	2～3 周
黄瓜	9～12	90～95	1～2 周	鸡蛋	−1～0	90	6～7 月
茄子	7～10	90～95	10 天	鱼	0	85～95	6～7 月
生姜	11～13	65	6 月	油脂	−1～0	85～95	4～8 月
南瓜	10～13	50～75	2～3 月	羊肉	−1.5～0	85～95	3～4 周
甜椒	7～10	90～95	1～3 周	肉馅	4	85～95	1 天
番茄(青)	12～13	85～90	1～3 周	猪肉	−1.5～0	85～95	3～4 周
番茄(红熟)	8～10	85～90	4～7 天	(食用)内脏	−1.5～0	85～95	7 天
甜玉米	0	95～98	1 周	(去内脏)禽类	−1～0	85～95	1～2 周
西瓜	5～10	85～90	2～3 周	贝类	0	85～95	4～6 天
芋头	16	85～90	3～5 月	小牛肉	−1.5～0	85～95	3 周
豇豆	5～7	85～90	10 天	咸肉	4	85～95	3～5 周
菠菜	0	95～98	10～14 天	牛肉	−0.5～0	85～95	3～5 周

相对湿度反映空气的水汽含量，它是指在相同温度下单位容积空气中的水蒸气压与饱和蒸气压的比率。食品冷藏时，有很多是在非密封的或敞开式包装下进行，这样很容易使食品中的水分自由蒸发，引起减重、皱缩或萎蔫现象等。如果提高冷藏间空气的相对湿度，就可抑制水分的蒸发，在一定程度上防止这些现象的发生。但提高相对湿度，又会给微生物的生长繁殖创造有利条件，增加食品腐坏的几率。

在较高相对湿度环境里，温度的持续稳定性十分重要。温度的波动会带来空气湿度的变化，造成食品表面出现凝结水，引起微生物的滋生，也会引起食品的干耗增加。大部分的新鲜水果、蔬菜都需要较高的相对湿度条件，如果温度稳定性好，则高湿度对保持产品质量是有利的，否则，则容易引发果蔬产品的冷害和霉变、腐坏现象。有些产品对温度十分敏感，尤其是含水量大的娇嫩果蔬产品，很小的温度波动就有可能引起品质的较大变化。因此，产品的保质储藏期目标越长，要求的温度越稳定。对需长期储藏的食品以及温度敏感性品种，温度的波动应控制在±1 ℃以内。有些食品，如禽蛋和部分叶菜类蔬菜、鱼类产品的冷藏温度波动最好在±0.5 ℃。

空气的循环是为带走冷藏货物间的热量以及外界传入的热量，以保持冷藏间温度的均匀性。空气循环可以通过自然对流和强制循环对流方式，多数情况下需要采用强制对流以保持较大空间内各处温度的均衡。所需的空气循环速度取决于产品的品种特性、包装和码放情况等，速度太慢可能达不到温度的均匀性，速度太快时会使水分蒸发过多，从而影响产品重量和质量。一般情况最大的循环风速不超过 0.3～0.7 m/s。

通风换气是新鲜水果、蔬菜储存时所需要的操作，一方面是补充新鲜空气避免果蔬产品缺氧呼吸，另一方面可有效调节某些产品可能产生的不良气体或气味，保持储存空间的清洁和卫生。大多数情形下，由于通风换气可以通过空气渗透、气压变化和开关库门等途径自发地进行，不必专门进行通风换气。但当冷库空气渗透较小、产生气味或呼吸作用的产品存量较大时，需要适当进行专门的通风换气。换气方法可通过开启库门进行自由通风，也可通过机械通风换气设备进行通风。通风换气的时间没有统一规定，要根据产品的种类性质需求以及储藏的方法和条件而定。通风换气时需要考虑吸入的新鲜空气的温度和卫生状况，只有与库温相近的、清洁无污染的空气才允许引入冷库。

包装对冷却保藏效果也有较大影响，包装不仅能保护食品的完整性，有利于装卸搬运和堆码操作等，还可减少产品的蒸发失水现象。食品的堆码方式会影响空气循环和温度均匀稳定性，因此，堆码不仅要稳固，还要在货垛间留有足够的空气循环量，使产品在各方位有良好的空气循环效果。

4.2.3 气调保藏

植物类鲜活产品变质的主要原因是自身的呼吸和蒸腾作用、微生物生长、成分的氧化作用等，而这些作用与储存的环境气体有着密切的关系，即环境空气中的氧气、二氧化碳、水分及温度影响着植物类产品的质变速度。因此，通过控制环境气体的成分和组成，就能控制上述的各种生化作用，从而达到食品保鲜和延长产品寿命的目的。

普通的冷却冷藏可以降低果蔬产品的呼吸作用，抑制产品腐败变质速度，但对于果蔬类产品，温度的降低有较大的限制，过低的温度会引起产品的冻伤和低温病害，这就限制了更长期的储存。为此，科学家开始对气调储藏进行研究。1929 年英国建立了首座气密性较高的气调库，并在 1933 年开始进行气调储藏试验，经过十多年研究后发表的研究报告正式提出了“气调储藏”(Controlled Atmosphere Storage)一词，并延用至今。如今，气调保藏技术在国外已被广泛应用于果蔬储藏中，并开始不断向肉类食品及其他食品品种扩展，应用领域也从冷库储藏发展到食品的保鲜加工、包装以及运输领域。气调冷藏集装箱于 20 世纪 80 年代开始在海上和陆上长途运输中使用。我国的第一座果蔬气调冷库建于 1994 年，气调库在我国的发展较为缓慢。

气调储藏基本原理是通过调节冷藏环境中的气体成分，主要是控制氧气和二氧化碳的浓度，达到食品保鲜、延长保质期的目的。新鲜果蔬类产品的气调保藏通常是在一定冷藏条件的基础上进行。采用气调法储藏的苹果六个月后香味硬度不变，而仅采用低温冷藏储藏的苹果一般四个月后就开始发绵。

气调对果蔬储藏的特殊效果有：①抑制乙烯的生成，从而控制果实的后熟。②保持产品固有色泽。CO_2 可抑制叶绿素的分解，从而能保持果蔬产品的鲜绿颜色。CO_2 浓度越高，对果实的保色效果越好。③可抑制果肉的软化，保持产品硬度。④防止一些产品的发芽，如马铃薯、元葱等。高 CO_2 环境使虫类不能生存，也避免了老鼠、昆虫造成的损害。

气调储藏按气体调节方法不同分为自然气调 MA(Modified Atmosphere)储藏和人工气调 CA(Controlled Atmosphere)储藏两大类。

1. 自然气调法(MA)

自然气调法又称自然降氧法，是普通气调冷藏，它是在气密的库房或塑料薄膜帐里，利用果蔬产品自身的呼吸作用，吸收 O_2，放出 CO_2 气体，来降低储藏环境中的 O_2 浓度、提高 CO_2 浓度，达到气调储藏的效果。储藏过程中氧气含量和二氧化碳含量超过所需的范围时，需要加以调节，过多的二氧化碳可用硝石灰来吸收或利用塑料薄膜对气体的渗透性来排除，也可采用二氧化碳洗涤器来消除。这种方法的优点是操作简单、成本低、易于推广。缺点是降氧的速度慢，且因需要果蔬的呼吸作用，故储藏前期环境温度较高、呼吸强度高，易引起相应的货物质量变化。

在对这种气调方法不断改善的基础上，出现了多种通过塑料薄膜的透气原理进行的自然气调法，如塑料薄膜气调帐、袋装气调、箱装气调以及硅窗气调法。

塑料薄膜气调帐法是用单层聚乙烯薄膜帐子，在大小不等的各种储藏货物堆上进行封盖。由于方法简便易行，所以应用较普遍。塑料薄膜袋或箱气调，亦即使用薄膜小包装袋，将采收的果实（苹果和梨等）直接装塑料袋（或箱）中密封冷藏。利用果蔬自身的呼吸作用来消耗密封袋中的氧气、累积二氧化碳，同时利用塑料薄膜的透气性，透出过多的二氧化碳、补入氧气，从而改变袋内的气体成分，起到自发气调作用。硅窗气调是在聚乙烯薄膜上镶嵌一定面积的硅橡胶薄膜制成硅窗袋或帐等，将果蔬产品置于其中放入冷库。这样果蔬所要求的低氧和高二氧化碳条件就可通过硅窗调节来实现。因为硅橡胶是一种有机高分子聚合物，其薄膜的透气性能比聚乙烯薄膜大 200 倍，而且对气体的透过还具有选择性。在常压下透过二氧化碳和氧气量的比例为 1∶6，很适宜果蔬气调储藏的需要。

2. 人工气调法（CA）

人工气调法是利用机械气调设备，人为地调节储藏环境中气体成分的浓度，并使其保持稳定。气调储藏在冷藏条件下，才能达到最佳保鲜效果。因此，气调库常是气密性很高的冷藏库，并设有能调节环境气体组成的装置。对于不同的果蔬品种，不同的冷藏温度下，气调条件中氧气和二氧化碳含量会有所不同。一般气调库中的氧气含量需从标准新鲜空气中的 21%降至 5%左右，二氧化碳含量由新鲜空气中的 0.03%提高到 3%或以上，其余的为氮含量。人工气调法对气调空气的基本控制方法是库内或库外气体借助助燃剂，在氮气发生器中燃烧后，生成低氧和高二氧化碳气体，再将其送入冷藏库内，使库内空气成分满足气调条件。人工气调法的优点是气调速度快、处理批量大、储藏效果好，但缺点是一次性投资较大、成本较高，仅适用于较大规模的果蔬品种气调需要。

气调储藏之所以比普通冷却冷藏更好，是因为将果蔬在低氧和高二氧化碳的密闭环境中冷藏，可使果蔬处于冬眠状态，最大限度地降低其呼吸强度，以降低自身体内营养成分的消耗，抑制乙烯的生成，延缓后熟及衰老过程，达到保鲜和延长储藏期的目的。而且低氧和高二氧化碳环境，还会抑制食品体内的一系列生化反应。它不仅能降低食品成分的氧化分解作用，还对微生物的生长以及食品体内酶的活性有抑制作用，从而减少营养成分的降解损失，延缓食品腐败变质进程，获得最佳保鲜保质效果。但也要注意避免氧气浓度低于临界值，使果蔬产品发生缺氧呼吸，或产生生理病害。大部分果蔬的氧气临界含量在1%～3%，一些热带及亚热带果蔬的氧气临界含量可高达5%～10%。

4.2.4　冻结保藏

所谓的冻结保藏，是指将食品储存在低于产品冻结点以下，通常在－10～－18 ℃以下的温度环境中进行保藏的方法，又简称“冻藏”。冻结保藏之所以能长期保存食品，主要是利用低温冻结对微生物、酶及氧等能引起食品变质因子的良好抑制作用，来减缓食品品质下降速度，以达到延长食品保藏期的目的。

1. 冻结质量

肉分冷却肉和冻结肉。冷却肉是把肉冷却到冻结点以上的温度，一般为0～4℃，此温度条件下，酶促作用、微生物的繁殖及氧化作用等均未能得到充分抑制，所以冷却肉只能短期储藏。如果要长期储藏，必须将肉冻结起来，使大部分(通常要达90%)的产品汁液都冻结成冰，才能有效控制品质的降低，以达长期保藏食品的目的。不同的冻结速度和温度对产品冻结质量影响有所差异。冻藏之前需要对食品进行冻结加工处理及包装，这些过程的技术水平和操作质量是影响产品冻结质量的主要因素。

(1)冻结速度

决定食品冻结质量的重要因素是冻结速度及预处理过程。冻结速度决定食品固有营养成分、组织结构和风味、色泽等的保持程度。食品冻结过程中的温度随时间的变化关系称为冻结曲线，如图4.2所示。图中，t_0 为食品的初始温度，t_f 为食品的冻结点(冰点)温度，通常在－2～－1 ℃之间。

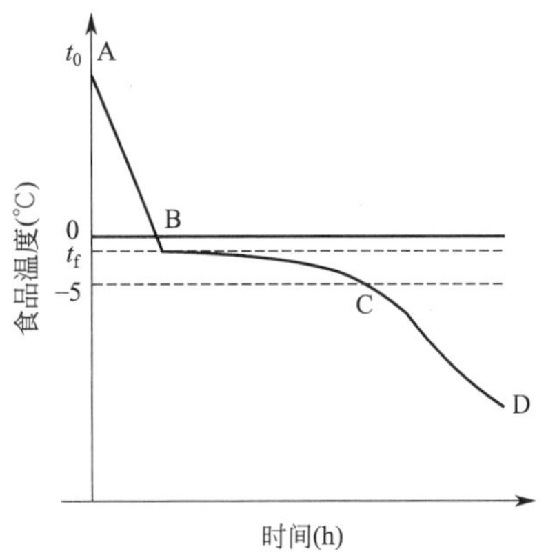

图4.2　食品冻结曲线图

由图4.2的冻结曲线可知，冻结过程有AB、BC、CD三个阶段，AB段为冷却阶段，是品温从初始的较高温降至食品中开始出现冰晶时的冻结点；BC和CD段均为冻结阶段，但BC段降温速度缓慢，从－1 ℃降至－5 ℃过程，温度变化不大但所花费的时间较多。该段是冰晶生成最多的阶段，差不多80%的冰晶是在此阶段生成的，所以也把BC段对应的温度区间－5～－1 ℃称为最大冰晶生成带。通过最大冰晶生成带后，食品在感官上即呈冻结状态。但此时并不意味着冻结过程的结束，还需进行深度冻结，才能保证产品的质量安全。根据不同温度对微生物生长的影响程度，－18 ℃的低温对绝大多数微生物有很好的抑制作用，因此，国际制冷学会建议冻结终了时的食品中心温度应达－18 ℃。而且，冻结过程达－18 ℃时，食品中约有94%的水分已被冻结，可最大限度地发挥水对微生物和酶促作用的抑制作用。

冻结过程总是从食品的表层逐步地向内部深入，表层的冻结速度较快，越往内部深入冻结的速度越慢，因此通常所谓的冻结速度指平均冻结速度，也是指冰层向深处的平均推进速度。目前评判冻结速度的快慢有两种方式，一种是按时间划分，以产品中心温度从－1 ℃降至－5 ℃所需的时间来界定。在30 min以内的为快速，超过的则为慢速。另一种是按冻结层厚度来衡量。按单位时间内－5 ℃的冻结层向内部的推进距离来衡量，推进速度5～20 cm/h时为快速冻结，1～5 cm/h时为中速冻结，0.1～1 cm/h时为缓慢冻结。

冻结速度越快，对产品品质的保持越好，冻结的质量就越高。因为在食品冻结时，冰晶首先在细胞间隙形成。冻结速度较慢时，在细胞间隙形成冰晶后，由于细胞内外水蒸气压差的作用，细胞内的水分会透过细胞壁或膜迁移到细胞外，在细胞外变成冰晶，导致细胞严重脱水造成质壁分离，冰晶趋向于在细胞外形成较大型的冰晶。但如果冻结速度很快，冻结过程短，细胞中的液汁还来不及渗出就已冻结，则形成的冰晶体积就小，对食品成分和细胞组织的挤压损伤就越小。而且产生的冰晶颗粒越小、分布越均匀，解冻时细胞组织恢复的可逆性就越强，对食品品质的影响也就越小。因此，要提高食品的冻结质量，需要采取快速冻结技术。冰晶的大小是不稳定的，当储藏温度较高或出现波动时，冰晶会出现生长和重结晶现象。温度波动越频繁，波动幅度越大，上述问题越严重。冰晶生长和重结晶现象将破坏快速冻结时形成的良好冰晶状态，使快速冻结的优越性完全丧失。因此，对于速冻食品，保持稳定的低温条件十分重要。

冻结速度快，食品受微生物和酶促作用的机会也会减少。如微生物和酶要到－15 ℃时才能被有效抑制，故应快速通过这一阶段，尽快完成冻结过程。

(2)预处理过程

预处理过程指冻结前对食品原料的分割处理、清洁、加工冷却等过程。由于低温不能完全杀灭微生物，即不能主要依靠冻结方式来减少食品的微生物污染。在冻结加工过程及随后的低温冻藏中会杀死一些微生物，但其过程十分缓慢而且差异较大，要视食品的性质和所污染的微生物种类而定。因此，产品在冻结前的卫生状况最为重要。

预处理过程中的卫生条件、杀菌消毒措施等是十分重要的，应在冻结加工前尽可能地避免感染微生物，才能在冻结及保藏过程中有效防止微生物的腐败。总之，冻结前食品感染的微生物越少，对之后的微生物腐败防护越有利。所以，有人提出了 3P 原则，即原料（Products）、加工工艺（Processing）和包装（Package）是决定冻结产品初期质量的主要因素。产品原料的品质是决定产品生产质量的重要初始条件，必须从生长良好、品质优良的品种和产品中选择原料。加工工艺包括肉类的屠宰、分割，果蔬产品的清洗、消毒、漂烫处理等。产品原料的加工生产过程包括很多环节，每一环节都有可能感染微生物、影响产品品质。因此，要保证原料加工过程的卫生条件，如保持操作间环境的清洁卫生，尤其是空气、用水条件以及操作人员和作业用具的安全卫生。使用的包装及材质也要满足清洁卫生、无毒无害的要求，要避免包装材料的二次污染。

鉴于冻结加工过程对产品质量的重要影响，还有人提出了 3C 概念，认为食品加工过程必须遵循：冷却（Chilling）、清洁（Clean）、小心（Care）的原则，使产品以最快速度进入所要求的低温冷藏状态，最大限度地保持产品品质、避免污染，在操作的全过程中要小心谨慎，避免产品受到任何伤害。

2. 冻藏质量

决定冻结产品储藏质量的因素是储藏条件和储藏时间。储藏条件有冻藏温度、相对湿度及冻藏环境的空气循环情况等。冻藏温度的高低及稳定性是控制微生物等引起的品质损失的重要条件，相对湿度和空气循环条件影响食品干耗程度等质量因素。

冻藏温度对冻品质量的影响最大，主要是在对微生物和酶促作用的抑制上。由微生物的生长极限温度可知，温度越低，可控制的微生物种类和数量越多，对食品品质的保护程度就越大。－10 ℃是大部分细菌的生长极限温度，在此低温下虽仍有部分耐低温的微生物还能继续生长，但生长繁殖速度已非常缓慢。大部分霉菌在－12 ℃时停止繁殖，大部分酵母菌的生长极限温度为－12～－15 ℃，但有些在－17.8 ℃仍能生长。因此，要想完全停止霉菌生长繁殖，温度应降得更低。

大量试验研究表明，冻结食品的质量与储藏时间、温度之间存在着一种相互依赖的关系，针对食品储藏温度（Temperature）、储藏时间（Time）和耐藏性（Tolerance）三者之间关系的研究，称为 TTT 理论。TTT 理论认为，冻藏食品的最终质量主要是由它所经历的流通过程的储藏温度和时间决定的，储藏温度越低,冻结食品的品质稳定性越好,储藏时间越长。大多数食品的 TTT 关系是一种近似线性的曲线,如图 4.3 所示。曲线的斜率相当于温度系数 Q_{10},它表示食品品质变化受冻藏温度变化的影响大小。大多数食品在常温范围－25～－15 ℃时的温度系数 Q_{10} 值为 2～5。即温度每下降 10 ℃,食品品质下降速度会降低 2～5 倍,相应的食品保藏时间将是原来时间的 2～5 倍。例如,某种冻结食品温度系数为 5,当冻藏温度降低 10 ℃时,其品质降低速度是原来的 1/5,即储藏期比原来延长 5 倍。

TTT 理论还包括了一个重要的规律,即由时间—温度因素引起的冻结食品的质量损失,不管是否连续,都是不可逆和不断积累的,其质量的损失累积量与所经历的时间—温度顺序无关。如某冻结产品在－15 ℃下储藏了2 个月,再在－18 ℃下储藏了 1 个月,所发生的质量损失量与其先在－18 ℃下储藏 1 个月,然后再在－15 ℃下储藏 2 个月的质量损失量完全相同。所以对不同预期储藏时间的产品可以适当调整储藏温度,以达到其最佳经济性。根据 TTT 曲线,以及产品所经历的温度—时间条件,可以计算出任一流通环节中该产品的质量损失或整个流通过程中该冻结产品的总质量损失,也可估计出在某种储藏温度下,该冻结食品的最大容许储藏时间。

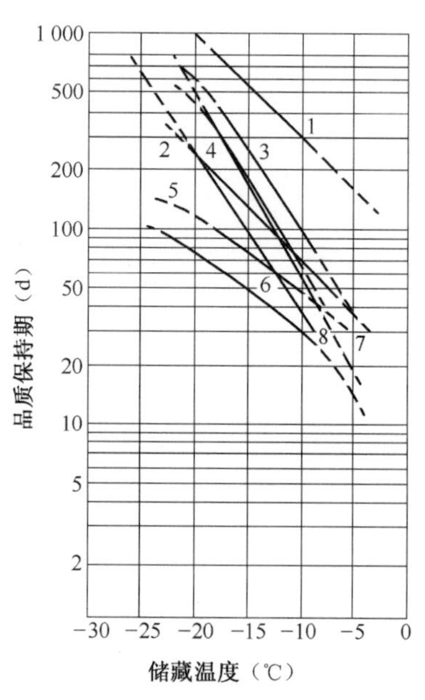

图 4.3　冻结食品的储藏温度与保质期

1—鸡肉(包装良好);2—鸡肉(包装不好);3—牛肉;4—猪肉;5—鱼肉(少脂鱼);6—鱼肉(多脂鱼);7—豌豆;8—菠菜。

冻藏温度越低越有利于保持货物质量,但温度越低所需的制冷设备、冷库建设投资及储藏能耗、日常运转费用也会越高,因此,普遍认为－18 ℃是大部分冻结食品较为经济的长期冻藏温度。肉类产品在此温度下的储藏期可达半年至一年以上。但对某些水产品则要求再低些,如少脂类鱼(如鳕鱼)宜在－20 ℃,多脂类鱼宜在－30 ℃下储藏。近年来,随着人们对食品质量的要求越来越高,国际上冷藏库的冻藏温度逐渐趋向于低温化,开始采用－25～－30 ℃的储藏温度,特别是水产品冷库,冻藏温度要求更低,日本为保持金枪鱼的鲜红色,采用了－60～－40 ℃的超低温冻藏温度。

大多数冻结食品都符合 TTT 理论,即冻藏温度越低,食品的容许储藏期限就越长，根据不同储藏温度、时间可累积计算产品质量的降低量，但冰淇淋类的乳状或胶状的冻结食品则有一定差异。因为冰淇淋品质中的重要指标是口感细腻，它取决于冻结的冰晶大小和均匀性。温度的反复波动会导致冰晶颗粒增大，口感粗糙，使其降低或失去商品价值。冻藏温度波动会影响产品的冻结状态，进而影响产品品质。这主要是温度因素对冻结产品的冰晶有再生影响。温度的波动会使冰晶产生生长和重结晶现象，冰晶颗粒逐渐变大，产生对细胞组织的破坏。冰晶冻结分布均匀性遭到破坏，造成液汁的流失。流失的液汁不仅是水，还含有食品溶于水的营养成分，液汁的流失会引起品质、风味等的劣变。温度波动频率和幅度越大，这种现象越严重。

冻结食品的“干耗”是由冰晶的升华造成的，冻藏期越长，干耗问题越突出。储藏间温度的剧烈变动，空气流动速度太快等都会引起干耗现象加剧。冰晶的升华失水会加大空气进入的空间，进而加大了氧化作用对食品品质的影响。食品的“干耗”损失即使是在包装中也会发生，但包装中的空隙越小，干耗就越少。因此若采用气密性包装，则可大大地减少干耗损失。食品周围空气的相对湿度越大、流动性越小则干耗也越少。温度的波动会引起空气相对湿度的变化，从而影响干耗量。因此，冻藏过程不仅要保持足够低的温度，还要尽量保持温度的稳定性，避免频繁波动，尤其是要避免较大幅度的波动。通常冷库温度的允许波动范围在±1 ℃以内，有些温度敏感产品要控制在±0.5 ℃以内。

4.2.5 库藏管理

1. 库房管理基本要求

冷库是具有隔热层结构的低温密闭库房，结构复杂、造价高，具有怕潮、怕热气、怕冷气泄露的特性。最忌隔热体有冰、霜、水，一旦结构遭损坏，必须停产修理，直接影响生产。因此使用库房时应注意以下几点：

(1)注意保护库房结构

保护冷库的建设结构，保护墙体和地坪结构不受损坏。防止水、汽渗入隔热层。库内的墙、顶棚、地坪及门框上应无冰、霜和水，若出现时应及时清除。库房应根据设计规定的用途使用，高、低温库房不能随意变更(装配式冷库除外)。防止冻融循环把冷库建设结构冻酥。防止地坪冻胀和损坏。冷库地坪在设计上有一定的承受负荷，并铺有防潮隔热层。如果地坪表面保护层被破坏，水分流入会使隔热层隔热功能失效。因此，不能将产品直接放在地坪上冻结。库房内的堆垛重量和运输工具的装载量，不能超过地坪单位面积设计负荷。

(2)库房货位的间距要求

为使库内存放的产品堆垛安全稳固,又便于盘点、检查和进出库,对货位的堆垛与墙、顶、排管和通道的距离都有一定要求,见表 4.7。

表 4.7 库房内货位的间距要求

建筑物名称	货垛应保持的距离(mm)	建筑物名称	货垛应保持的距离(mm)
低温库顶棚	≥200	高温库顶棚	≥300
顶排管	≥300	墙排管	≥400
风道底面	≥200	侧墙	≥200
手推车通道	≥1 000	铲车通道	≥1 200
冷风机周围	≥1 500		

(3)库温的控制

在正常生产情况下,冻结货库内温度应控制在设计温度±1 ℃的范围内。冷却货库内温度应控制在设计温度±0.5 ℃的范围内。货物在出库过程中,冻结货库温升高不得超过 4 ℃,冷却货库温升高不得超过 3 ℃。进入冻结货冷库的冻结货物温度不应高于冷库温度 3 ℃。

(4)货位管理及货检

货物要按品种、等级和用途等情况,分批分垛储藏,并按垛位编号,填制卡片悬挂于货位的明显处。要定期核对库存情况,正确掌握货物储藏安全期限,执行先进先出制度。还要定期或不定期地进行产品质量的检查,如发现有霉烂、变质等迹象,应立即处理。

2. 库房卫生管理

食品进出冷库时要与外界接触,如果环境卫生不良,就会增加微生物污染的机会,因而冷库周围的环境卫生十分重要。冷库周围不应有污水和垃圾,周围的场地和走道应经常清扫,定期消毒。

保持库房的清洁卫生,应进行不定期的清扫、消毒工作。运货用的手推车以及其他载货设备也应经常进行清洗和消毒。对冷库工作人员的个人卫生也应有严格的要求。

3. 果蔬冷库的生产管理

对于果蔬冷藏库,无论是普通冷库还是气调冷库,都应首先保证入库产品的质量。要选择优质产品并进行适当的处理后再入库,才能保证产品的储藏期和储藏质量。对产品入库及储藏过程的基本要求,包括产品的挑选和分类处理、预冷、堆码、包装以及库温控制、环境卫生、出库过程等方面。

(1)冷藏间的冷却

入库前要进行库房冷藏间的灭菌消毒处理并及时通风换气。冷藏间要在产品入库前进行冷却降温至适宜的温度。冷却时间和温度要根据冷库结构和产品冷藏需求来确定，对于完全绝热的冷藏间，通常需要冷却 3 d，但对于没有地面绝热层的冷藏间来说，则需要冷却更长的时间，以保证进货之前库房地面冷却到稳定状态。进货之前预冷不到位往往是库温保持不良、货物冷却缓慢和产品皱缩的原因。

(2)产品的挑选、分类处理

入库产品最好经过挑选、分级和适当的处理。一是因为不是所有产品都适合储存，比如规格小、外形不良等发育不良好的，或有斑痕、机械伤等问题的果实，会影响商业价值，不适合鲜销上市的产品可用于加工。二是因为冷藏储存的费用较昂贵，应选取有较好商业价值的产品，才有较好的经济性，不会浪费冷藏资源。

(3)产品入库

入库产品最好是经过预冷处理的，如果是未经预冷的果蔬产品，且入库量超过了设计的日入库量(一般为库容量的 10%)，则其冷却速度会比较缓慢，影响产品储藏寿命。要根据库温上升程度进行入库量的控制，如茌梨入库期间库温若超过 12 ℃，应暂停入库，待库温回落至 0 ℃左右再继续入库。还可通过控制堆码层数或高度等方式进行入库货量的调整。如分批分拨入库，减少新入库货堆的码放层数或加大货件间的堆码间隙，等货物温度降下来后，再按正常情况垛高腾出空间进下一批货。也可借助轻便风机给予辅助冷风循环助力，加快货物的初始降温速度。

(4)货件的堆码

冷库温度控制效果与货物的堆码情况直接相关。货物堆垛过程应小心仔细，轻拿轻放，包装件产品应码放整齐，货垛排列方式、走向与库内空气循环流通方向应一致。既可充分利用库间容积，又利于货物的迅速冷却，保护产品质量。货物堆垛要有利于货物迅速冷却和库温控制，堆的太密或太满，会影响库内温度稳定性及分布的均匀性，进而影响部分货物的储藏质量。有效空间的储藏密度不应超过 250 kg/m^3，箱装用托盘堆码储藏密度允许增加 10%～20%。对货堆码放距离的要求：距侧墙 0.2～0.3 m，距库顶 0.5～0.6 m，垛间距离 0.3～0.5 m；货件不得直接放于地面上，要使用底部垫木使货件距地面保持 0.1～0.15 m 的高度，以保证通风畅通，库内空气分布均匀。货堆距冷风机间距应大于等于 1.5 m，以便冷却器正常工作，并避免冻伤产品。

(5)库温控制

冷库制冷系统应配有足够冷量的设备,以保证库内温度能稳定控制。在质量良好的冷藏库内,产品温度的波动不应超过±1 ℃。库温要根据入存货物的品种、特性要求设定。还要根据产品冷却需求区别对待刚入库的和货温稳定后的产品。如鸭梨入满库后,库温应保持在 12 ℃,继之用缓慢降温法,经 28～42 d,使库温逐渐降到 0～1 ℃,并保持此温度至储藏期结束;在梨入满库后,要求在 48 h 内将库温降至(0±0.5)℃,并保持此温度至储藏期结束。

(6)其他

对产品入库的时间、数量等情况应做好记录,及时填写货位标签和货位图。需要根据预期的保存质量分开堆放产品,按品种分库、分垛、分等级堆码。为便于盘点,垛位不宜过大。应按先入者先出的次序出货。储藏过程中要定期检查货物质量,及时处理出现衰败现象的产品。

冷库温度的测定,以不同测温点的平均值表示。一般每个库房选择 3～5 个有代表性的测温点,点的多少以库房容积大小而定。测温仪器的误差不得大于±0.5 ℃。果蔬冷库间最适相对湿度在 90%～95%,测湿仪器的误差不得超过 5%。

4.3 防腐保鲜技术

易腐产品的低温保藏常结合运用一些生物、化学及物理保鲜防腐技术,以达到更佳的保藏效果。适当运用食品防腐保鲜技术,能够更好、更有效地保持食品质量,还能提高加工、储运的经济性。

物理保鲜技术除了利用冷藏、气调和包装保鲜措施外,还有采用物理学高科技原理和手段的防腐、杀菌保鲜技术,如微波、超声波、放电杀菌、放射线辐照和静电保鲜技术,另外还有通过调节气压(高压或减压)进行杀菌等技术。

随着人们对食品安全卫生的重视程度提高,更加强调食品的天然营养,化学保藏方式也开始更多地以保护食品的固有养分和新鲜度为主要目的。现在很多化学制剂保鲜方式,能实现更长效、更广泛的杀菌保鲜效果,更好地保护食品固有品质和营养成分,而且使用更方便灵活。目前常用的生化保鲜制剂有防腐剂、杀菌剂、抗氧化剂和脱氧剂,以及生长调节剂等。

现代物理保鲜技术大多需要精密的保鲜装置和操作控制,较适用于地面储藏库或食品加工储藏过程中,冷藏运输过程中则更多地倾向于使用不需要太多设备的保鲜技术作为辅助加强措施,如一些使用方便的生化防腐保鲜剂、气调和包装保鲜方法等。

4.3.1　物理保鲜

物理保鲜技术是通过现代科技手段及设备等，对影响食品质量的因素进行有效控制，如调节环境条件，包括调节温湿度、气体成分和气体压力，控制各种生物化学反应过程和生理活度等，杀灭微生物或减少腐败微生物的种类和数量，抑制其生长繁殖速度，最终达到防腐、保鲜的目的。除控制环境温度、湿度等基本因素的冷藏方法外，物理保鲜还有如下方法：

1. 电磁保鲜法

利用物理高科技的防腐技术，如辐照处理、微波保鲜、超声波杀菌、电子射线保鲜等杀菌防腐保鲜技术，能有效抑制产品生理活动强度、降低果蔬成熟衰老速度，并能减少有害细菌的危害。

(1)电离辐射保鲜

用放射性同位素或粒子加速器产生的 γ 射线、X 射线及电子束等对蔬菜类产品进行辐照处理。利用这些辐射线作用于物质时产生的物理及生化效应，达到杀虫灭菌、抑制发芽和防止霉变等目的。γ 射线被空气吸收的比率极小，不但能射至相当远的地方，对食品也有很强的穿透力。当射线穿透有机体时，会使其中的水和其他物质发生电离，引起各种生物效应，造成微生物和昆虫体内酶的钝化和各种损伤，进而影响整个生命过程，导致代谢异常，直至生命结束。对于新鲜水果蔬菜类产品，辐射产生的影响能延缓其成熟衰老进程、抑制蔬菜发芽和果实的后熟，由此达到对食品的杀虫、杀菌、防霉、延长生理生化进程等目的，从而起到防腐保鲜的作用。

(2)等离子体保鲜

等离子体是物质的第四状态形式。通过特定电场实现无声放电，可以产生低温等离子体。低温等离子体在果蔬保鲜和降解农药残毒方面有明显效果，表现为清除乙烯、乙醇等有害于果蔬储藏保鲜的代谢物，诱导果蔬气孔缩小，降低果蔬呼吸强度等作用；对于真菌、细菌类病害有较强的防除作用，对病毒也有一定的抑制作用。

(3)负离子和臭氧保鲜

臭氧是一种强氧化剂，又是一种良好的消毒剂和杀菌剂，既可杀灭消除果蔬致病微生物及其分泌毒素，又能抑制并延缓果蔬有机物的水解，从而延长果蔬保鲜期。负离子与臭氧共存，可以起到保鲜的增效作用。

(4)短波紫外线照射保鲜

紫外线照射既可起到杀菌作用，又可起到诱导农产品抗病机能的作用。紫外光毒物兴奋效应是一个较新的概念，它表明在采后储藏中能诱导果蔬的腐烂抵抗能力，并通过推迟完熟过程来延长货物寿命。

2. 低压保鲜法

调节环境条件除进行气体成分调节如气调保鲜外，还有调节气体压力的方式，即低压保鲜储藏方式。低压保鲜法又称为减压保鲜法或真空保鲜法，是气调保鲜技术的进一步发展，也可以说是一种特殊的气调保鲜或储藏方式。它是将产品置于空气压力低于一个大气压、低温高湿的密闭储藏室中，并在储藏期间保持恒定的低压的保鲜方法。由于气体压力降低可将储藏间空气中的氧含量降低到仅能维持储藏物最低限度呼吸需要的程度，使其代谢产生的一系列生理消耗和变化减少到最低限度，从而达到延长产品寿命和保鲜的目的。有关试验资料证明，低压条件下，氧气浓度降低的同时，果蔬乙烯释放量也明显降低。这主要是减压促进了内源乙烯向外扩散，降低了产品内部的乙烯浓度，减小了其作用力。减压也促进了其他挥发性产物，如乙醛、乙醇等向外扩散，因而也减少了由这些物质引起的生理病害。同时，低压条件还能抑制微生物的生长发育速度，可减轻某些污染性病害的发生几率。

一般的机械冷藏和气调储藏中不经常通风，产品代谢过程中产生的二氧化碳、乙烯、乙醇等有害气体会逐渐累积至有害程度。而减压储藏，气体交换加速，有利于有害气体的排除。减压储藏能显著减慢产品的成熟老化过程，防止组织软化，减轻冷害和生理失调现象，有效保持产品色泽和新鲜状态。减压储藏中气压要周期性回升到大气压，变压周期应根据储藏货物的性质灵活掌握。

减压储藏需要较高的真空度才会产生明显的效果，因此，对库房的设计和建筑要求比气调库更高，库房要能承受比气调库大得多的内外压力差，库房建筑材料必须达到足够的机械强度，因而减压储藏库建造费用较大。而且，减压过程产品中的水分极易散失，导致干耗和失重现象，因此，对储藏环境相对湿度的要求更高，通常要达 95％以上。

3. 高压杀菌

高压杀菌的机理是将食品置于高压（200 MPa 以上）的装置中加压，使微生物的形态结构、生物化学反应、基因机制以及细胞壁膜等发生变化，从而影响其生理活动机能，甚至使原有的功能破坏或发生不可逆变化致死，从而达到灭菌的目的。高压还能使酶钝化或失去活性。

高压杀菌有一定适用范围，适用于不怕压的产品。高压处理水产品可最大限度地保持其新鲜风味。对肉类制品进行加工处理时，采用高压技术，可使制品的柔嫩度、风味、色泽、成熟度和耐藏性能等有不同程度的改善。如常温下用 250 MPa 的压力处理质粗的牛肉能得到嫩化的牛肉制品。高压技术还常用于果酱加工中，不仅可杀灭微生物，还可使果肉糜烂成酱，所得制品能更好地保持新鲜水果的色、香、味。

4. 果蔬冰温保鲜

食品的储藏中，把 0 ℃以下至食品冰点以上的温度区域定义为冰温，在这一温度范围内储藏食品的技术就叫冰温保鲜技术。

低温冷藏和气调储藏保鲜是应用最广泛的新鲜果蔬储藏方法，但仅能在一定程度上保持果蔬的生鲜状态和固有风味、品质。冰温储藏保鲜技术为最大限度地保持果蔬产品原有风味和质地开辟了新的途径。冰温储藏保鲜的特点：首先是能最大限度地保持果蔬的原有风味；其次，果蔬的保鲜时间比现有冷藏技术延长数倍。如原来冷藏方式只能保存 7 d 左右的草莓，在冰温状态下能够保存 20～25 d；另外，冰温储藏还能减少有害微生物的影响。在冰温状态下，大肠杆菌、葡萄球菌等有害微生物均无法存活。冰温条件还能大幅度降低果蔬采后的呼吸，从而大大延长储藏保鲜期。成熟度较高和组织冰点较低的果蔬更适宜于冰温储藏。

冰温储藏技术是一项全新的储藏保鲜技术，它克服了冷藏和冻藏的种种缺陷，可最大限度地保持果蔬原有风味、口感和新鲜度。但由于冰温储藏的温度控制范围非常狭窄，使得该技术对储藏设施的温控设备和管理工作要求比较苛刻。因此，冰温储藏技术的普及应用受到许多限制。但随着冰温技术的不断发展，特别是与其他储藏方式结合运用的研究不断深入，冰温技术的应用领域会越来越广泛。

4.3.2　化学保鲜

使用化学药剂进行防腐、杀菌是常用的化学保鲜技术措施，可以通过涂抹（涂被）、浸泡、喷撒以及混合、熏蒸等方式，将化学药剂与果蔬产品充分接触，以起到杀菌保鲜作用。所施用的化学药物必须对植物无毒性，符合食品法有关食品添加剂允许范围的相关规定，包括天然的和化学的食品防腐剂、杀菌剂、抗氧化剂、脱氧剂，还有乙烯脱除剂等。

1. 使用防腐剂、抗菌剂

食品防腐剂是指能够对微生物的生长繁殖起到抑制或杀灭作用的物质。微生物的代谢过程比其他生物要简单得多，各种物质都是直接通过细胞膜进入细胞内，任何能对生物代谢产生干扰的物质都可干扰微生物的生长。因此，很多物质对人体无任何不良影响,但对微生物则会产生很大影响。由于不同类的微生物的结构特点和代谢方式有所差异,同一种防腐剂对不同的微生物效果也不同,要针对不同的食品成分及易染的微生物种类选用相应的防腐剂。

果蔬采后微生物病害的化学防治,是通过使用化学药剂来直接杀死果蔬产品上的病原菌。这些化学药剂一般具有内吸或触杀的功效,可使用喷洒、浸泡和熏蒸等方式。常用的杀菌药剂有硫化物、脂肪胺、苯并咪唑及其衍生物等。如葡萄、荔枝和龙眼等常使用二氧化硫,柑橘类果实使用脂肪胺类的仲丁胺。

使用杀虫药剂进行熏蒸也是常用的果蔬杀虫、灭菌、防腐措施。对于非果实类产品,产品性质、外形条件不易进行涂抹和浸泡的产品,或易患寄生虫的产品,可通过药物熏蒸方式进行灭虫。熏蒸可在固定的熏蒸室中进行,也可用于临时封闭环境中,或气密性较好的铁路货车、公路汽车车厢里。

2. 利用涂被保鲜剂

涂被保鲜剂通常是用蜡(蜂蜡、石蜡、虫蜡等)、天然树脂(虫胶)、脂类(如棉籽油等)、明胶、淀粉等造膜物质制成的适当浓度的水溶液或者乳液。采用浸渍、涂抹、喷布等方法施于果蔬的表面,风干后形成一层薄薄的透明被膜,以达到抑制果蔬呼吸作用的目的。

根据原料成分不同,可将涂被保鲜剂分为蜡膜涂被剂、虫胶涂被剂、油质膜涂被剂及其他涂被剂。

(1)蜡膜涂被剂

先将 100 g 蜂蜡和 10 g 蔗糖脂肪酸酯溶解在乙醇中,再将 20 g 酪蛋白钠溶解在水中,两液混合后定容到 1 000 ml,快速搅拌,乳化分散后即为所要求的保鲜剂。用浸涂法施于番茄、茄子、苹果、梨等表面,风干后即形成一层保鲜膜。

(2)天然树脂膜涂被剂

将 50 g 虫胶加入到 80 ml 乙醇、80 ml 乙二醇的混合溶液中浸泡,使其溶解,加 1 500 ml 氢氧化钠水溶液(由 20 g 氢氧化钠配制而成),加热搅拌,使溶解了的虫胶皂化。将苹果、柑橘、梨等果实放在此溶液中浸渍,取出后风干,即形成一层透明的薄薄的保鲜膜。

(3)油脂膜涂被剂

先将琼脂浸泡在 1 000 ml 温水中,待溶涨后加热化开。然后加入酪蛋白钠 2 g,脂肪族单酸甘油脂 2.5 g,豆油 400 g,进行高速搅拌得到乳化液。将待保鲜物放在该乳液中浸渍,取出风干后储存,保鲜期明显延长。例如,用上述乳化液处理蚕豆荚,在室温下存放半个月,仍保持绿色,而未经处理的蚕豆荚,

3 d后表面即变黑。这种保鲜剂适用于果类和果菜类的储运保鲜。

(4)其他膜涂被剂

先用少许冷水将100 g淀粉调匀，倒入10 kg沸水中调制成稀浆糊。冷却后加50 g碳酸氢钠，充分搅拌均匀。将柑橘在此浆液中浸渍，捞出晾干后形成一层保护膜，按常规办法包装，置于阴凉处储藏。

根据使用功效不同，涂被保鲜剂还可分为以下几种：

(1)防腐型果蔬涂被保鲜

含有天然多糖类物质及其他有效活性因子，能在果蔬表面形成一层透明的保护膜，具有广谱抗菌、防霉、保湿的功能，可有效防止果蔬腐烂，改善保鲜性能。

(2)防褐型果蔬涂被保鲜

含有天然生物保鲜因子——壳聚糖和食品级护色添加剂，能在果蔬表面形成一层透明的保护膜，可通过调节环境氧气，抑制氧化酶的活性，有效防止果蔬褐变和白化，达到保持商品质量的目的。

(3)护绿型果蔬涂被保鲜

由天然多糖类物质及其他食品级成分复配而成，可在果蔬表面形成一层透明薄膜，以此实现分子调节、裂缝调节及厚度调节的统一，达到适宜的气调效果，可明显保持果蔬原有绿色，防止水分蒸发，抑制微生物的侵染与繁殖。

(4)增亮型果蔬涂被保鲜

含有蜡制剂、助溶剂、乳化剂及其他有效活性因子，能迅速在水果表面形成一层透明光亮的薄膜，使水果光亮诱人，并能抑制水分蒸发和微生物的侵染与繁殖，显著延长货架期。

3. 使用抗氧化剂

食品在储运过程中由于氧化作用，会出现褪色、变色和产生异味异臭等现象，导致食品质量的下降，甚至不能食用。防止和减缓食品的氧化，可采用避光、冷藏、充氮和密封等措施，但添加抗氧化剂则是一种既简单又经济的方法。使用食品抗氧化剂可较长效地防止或延缓食品氧化，提高食品稳定性和延长食品储藏期。

天然抗氧化剂则具有无毒副作用、更为安全的特点，但价格较高，主要用于保健食品、婴儿食品和其他高价值的食品中。如生育酚，即维生素E，在较高的温度下有较好的抗氧化性能，能防止维生素A在放射线照射下的分解作用，还能防止一些面制食品在日光照射下的氧化作用等。

抗氧化剂只能阻碍氧化作用，延缓食品开始氧化败坏的时间，并不能改变已经败坏的部分，因此，应当在食品处于新鲜状态和未发生氧化变质前使用，才能充分发挥其作用。

4. 利用气体发生剂

气体发生剂是挥发性的物质或经过化学反应产生的气体，这些气体能杀菌清毒或脱除乙烯等气体以达到延长保鲜期的目的。

(1)二氧化硫发生剂

此法适用于储藏葡萄、芦笋、硬花球花椰菜等容易发生灰霉菌病的果蔬。将重亚硫酸钠 50 g 与氧化硅胶 100 g 混合，分装在用棉纸制成的小袋内，将选好的巨峰葡萄分两层果梗朝上排列在箱内，中间用能脱除乙烯的薄膜。

(2)卤族气体发生剂

将碘化钾 10 g、活性白土 10 g、乳糖 80 g 放在一起充分混合，用透气的纤维质材料如纸、布等包装使用，亦可制成颗粒状包装在上述包装体中使用。使用量因储藏的品种和包装材料的透气性能不同而有很大差异，通常每 kg 果实使用无机卤化物 10～1 000 mg。

(3)乙醇蒸汽发生剂

将 30 g 无水硅胶放在 40 ml 无水乙醇中浸渍，令其充分吸附。吸附后除掉余液，装入耐湿透气的容器中，与 10 kg 绿色香蕉一起装入聚乙烯薄膜袋内，密封后置于温度 20 ℃左右的环境中保存，经 3～6 d 即可成熟。这种催熟方法最适合从南方向北方的长途运输中使用，到达目的地后就可出售。

(4)二氧化碳脱除剂

适度的二氧化碳气体能抑制果蔬的呼吸强度，但必须根据不同果蔬对二氧化碳的适应能力，相应地调整气体组成成分。在可能引起二氧化碳高浓度障碍时，使用二氧化碳脱除剂更有效。将 500 g 氢氧化钠溶解在 500 ml 水中，配制成饱和溶液，然后将草炭投入到氢氧化钠水溶液中，搅动令其充分吸附、过滤后控干即可使用，使用时将此保鲜剂装入透气的包装。

5. 利用湿度和生理活性调节剂

果蔬储藏过程中，为保持一定的湿度，通常采取在塑料薄膜包装内使用水分蒸发抑制剂和防结露剂的方法来调节，以达到延长储藏期的目的。将聚丙乙烯酸钠包装在透气性的小袋内，与果蔬一起封入塑料薄膜内，当袋内湿度降低时，其能放出收集的水分以调节湿度，此种保鲜剂适宜于葡萄、桃、李、苹果、梨、柑橘等水果和蘑菇、菜花、菠菜、蒜薹、青椒、番茄等蔬菜。

生理活性调节剂是指对植物生长具有生理活性的物质(植物激素)和能够调节或刺激植物生长的化学药剂。将配制的溶液，浸渍处理叶菜类，能够抑制呼吸和代谢，有效地保持品质。这种保鲜剂适用于芹菜、莴苣、甘蓝、青花菜、大白菜等叶菜类和菜豆角、青椒、黄瓜等。

4.3.3 生物保鲜

生物保鲜技术是将某些具有抑菌或杀菌活性的天然物质配制成适当浓度的溶液，通过浸渍、喷淋或涂抹等方式置于食品上，进而达到防腐保鲜效果。其一般机理包括抑制或杀灭食品中的微生物、与空气隔离、延缓氧化作用、调节储藏环境的气体组成以及相对湿度等。生物保鲜的杀菌功效是利用微生物之间的对抗和制约作用，选择对果蔬产品不造成危害的微生物来抑制引起产品腐烂的病原菌的致病力，以达到降低微生物引起的腐败现象，起到食品保鲜作用。生物保鲜剂有杀菌、抗菌功用型和控制生理成长型。

1. 生物保鲜剂保鲜

果蔬产品采后的生物保鲜主要是利用拮抗（抗生）微生物的抗生、竞争和寄生作用等。如通过拮抗微生物分泌抗菌素来抑制病原菌，由无害酵母菌与病原真菌进行生长竞争来减少有害菌的数量。能够产生抗菌素的微生物主要是细菌。如木霉菌通过产生木霉素、绿木霉素和抗菌肽等来抑制植物病原真菌。无害真菌的迅速繁殖，可抢占引起果蔬产品腐败的病原菌的生态位置及营养物质和氧气等，从而降低有害病原菌的危害。利用一些微生物生长时对有害病原菌的吸附、缠绕、侵入等寄生性能，也可抑制有害菌的生长，达到防腐效果。

植物源生物保鲜剂法是使用天然抗菌剂进行保鲜的方法，即利用植物体自身的成分中所含的抗菌物质，来进行抗菌、杀菌保鲜。植物源生物保鲜剂不仅具有良好的抑菌作用，而且大都可被生物降解，具有无味、无毒、安全等优点。如植物精油、大蒜、洋葱、生姜、辣椒、苹果、芦荟等植物中，都存在具有良好抗菌活性的成分，提取这些抗菌成分可制成植物源生物保鲜剂，用于食品的保鲜。

虽然人们认识动物中存在生物保鲜剂的历史并不长，但目前已有许多动物源生物保鲜剂被发现和提取出来，如各种鱼精蛋白、溶菌酶等已获得商业性应用，成为天然生物保鲜剂的重要组成部分。不少研究者认为，鱼精蛋白的抑菌性是由于它和微生物的细胞壁相互作用引起的。可能由于它吸附在微生物细胞表面，破坏了细胞壁的合成，或通过破坏细胞对营养物质的吸收来起到抑菌作用。溶解酶是一种专门用于微生物细胞壁的水解酶，分布于禽蛋蛋清、牛马等动物乳汁，以及木瓜、无花果、大麦等植物及微生物中。

植物生长调节剂保鲜方法，是利用化学药物对植物生长过程的作用和影响，来调节果蔬类产品的生理活性，达到控制成熟度的目的。如使用乙烯吸附剂或脱除剂、抑芽剂等植物生长抑制剂，能有效控制植物的呼吸代谢过程，延长植物生命周期，达到果蔬类产品的保质、保鲜目的。施用植物生长激素是花卉保鲜中的常用措施。花卉产品切离母株后，除了水分和营养状况的变化之外，体内的生长激素平衡也会发生改变，从而加快其衰老进程。研究表明，植物生长激素乙烯和脱落酸可促进切花的衰老，而细胞分裂素、赤霉素及多胺等则可延缓切花的衰老。

2. 基因工程的生物保鲜技术

基因工程的基本原理是利用重组 DNA 技术，在植物体外通过人工"剪切"和"拼接"等方法，对生物的基因进行改造和重组，通过重组基因产生出人类需要的基因产物。运用生物基因工程的生物保鲜技术，是在产品原料生产中运用基因工程技术，增强产品的抗病、抗衰老能力。如通过农产品完熟、衰老调控基因以及抗病基因、抗褐变基因和抗冷基因的转导，提高产品自身抗体性能，从基因工程角度解决产品的保鲜问题。如通过转基因技术抑制果蔬采后乙烯的生物合成，或阻止乙烯的作用，以达到抑制或延缓果蔬采后成熟衰老过程的目的。

3. 涂膜保鲜技术

涂膜保鲜技术是在食品表面涂上一层特殊的薄膜使食品保鲜的方法。该薄膜应具有以下特性：能够适当调节食品表面气体交换作用，调控果蔬产品的呼吸作用；能够减少食品水分的蒸发，提高食品的商用价值；能够在一定程度上减轻果蔬产品表皮的机械损伤；具有一定的抑菌性，能够抑制或杀灭腐败微生物，减少或防止微生物污染等。

4.3.4 包装保鲜

随着包装技术的不断发展，利用食品包装进行辅助保鲜也成为一种新型保鲜技术。利用包装材料性能和包装方式进行保鲜，早期主要利用包装对食品的物理保护作用，包括防震、耐冲击、隔热阻光、阻水、阻隔异物等功能，后来逐步开发了包装对防止微生物的侵染及防止食品的氧化、变色、营养成分分解等生化防腐保鲜功能，再后来进一步发展了利用包装材料对不同气体渗透率的差异进行气调保鲜、真空保藏的技术。

根据食品保鲜特点，气调保鲜包装常用薄膜材料按透气性要求可分为两类：一类为高阻隔性材料，用于食品的真空充气包装，以减少包装内含氧量和混合气体各组分浓度的变化；另一类是透气性材料，用于生鲜果蔬的充气包装，以维持产品的最低呼吸代谢功能，延长产品寿命。

新型包装原材料和纳米技术等给包装技术的发展开辟了崭新的道路，从保鲜包装材料的研究发展趋势看，未来将更加注重包装材料及其结构的多功能性。利用微孔制造工艺，结合防水材料、防腐材料、生理调节材料、半导体、陶瓷材料以及利用不同材料的特征进行复合，以提高现有保鲜包装材料的耐湿性、透湿性、防结露性以及防腐保鲜性能。在结构方面将更加注重提高使用强度，将透湿性、防结露性及防腐保鲜剂结合，以适应托盘化包装对连结性的要求。

目前已经开发出来的保鲜包装有保鲜包装纸、保鲜箱、保鲜袋。保鲜纸是将长效防腐剂、乙烯脱除剂等添加到造纸原料中或者浸涂在造好的纸上，使其具有保鲜性能，用它包装果蔬产品。保鲜箱和保鲜纸的原理相同，可将箱体的全部或者一部分进行保鲜处理，亦可将保鲜纸贴在箱体内侧而得到。保鲜袋有硅橡胶窗气调袋，防结露薄膜袋，微孔薄膜袋和混入抗菌剂、乙烯脱涂剂、脱氧剂、脱臭剂等制成的塑料薄膜袋。

保鲜包装材料是在普通包装材料的基础上加入保鲜剂或经特殊加工处理，赋予保鲜功能的包装材料。功能性保鲜包装材料主要有新型果蔬保鲜薄膜、保鲜包装纸、可食性保鲜包装膜以及各种涂膜包装材料。

各类功能性薄膜主要有乙烯吸附薄膜、防结露膜、保鲜抗菌薄膜、微孔塑料薄膜等。

(1)乙烯吸附薄膜

乙烯吸附薄膜用于抑制果蔬的熟化过程，具有吸附、分解或外排乙烯的功能。常在塑料膜中加入沸石、石英石和硅石、石粉等无机多孔质或黏土等。通过无机物表面的孔吸附乙烯，湿度高时孔中水分也会与乙烯进行置换。

(2)防结露膜

果蔬的呼吸作用会使薄膜上凝结出小水珠，这是引起果蔬腐烂的原因之一。利用活性剂对薄膜内侧表面进行处理，可吸收过剩水分，使膜表面均匀湿润形成水膜，防止凝结水珠。这样不仅外观漂亮，也可延长保鲜期。这种膜主要由聚丙烯、聚乙烯和聚丁二烯等制成，膜中还加入了杀菌剂。目前这种膜在日本主要用于果蔬的单体包装。

(3)保鲜抗菌薄膜

在制造薄膜的材料里添加银沸石等具有抗菌性质的无机物或从植物中提取的抗菌配料，利用银离子的抗菌作用，在一定程度上抑制细菌的繁殖，起到保鲜作用。银沸石是具有抗菌性的银与沸石结晶结构中的钠离子置换或银离子与用铝、硅为原料的合成疏松沸石的混合物。

(4)微孔塑料薄膜

用激光、针刺等方法制作的塑料薄膜，薄膜上有直径 10～50 μm 的微孔，用以调节透气性。这种微孔薄膜多为透明度好的聚丙烯制成，以达最佳包装效果。但温度升高时果蔬呼吸产生的水汽会堵塞微孔，故需要与调控湿度的材料同时使用。这种薄膜目前在国内还处于起步阶段，应用较少。

使用具有隔热功能的瓦楞纸箱也是目前食品低温储藏保鲜的有效手段。具有一定隔热功能的瓦楞纸箱，是在传统纸箱内、外包装衬上复合树脂和铝蒸镀膜，或在纸芯中加入发泡树脂，使其具有优良的隔热性，防止在流通途中蔬菜水果自身温度的升高，达到保鲜的目的。具有控制气体功能的瓦楞纸箱是在纸箱内衬和外衬中夹进保鲜膜或在造纸阶段混入能吸附乙烯气体的多孔质粉末，使其具有气体阻隔性，防止蔬菜水果的水分部分蒸发，达到控制气体含量的效果，从而保持蔬菜水果的鲜度。

5 制冷技术及设备

制冷是指采用一定的人工方法和手段，将某物体或流体中的热量移出，使之达到并保持低于环境温度的冷却过程。现代制冷方法是运用科技手段，利用具有特定性质的一些物质（称为制冷剂、制冷工质或冷却介质）的融化、溶解、汽化、膨胀、升华等物理现象，使被冷却对象温度降低的方法。例如，冰盐制冷是利用冰的融化和盐的溶解，氨制冷机是利用氨的汽化，空气制冷机是利用空气的膨胀，干冰制冷是利用干冰的升华，利用这些现象来吸收被冷却对象的热量，使其温度降低。

制冷方式，按物质（制冷剂）的利用方式可分为消耗式制冷和机械循环式制冷两大类。利用冰、干冰和液氮的制冷过程需要消耗制冷工质，就是消耗式制冷，其制冷原理是通过工质的融化、汽化和升华过程的吸热性能来进行制冷。机械制冷是利用机械设备和制冷循环原理，使制冷工质在制冷机中不断的循环流动过程中，通过一系列的状态改变与外界发生能量交换，达到制冷降温效果。常见的机械制冷方法有：液体汽化制冷、气体膨胀制冷、涡流管制冷和热电制冷。其中液体汽化制冷的应用最为广泛，所谓的蒸汽压缩式、吸收式、蒸汽喷射式和吸附式制冷都属于液体汽化制冷。在冷藏运输中最常用到的是冰盐制冷和蒸汽压缩式机械制冷技术。

5.1 冷源消耗式制冷和蓄冷技术

冷源消耗式制冷技术指通过制冷剂的融化、蒸发、升华过程，吸收周围环境热量，达到制冷效果。目前较常使用的是冰盐、干冰（固态二氧化碳）和液氮制冷。

5.1.1 冰盐制冷技术

1. 冰盐制冷原理

自古以来人们就会使用天然冰作为冷源进行食品的保藏，由于单纯的冰在 0 ℃时融化，所以仅用冰来制冷只能得到 0 ℃以上的温度，只能满足少数几种易腐货物的运输要求。为了得到更低的温度，就需要在冰内加盐，使冰的熔点降低。当冰内掺盐量占冰重的30%时,可达到最低−21.2 ℃的低温。冰在掺盐后能得到0 ℃以下的温度原理,可用蒸气压力和冰点的关系来说明。

在一定温度下,液体在密闭容器内会逸出蒸气分子而形成一定的饱和蒸气压力(或简称蒸气压力)。0 ℃是水的冰点,就是水的液相与固相蒸气压力达到平衡时的温度,此时水(液相)和冰(固相)的蒸气压力都等于613(Pa),如图5.1所示。当温度高于0 ℃时,水的固相蒸气压力大于液相,固相上的蒸气不断转移到液相上而凝结,固相逐渐转化为液相,直到固相完全消失为止,即冰的融化过程。相反,如果温度在0 ℃以下时,水的液相蒸气压力大于固相,液相就向固相转化,水就结成了冰。

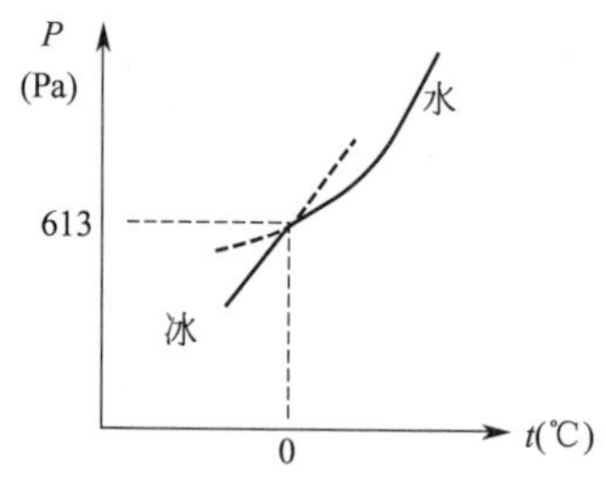

图5.1 水的蒸气压

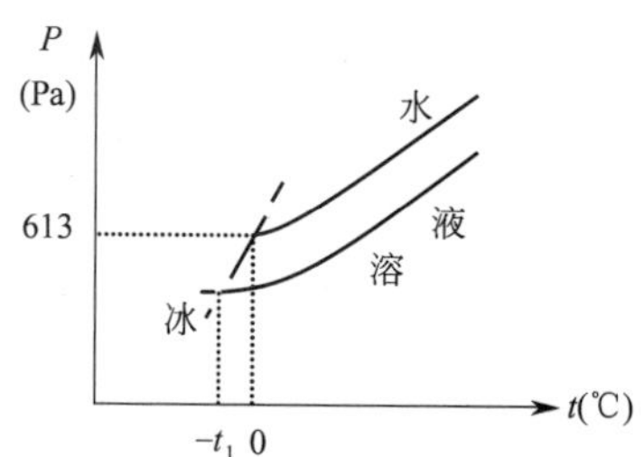

图5.2 蒸气压曲线图

水内加入溶质(如食盐)就成为溶液,溶液的冰点指开始析出冰晶时的温度。非饱和盐水溶液的冰点比水的冰点要低,且随着盐浓度的加大而降低。盐水溶液冰点降低的原因是:由于同一容积内盐水溶液水分子的数量相对减少,取而代之的是较难挥发的食盐分子,就会使同一温度时盐水溶液的蒸气压力比纯水的蒸气压力低。要到0 ℃以下的某一温度($-t_1$)时液相的蒸气压力才与固相平衡,即溶液的冰点降低到$-t_1$,如图5.2所示。温度在$-t_1$以上时,固相蒸气压力大于液相,固相要向液相转化。相反,温度在$-t_1$以下时,液相蒸气压力大于固相,液相要向固相转化。当溶液中溶质比例越大,难以挥发的分子越多,蒸气压力会越低,相应的冰点就会变得越低。因此,盐水溶液的冰点会随浓度的加大而不断降低,但当溶液达到饱和时,再增加的盐不能被溶解而是被析出,起不到作用,即溶液中溶化的溶质量没有增加,则其冰点温度也就不会再继续下降。

冰盐混合物温度降低规律与盐水溶液冰点降低规律是一致的,冰内掺盐后盐与冰表面的水或水蒸气接触,很快溶解于水形成盐水,从而形成冰与盐水的两相体系。因这时液相蒸气压力降低,冰点也就降低到$-t_1$,即在$-t_1$以上冰不能以固相存在,而向液相转化,也就是说加盐以后,冰的熔点就会降低。

冰盐混合物融化时同时发生两种吸热反应，一是冰融化时吸收融化热，二是盐溶解时要吸收溶解热，这两种吸热反应的综合使冰盐混合物的融化温度低于 0 ℃。冰盐融化过程中不断吸收周围介质的热量，对周围环境产生了制冷效果，亦即冰盐的制冷原理。

2. 冰盐混合的产冷量

冰内掺盐后，冰盐混合物的冰融化和盐溶解的吸热过程，也是使周围环境温度不断下降的过程。这一降温过程会一直持续至冰盐混合物的冰点温度 $-t_1$ 为止。冰内掺盐量达冰重的约 30%时，可达－21.2 ℃的最低温度。冰盐混合物不同掺盐比时的理论温度值，见表 5.1。

表 5.1　不同掺盐比时冰盐混合物的理论温度值表

冰内掺盐比(占冰重百分比%)	5	10	15	20	25	30
冰盐混合物理论温度(℃)	－2.9	－5.9	－9.3	－12.7	－16.6	－21.2

在实际生产中，因受工业用盐质量、冰块大小及冰盐混合的均匀程度等影响，难以达到冰盐溶液的制冷效果，最大掺盐比时达不到理论上冰盐混合物的最低温度。实际生产中，较为均匀混合的冰盐混合物，最大掺盐比时的最低温度约为－17～－19 ℃。

冰盐混合物的产冷量即其融化热，与掺盐比直接相关，但却是随着掺盐比的加大而减小。这一方面是因为冰的融化热较大，盐的溶解热较小(0 ℃时，冰的融化热 335 kJ/kg，盐的溶解热 85.8 kJ/kg)，盐的相对含量加大时，就会使每千克冰盐混合物的总融化热减小；另一方面，冰在 0 ℃以下融化时所吸收的融化热也比 0 ℃时要小。

设冰由 $-t_1$ 变为 0 ℃的水可以按两个过程进行分析：第一过程是先在 $-t_1$ 下融化成同温度的水，然后升温至 0 ℃的水；第二过程是先由 $-t_1$ 的冰升温为 0 ℃的冰，再融化为水。根据能量守恒定律，这两个过程所吸收的热量值应该相等。设冰在 $-t_1$ 温度的融化热为 q_1，零度以下水的比热容为 c_1，冰的比热容为 c，冰在 0 ℃的融化热为 q，则有如下方程：

$$q_1+t_1c_1=q+t_1c$$

如果已知冰的比热容 c 为 2.094 kJ/(kg·K)，冰在 0 ℃时融化热 q 为 335 kJ/kg，水在 0 ℃以下比热容 c_1 为 3.768 kJ/(kg·K)，则可求出 0 ℃以下冰的融化热 q_1，即

$$q_1=q-t_1(c_1-c)=335-1.674t_1 \quad (\text{kJ/kg})$$

根据盐溶解的吸热和 0 ℃以下冰的融化热，在 100 g 冰内掺盐克数 a 的

比例时，冰盐混合物总的产冷量应按下式计算：

$$q_{混}=85.8\times\frac{a}{100+a}+\frac{100}{100+a}(335-1.674t_1)\quad(\mathrm{kJ/kg})$$

根据上式，冰盐混合物产冷量的理论值，见表5.2。

表5.2　冰盐混合物的产冷量表

冰内掺盐比(占冰重百分比%)	5	10	15	20	25	30
冰盐混合物理论产冷量(kJ/kg)	318.5	303.4	289.0	275.8	262.9	250.2

冰盐混合物依不同掺盐量达到一定温度(冰点)后，降温过程就会趋于稳定，并会在此冰点温度下吸收外界热量持续冰盐融化过程。随着冰盐融化过程的进行，盐水会越来越多，直至冰量减少到不能维持盐水的温度时，冰点温度持续阶段结束。等冰量减少到其产冷量不足以维持冰点温度时，整个两相体系的温度也会逐渐升高，待冰全部融化后，盐水温度会慢慢接近环境温度，至此制冷作用也就终止。

5.1.2　干冰制冷

1. 制冷基本原理

在一个大气压力下，干冰(固态CO_2)的升华温度低(－78.9 ℃)，升华吸热量大(573.5 kJ/kg)，故将它作为车厢冷源，不仅可以获得较低温度(一般低于－20 ℃)，而且可获得较大的制冷量。因此该制冷方式较适于冷冻食品，以及温度在零度以下的生物制品、加工食品、水产品等的配送与保存。

2. 制冷方法及特点

利用干冰制冷有直接式和间接式方式。直接式指将干冰或内装干冰的透气容器置于所需的空间，通过干冰与所处空间热空气的直接接触吸热制冷；间接式是指干冰通过特制容器冷却与其接触的空气冷却器或载冷剂装置，再利用冷风循环系统或载冷剂循环系统将冷量送到需冷却的空间。

干冰制冷装置简单、投资和运行费用较低、使用方便、货物不会受潮。干冰升华产生的CO_2气体能抑制微生物繁殖、减缓脂肪氧化、削弱水果蔬菜的呼吸作用。其中，直接式制冷效率较高，冷却速度相对较快，但温度的调节通过调节冷风机转速来实现，控温范围和能力有限。间接式制冷装置稍复杂一些，冷量传递通过冷却器的传热壁来实现，制冷效率有所下降，冷却速度较慢，但对温度的调控能力和准确度得到提高。

目前干冰的价格较高，运用时消耗量较大，且干冰的采购和储运很不方便，购买后需很快使用，不然就会很快自然挥发掉，运营支出较大。另外，干冰升华过程中易出现结霜现象；过多的 CO_2 气体还会导致水果、蔬菜等冷藏物呼吸困难而坏死；干冰还会对环境造成较大的污染，导致温室效应的不断加剧。因此，干冰的使用受到很大的限制，一些航空公司还明令禁止使用干冰作为制冷剂，但由于没有更方便使用的替代制冷方式，航空运输中依然会使用干冰作为易腐货物的制冷剂。

5.1.3 液氮制冷

1. 制冷原理

液氮制冷就是利用液氮汽化吸热进行制冷。在大气压力下，液氮的沸点为−196 ℃，汽化潜热为 200 kJ/kg。氮气的比热容为 1.05 kJ/(kg · ℃)，每千克液氮汽化并升温至−20 ℃时，所吸收的热量约为 385 kJ，液氮沸点低，且是制氧的副产品，因而得到了较广泛的应用。

2. 装置构成及制冷特点

液氮制冷装置的基本组成主要有液氮容器、喷液嘴及温度控制装置。液氮容器需要有较好的隔热层结构，如采用真空多层隔热层，才能减少液氮受热汽化损失，保证液氮容器内部压力稳定。液氮容器通常装在车厢内，通过连接液氮管路及喷射装置将液氮引入冷却空间内。车内温度的调节通过恒温器自动操作电磁阀来控制喷液嘴开闭方式来实现，由于液氮汽化时容积会膨胀 600 倍，因此不用冷风循环装置就能使氮气进入货堆和车厢的各个角落，即使货物堆装的十分密实，所以液氮制冷的车内温度均匀性较好，冷却速度快。

液氮制冷设备结构简单、工作可靠，无噪声和污染；液氮制冷量大、制冷迅速，适于速冻。液氮汽化不会使厢内受潮，并且氮气对食品保鲜、防止干耗均有好处。此外，液氮制冷控温精确(±2 ℃)。但是液氮成本较高，需经常充注，因而推广受到一定限制。同理，其他低温汽化的液态气体亦可作为制冷剂，如液态二氧化碳。

5.1.4 蓄冷技术

蓄冷技术从冰蓄冷发展而来。冰蓄冷是指利用夜间低谷电力制冰并蓄存起来，在白天用电高峰时候用蓄存的冰作为冷源供给空调系统，以减轻白天电网的高峰负荷，达到为电网削峰平谷目的的制冷技术。但普通的冰蓄冷只能得到 0 ℃以上的温度，若想达到 0 ℃以下的制冷效果，则需要使用冰点较低的盐类溶液，由此发展为冰盐蓄冷技术。

冰盐蓄冷制冷技术是将一种特殊的盐溶液(蓄冷剂或冷冻液)冷冻起来，在运输过程中或需要使用冷量时，通过冻结冷冻液的融化将冷量释放出来，达到0 ℃以下的制冷效应。它与普通的冰盐制冷原理相同，是利用冰盐溶液的融化热和溶解热达到制冷效果。

蓄冷剂或冷冻液的专业称谓是低融共晶液，其主要特点是具有较低的冻结点或冰点，可以用于冻结货物的储藏和运输。这种制冷方式在冷板制冷中得到了很好的推广和运用，冷板制冷就是利用这种低融共晶液制成冷冻板进行蓄冷制冷的。

将蓄冷剂制作成小的独立包装件，如蓄冷冰袋，可直接放入食品包装箱中，能更方便地用于短期和小批量的食品储藏和运输中。目前有人研究用它来代替航空运输中的干冰制冷方式，既可作为航空运输中所需的便利制冷方式，又可解决干冰的环境污染问题，而且蓄冷冰袋还可反复冷冻、反复使用，有较好的经济性和环保性。

5.2 压缩式机械制冷技术

5.2.1 制冷系统及工作原理

液体汽化制冷是利用液体汽化时的吸热效应来实现制冷的。液体汽化形成蒸气，当液体处在密闭容器内时，若此容器内除了液体及液体本身的蒸气外不存在任何其他气体，那么液体和蒸气在某一压力下将达到平衡，此时的气体称为饱和蒸气，它所具有的压力称为饱和压力，温度称为饱和温度。饱和压力随温度的升高而升高。如果将一部分饱和蒸气从容器中抽走，液体中就必然要再汽化一部分蒸气来维持平衡。液体汽化时，需要吸收热量，此热量来自被冷却对象，则使被冷却对象变冷，或者使它维持在低于环境温度的某一温度下。为使这一冷却过程连续进行，必须不断地从容器中抽走蒸气，再不断地将液体补充进去。通过一定的方法把蒸气抽走，并使它凝结成液体状态再回到容器中，就能满足这一要求，这样就可以循环使用这些工质(制冷剂)来完成持续制冷过程。为能使蒸气在常温下凝结成液体，需要提高饱和压力。这样工质将在低温、低压下蒸发，产生制冷效应，并在常温、高压下冷凝，向环境或冷却介质放出热量。因此，汽化制冷循环由工质汽化、蒸气升压、高压蒸气的液化和高压液体降压四个过程组成。蒸气压缩式制冷是应用最为广泛的液体汽化制冷方式，它利用压缩机来完成上述吸汽过程。

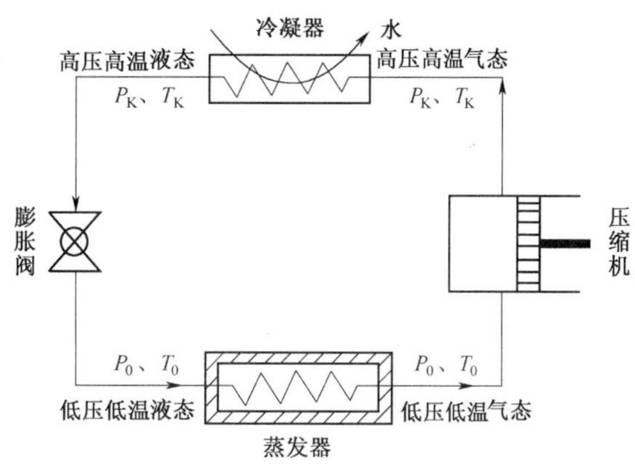

图 5.3 蒸气压缩式制冷系统

蒸气压缩式制冷系统(如图5.3所示)由压缩机、冷凝器、膨胀阀、蒸发器所组成,用管道将其连成一个封闭的系统。其工作过程为:工质在蒸发器内在较低的压力 P_0 和温度 T_0 下,与被冷却对象发生热量的交换,吸收被冷却对象的热量并汽化成蒸气;压缩机不断地将产生的蒸气从蒸发器中抽走,将它压缩后,在高压下排出,这个过程需要消耗能量(压缩机的机械功)。经压缩后的高温(T_k)、高压(P_k)蒸气在冷凝器内被常温冷却介质(通常是水或空气)冷却,凝结成高压液体。利用膨胀阀使高压液体节流,节流后的低压、低温湿蒸气进入蒸发器,再次汽化,吸收被冷却对象的热量,如此周而复始。

压缩式制冷机中的蒸发器里的温度低,冷凝器里的温度高。为什么制冷剂在低温下会汽化,在高温下反而会凝结呢?其关键就在于压力。压力愈高,汽化(冷凝)温度也愈高。例如,R12 在压力为 0.100 MPa 时汽化温度为 −30 ℃,在压力为 0.196 MPa 时汽化温度为 −13 ℃;在压力为 0.299 MPa 时汽化温度即为 −1 ℃。若压力提高到接近 1 MPa,则汽化温度就变为 41 ℃了。汽化温度与冷凝温度是同一个数值,区别只是热流的方向相反,相态转变的方向相反。汽化时,制冷剂液体吸收热量(汽化热)变成蒸气;冷凝时,制冷剂蒸气放出热量(凝结热)变成液体。在制冷机中,蒸发器保持低压,被冷却的介质提供热源,蒸发器又有良好的传热条件,所以制冷剂能在此汽化。冷凝器则保持高压,冷却水的温度比冷凝温度低,能不断带走热量,冷凝器的传热条件又好,所以制冷剂能在此凝结。

蒸发器能保持低压而冷凝器能保持高压是靠膨胀阀来维持的。制冷机不开动时,冷凝器和蒸发器内的压力是相同的,相当于周围环境下的汽化压力。制冷机开动后,压缩机把蒸发器内的蒸气转移到冷凝器中,使冷凝器内的压力升高到一定程度,由于冷却水的冷却,蒸气就变成液体,压力也就保持在该水平。冷凝器中被冷凝成的液体,通过膨胀阀的狭窄通道被节流后又进入蒸发器中。而单位时间由蒸发器抽出的蒸气的重量与通过膨胀阀的液体的重量相等,因此就可以保持两边的压力差,把整个制冷机分成高压区和低压区。以压缩机和膨胀阀为界,靠冷凝器一边的所有部件和管子都是高压区,靠蒸发器一边所有部件和管子都是低压区。

蒸发器和冷凝器出入的制冷剂数量经过调节可保持动态平衡，因此可以各自保持稳定的低压和高压，而压力一定，汽化温度和冷凝温度也就可以保持稳定。在蒸发器内制冷剂是在等压和等温下汽化吸热，产生冷效。在冷凝器内，制冷剂开始是在等压下冷却，然后又在等压和等温(冷凝温度)下冷凝。这里所说的平衡、稳定、等压、等温都是相对的，在实际条件下，这些因素都是波动和不平衡的。在实际制冷机中，为了改善制冷效能和保证运转安全，除四个主要部件外，还加装了许多部件，主要包括储液器、液体分离器、过冷器、空气分离器、安全阀、压力表等。

5.2.2 制冷剂及载冷剂

1. 制冷剂

在制冷系统中循环，且不断变化相态以实现制冷的工作物质，被称为制冷剂，也称为制冷工质。在液体蒸发式制冷系统中，制冷剂要在低温下蒸发汽化，从被冷却对象中吸取热量，再在较高的温度下液化凝结，向外界排放热量。所以，只有在工作温度范围内能够汽化和液化凝结的物质才有可能作为制冷剂使用。因此，对选作制冷剂的物质有如下要求：

(1)在标准大气压下汽化温度或蒸发温度要低，这一性质决定着制冷剂所能达到的低温程度。

(2)单位容积制冷量和单位重量制冷量大，以缩小压缩机尺寸，减少压缩机流量，减低系统流阻和节流损失。

(3)蒸发压力应稍高于大气压，以在运用中防止空气和水分进入低压系统。

(4)在工作温度范围内，冷凝压力不宜太高，以简化压缩机的结构，提高压缩效率，减少高压系统的漏泄。

(5)凝固温度要低，以防止堵塞制冷管路；而临界温度要高，以提高制冷系数，减少消耗。

(6)导热系数和放热系数高，以减小蒸发器、冷凝器的尺寸。

(7)黏度低，以改善换热性能，降低液流阻力。

(8)与金属和其他材料不起化学作用，不燃烧，不爆炸，化学稳定性好。

(9)毒性小，对人体无害，不影响食品的质量和色、香、味。

目前已知的制冷剂有 80 余种，并且还在不断发展之中。常用的制冷剂按其化学组成主要分为无机化合物、氟利昂、共沸溶液和新型碳氢化合物等种类。制冷剂的代号使用英文单词制冷剂(Refrigerant)的第一个字母“R”表示。无机化合物制冷剂用“R7××”表示，其中右面的2个数字是该化合物分子量的整数。如氨的代号为R717，水的代号为R718。对于氟利昂，$C_mH_nCl_cF_d$ 被命名为R$(m-1)(n+1)d$，R后面排列的数字中 m 为碳原子数，n 为氢原子数，d 为氟原子数，若其最左边第一位为0，则不标出。如二氟二氯甲烷（CF_2Cl_2）的代号为R12。如果化合物中含有溴原子时，则在数字后面加“Br”和溴原子数，如三氟一溴甲烷（CF_3Br）为R13Br。

① 无机化合物类

这类制冷剂应用较早，包括水、空气、氨、二氧化碳，其中有些因性能欠佳已被淘汰。如二氧化碳，因工作压力高、临界温度低、单位容积产冷量较小、制冷效率低，已被淘汰。氨具有良好的热力学性能，单位容积产冷量比较高，是目前使用最为广泛的无机化合物制冷剂，特别是在大、中型冷库中以及较大型制冷或制冰设备中。

氨在油内几乎不能溶解，但吸水能力很强。氨对钢铁不腐蚀，但掺水后对铜及铜合金（磷青铜除外）有腐蚀作用。因此，在氨制冷装置中不能使用铜和铜合金。

氨的缺点是：具有强烈的刺激性臭味，对人体具有一定的毒性，它刺激人的眼睛及呼吸器官，氨液飞溅到皮肤上时会引起肿胀甚至冻伤。当氨蒸气在空气中容积浓度达到0.5%～0.6%时，人在其中停留半小时即可中毒；浓度达到13.1%～26.8%时，遇明火会引起爆炸。

② 氟利昂类

氟利昂是饱和碳氢化合物（饱和烃）的卤族元素衍生物的总称，于20世纪30年代开始用作制冷剂。不同的氟利昂制冷剂在热力性能上各不相同，能适应不同制冷温度和制冷容量的要求。因此，氟利昂的出现解决了人们对制冷剂的多种需求，其使用范围迅速扩大。此类物质在物理和化学性质上有许多共同的优点，如无毒、无燃爆危险、不腐蚀金属、热稳定性与化学稳定性好等。

氟利昂根据其化合物中的碳氢元素被氟、氯及溴元素置换的情况，又分为全氟代烃（PFC）、氯氟烃（CFC）、氢氟烃（HFC）、氢氯氟烃（HCFC）等，其中氯氟烃类物质受紫外线照射后会产生对臭氧层有严重破坏作用的氯离子，一个氯离子能连锁反应破坏上万个臭氧分子，因此这类物质已被禁用。1987年加拿大蒙特利尔协定中，明确规定了限制和禁止生产与使用的氟利昂种类。目前新型制冷剂的开发工作重点也是针对CFC类制冷剂，首先要替代的就是R11、R12，进一步还要考虑R22的替代。全氟代烃性质比较稳定、不燃不爆，进入大气层不易分解；氢氟烃中无氯元素，因此此两类制冷剂属对大气层无破坏作用的物质。氢氯氟烃类物质相对不稳定，在到达平流层前已经分解，因此对臭氧层的破坏作用较小，但也是有影响的，所以 R22 属下一步需要进行替代的。

③ 共沸溶液

这类制冷剂是由两种或两种以上制冷剂按一定比例混合而成的，它们的性质和单一化合物一样，在固定压力下蒸发时保持恒定的蒸发温度。共沸溶液比单一制冷剂有一些明显的优点，如蒸发温度较低，相同工作条件下制冷量较大，压缩机排气温度较低等。采用共沸溶液可以改进制冷剂的热力性质。

④ 新型制冷剂

所谓新型制冷剂指正在不断研制的制冷剂，目前研制成功的主要是碳氢化合物类制冷剂，实际上是从氟利昂类制冷剂发展而来的一类新型制冷剂。其分子中含有氢、氟、碳的无氯卤代烃(HFC)。这类制冷剂具有代表性的是 R134a 和 R152a 等。

氟利昂制冷剂主要种类性能及温室效应影响参数见表 5.3。

表 5.3　氟利昂制冷剂主要种性能参数表

代码	种类	公式	大气压下沸点(℃)	臭氧耗减潜能 ODP[1](R11－1)	全球变暖潜能 GWP[2](CO_2－1)	是否受控	可燃否
R11	CFC	CCl_3F	23.82	1	1 500	是	否
R12	CFC	CCl_2F_2	－29.79	1	4 500	是	否
R22	HCFC	$CHClF_2$	－40.76	0.05	510	否	否
R32	HFC	CH_2F_2	－56.61	0	—	否	否
R113	CFC	$C_2Cl_3F_3$	47.57	0.8	2 100	是	否
R114	CFC	$C_2Cl_2F_4$	3.61	1.0	5 500	是	否
R115	CFC	C_2ClF_5	－39.11	0.6	7 400	否	否
R123	HCFC	$C_2HCl_2F_3$	27.61	0.02	29	否	否
R124	HCFC	C_2HClF_4	－12.00	0.02	150	否	否
R125	HFC	C_2HF_5	－48.50	0	860	否	否
R134a	HFC	$C_2H_2F_4$	－26.5	0	420	否	否
R141b	HCFC	$C_2H_3Cl_2F$	32.00	0.08	150	否	轻微
R142b	HCFC	$C_2H_3ClF_2$	－9.78	0.06	540	否	轻微
R143a	HFC	$C_2H_3F_3$	－47.71	0	1 600	是	轻微
R152a	HFC	$C_2H_4F_2$	－25.00	0	47	否	中等
R500	CFC/CFC	R12/R152a	－33.50	0.74	3 333	是	否
R502	HCFC/HCFC	R22/R115	－45.44	0.33	4 038	是	否
H1301	哈龙	CF_3Br	—	10.0	5 800	是	否
H2402	哈龙	$C_2F_4Br_2$	—	6.0	—	是	否
R218	PFC	C_3F_8	－36.7	0.0	—	—	否

注：1. ODP (Ozone Depletion Potential) 为臭氧 O_3 分子衰减指数，表示该制冷剂对大气 O_3 层破坏程度的大小。其数值是以 R11 ($CFCl_3$)的值作为基准值 1。

2. GWP (Global Warming Potential) 是衡量制冷剂对全球气候变暖影响程度大小的指标值。以 CO_2 的值为基准，CO_2 的 GWP 为 1。

2. 载冷剂

在间接冷却的制冷装置中,被冷却物体或空间的热量通过一种中间介质传给制冷剂,这种中间介质称为载冷剂,又称“冷媒”或第二制冷剂。

采用载冷剂的优点是可使制冷系统集中在较小的场所,因而可减少制冷机系统的容积及制冷剂的充灌量。载冷剂在蒸发器中被冷却,然后送到冷却设备中吸收被冷却物体的热量,再返回蒸发器中重新被冷却,如此循环不止,以达到连续制冷的目的。这种间接冷却系统可使制冷系统中制冷剂用量减少,又能使有毒的制冷剂不进入冷藏库或其他不适宜的场所。

选择载冷剂时,应考虑下列因素:

(1)载冷剂蒸气与空气混合后,不会燃烧或爆炸;无毒,化学稳定性好,在大气条件下不分解、不氧化,不改变其物理性质。

(2)在使用温度范围内呈液态,其凝固点应低于制冷剂的蒸发温度,沸点越高越好。

(3)密度小,黏度小,比热容和热导率大。密度小、黏度小可以减少载冷剂的流动阻力;热导率大则传热性能好,对于一定的载冷量所需载冷剂的流量小。

(4)不腐蚀设备和管道。

(5)价格低廉,便于获得。

载冷剂的种类很多,常用的有三类:水、盐水溶液和有机化合物。

水是常用的载冷剂。在制冷装置中水被冷却到一定温度后,送入冷却器或其他形式的热交换器中,与空气进行热交换后,变热的水再被送回制冷装置中进行冷却。由于水的冰点为0 ℃,若要求载冷剂的温度低于0 ℃,则应采用其他冰点较低的载冷剂,如盐水溶液。

无机盐水溶液有较低的凝固温度,适于在中、低温制冷装置中载冷。最广泛使用的是氯化钙($CaCl_2$)、氯化钠($NaCl$)和氯化镁($MgCl_2$)水溶液。盐水溶液的性质与溶液中盐的浓度有关。盐水的浓度越大,其密度也越大,流动阻力增大;同时,浓度大,其比热容小,输送一定冷量所需盐水的流量增加,造成泵消耗的功增大。因此,配置盐水溶液时,只要使其所对应的凝固温度不低于系统可能出现的最低温度即可,一般使凝固温度比制冷剂的蒸发温度低5～8 ℃。盐水溶液对金属有腐蚀性,尤其是略带酸性并与空气相接触的盐水溶液,其腐蚀性更强。为了降低盐水对金属的腐蚀作用,可在盐水溶液中加入一定量的防腐剂。

由于盐水溶液对金属有强烈的腐蚀作用,可选用有机化合物或其水溶液作载冷剂。有机物载冷剂有甲醇(CH_3CH)、乙醇(C_2H_5OH)水溶液,高醇水溶液(乙二醇、丙二醇等),纯有机液(二氯甲烷、三氯乙烯等)。甲醇的冰点为−97.5 ℃,具有燃烧性,使用时应采取防火措施。乙二醇溶液无色、无味、不燃烧,略有腐蚀性,应加缓蚀剂以减弱对金属的腐蚀。

5.2.3　制冷机的主要设备部件

1. 压缩机

压缩机是制冷机的主要部件,是决定系统能力大小的关键部件,在制冷机中称为主机。它的作用是抽吸蒸发器的制冷剂蒸气,将其从低压状态压缩至高压状态后,排向冷凝器,从而创造制冷剂在蒸发器中低温下汽化制冷、在冷凝器常温液化的条件,实现制冷剂在制冷系统中的不断循环流动。因此它有制冷装置的"心脏"之称。

压缩机的形式主要有活塞式压缩机、螺杆式压缩机、涡旋式压缩机、离心式压缩机等。在运输中用得较多的是活塞式压缩机。

活塞式压缩机的主要构件有气缸、活塞、连杆、活塞销、曲轴箱、曲轴、吸气阀、排气阀,结构如图 5.4 所示。压缩机机体由气缸体和曲轴箱组成,气缸体中装有活塞,曲轴箱中装有曲轴,通过连杆将曲轴和活塞连接起来。在气缸顶部装有吸气阀和排气阀,通过吸气腔和排气腔分别与吸气管和排气管相连。当曲轴被电动机带动而旋转时,通过连杆的传动,活塞在气缸内上下往复运动,并在吸、排气阀的配合下,完成对制冷剂的吸入、压缩和排出工作。

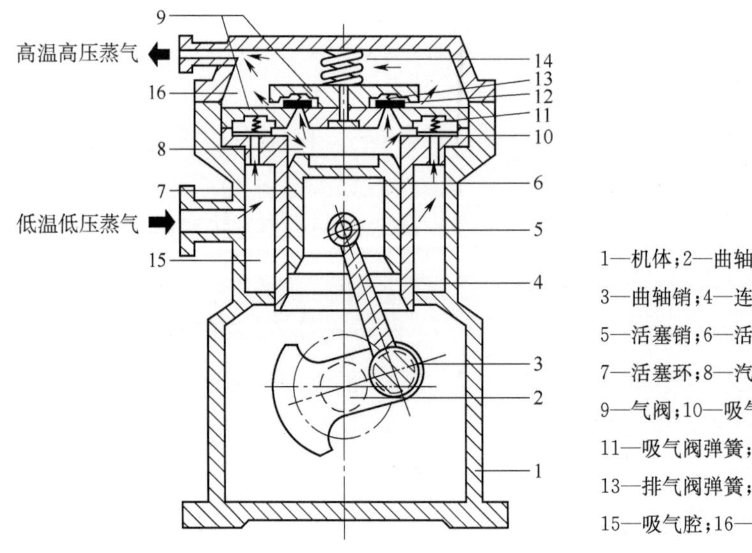

1—机体;2—曲轴;
3—曲轴销;4—连杆;
5—活塞销;6—活塞;
7—活塞环;8—汽缸;
9—气阀;10—吸气阀片;
11—吸气阀弹簧;12—排气阀片;
13—排气阀弹簧;14—安全弹簧;
15—吸气腔;16—排气腔。

图 5.4　活塞式制冷机压缩机原理图

活塞式压缩机的工作过程为：当气缸活塞向下运动时，汽缸工作区容积加大、压力降低，当低于吸气管压力时，吸汽阀门被顶开，低压蒸气进入汽缸。活塞继续下行至接近气缸下端部时，吸入的蒸气量充满，使吸气阀前后的吸气压力降低，在气阀弹簧的作用下，吸气阀门关闭，吸汽过程结束。活塞开始自下而上地运动时，汽缸内容积不断减小，被压缩的气体压力和温度都逐步升高，当压力升高到高于排气管中的高压和弹簧阻力时，气体就顶开排汽阀门，由高压气出口排出汽缸进入冷凝器，直至活塞运行到上止点时，排气阀在气阀弹簧力作用下关闭，完成压缩、排气过程。曲轴旋转一周，活塞上下往返一次，压缩机就完成膨胀、吸气、压缩、排气四个过程。如此循环往复，实现制冷过程。图5.5表示了压缩机的四个工作过程（压缩、排气、膨胀、吸气）中活塞、曲轴与吸、排气阀动作的相互关系。

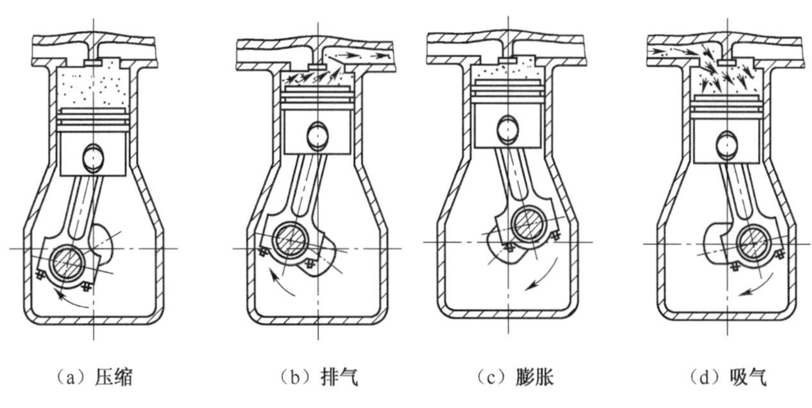

（a）压缩　（b）排气　（c）膨胀　（d）吸气

图5.5　活塞式压缩机的工作过程

2. 冷凝器

冷凝器是一种热交换设备，是制冷机中的重要部件。其功能是使压缩机排出的制冷剂过热蒸气冷却，并凝结为制冷剂液体。在冷凝器内，制冷剂的热量排放给冷却介质。制冷剂从蒸发器中蒸发所吸收的热量和压缩机的压缩功所转变的热量，全部在冷凝器中传递给周围介质（空气），而本身进行相态的改变，即由气态变为液态。

根据冷却方式的不同，冷凝器有壳管式（立式、卧式）、套管式、空气冷却式、蒸发式和喷淋式冷凝器等。其中，立式壳管式冷凝器在地面大型氨制冷设施中最为常用。卧式壳管式常用于船上，冷藏车上使用空气冷却式冷凝器。

立式壳管式冷凝器构造简单，其外壳是由钢板卷焊成的圆柱筒体，筒体内的两端焊有管板，管板上用扩胀法或焊接法将无缝钢管进行固定，如图5.6所示。冷凝器顶部装有配水箱,以便使冷却水均匀地分配到各个管口。在每一根无缝钢管口上设有一个带斜槽的导流管头(或分水环),使冷却水沿钢管内壁作螺旋状运动下降,形成薄膜状的水层,从而延长冷却水的热交换时间,提高冷却效率并节省水量。

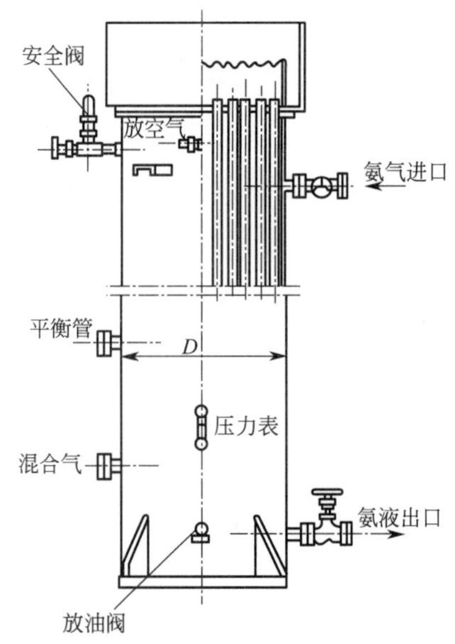

图 5.6　立式壳管式冷凝器

制冷剂蒸气从壳体高度约 2/3 的管接头进入冷凝器的管与管之间的空间,凝结的液体制冷剂又从冷凝器下部的出口管接头排出。冷凝器的壳体上还设有安全阀、放空气管、均压管和压力表等管接头,以便与相应的管路和设备连接。

这种冷凝器冷却水能量大、流速较高,并且进入冷凝器的制冷剂蒸气和已凝结的液膜成垂直方向运动,能冲刷和破坏部分冷凝器液膜层,所以传热效果比较好。因此这种冷凝器具有占地面积较小的优点,可以在室外安装,不占用室内建筑面积,由于冷却水直通流动,没有结冻的危险,并可采用水质较差的冷却水,且清除水垢方便,不必停止制冷系统工作。其缺点是耗水量大,比较笨重,搬运不方便,制冷剂泄漏时不容易发现。目前我国大、中型氨制冷装置多采用这种冷凝器。

空气冷却式冷凝器又称风冷式冷凝器,制冷剂在管内、空气在管外,通过管壁进行换热,使制冷剂冷凝。由于空气对管壁的传热系数远小于水对管壁的传热系数,所以风冷式冷凝器换热效率较低,换热器面积大。按气体流动方式不同,风冷式冷凝器又分为自然对流式和强迫对流式两种。自然对流式冷凝器是靠温差引起的空气自然流动起冷却作用的。其冷凝管布置在钢板上或焊在钢丝网上。这种冷凝器适用于小型制冷机,如电冰箱等。强迫对流式冷凝器的结构如图 5.7 所示,冷凝盘管分组并行排列,借两侧钢板固定。用于小型制冷机的风冷式冷凝器多与压缩机装在一起,冷凝风扇直接装在压缩机电动机的轴头上。风冷式冷凝器具有使用方便、结构简单、重量轻等优点,缺点是换热效果较差。

3. 蒸发器

蒸发器是制冷机生产和输出冷量的设备。制冷剂液体在蒸发器中蒸发变为气体,吸收被冷却物体的热量使其温度降低。蒸发器的形式主要有立管式蒸发器、螺旋管式蒸发器、卧式蒸发器、管组式蒸发器等。下面主要介绍立管

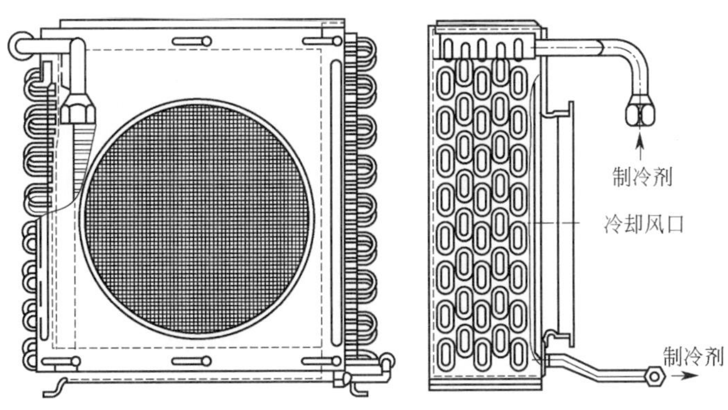

图 5.7 风冷式冷凝器结构图

式蒸发器和螺旋管式蒸发器。

立管式蒸发器的基本构造如图 5.8 所示。每一蒸发器管组由上、下两根水平集管和许多两端微弯的立管组成。上集管的一端与汽液分离器相连，分离后的蒸气进入集气管，然后进入压缩机。分离后的液体流回下集管。上、下集管之间每隔一定的距离用比蒸发管直径大的直径管连接，这些直管是液氨的下降管。由于下降管中的液氨与蒸发器中的氨的气液混合物的密度不同而引起氨在蒸发器中的自然循环。

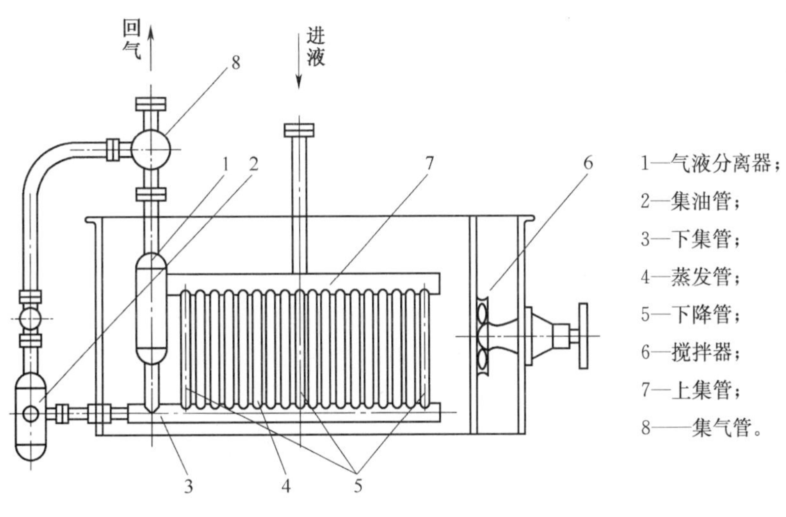

图 5.8 立管式蒸发器

此种蒸发器一般用于开式的盐水冷却系统，蒸发器整体沉浸于水或盐水箱（或盐水池）中，可以根据蒸发面积的需要安装一组或并联若干组。水箱（或水池）可用 6 mm 的钢板焊制或用钢筋混凝土结构。盐水是在电动搅拌器的作用下流动，流速为 0.5～0.7 m/s，立管式蒸发器的传热系数 K 为

523～528 W/(m² · K)。

螺旋管式蒸发器的结构如图 5.9 所示,它是立管式蒸发器进行改进后的产品,此种蒸发器的总体结构和载冷剂的流动情况与立管式蒸发器相似。不同之处只是以螺旋管代替了直立管。目前,这种蒸发器也只用于氨制冷系统。氨液由端部的粗立管进入下集管,由下集管分配到各个螺旋管中。蒸发后的蒸气经分离掉液滴后引出蒸发器。与立管式相比,螺旋管式蒸发器焊接接头少,节省加工工时,结构紧凑,可降低金属材料消耗。

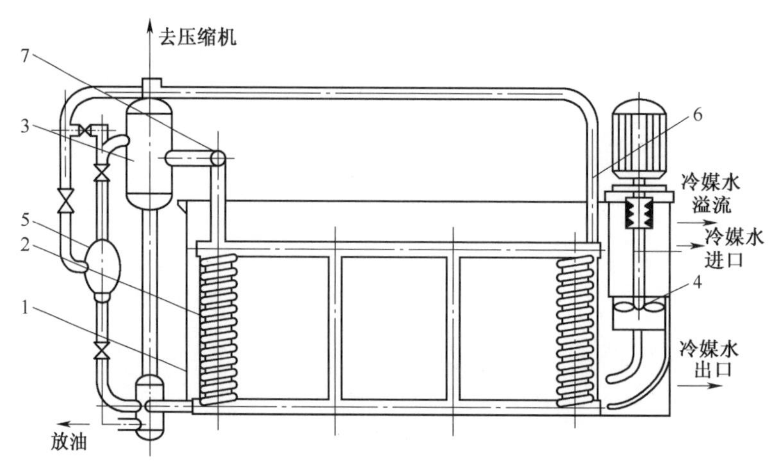

图 5.9　双头螺旋管式蒸发器

1—蒸发水箱;2—螺旋管组;3—氨液分离器;4—搅拌器;5—浮球阀;6—供液总管;7—吸汽总管。

4. 膨胀阀

膨胀阀也称为节流阀,其作用是将冷凝器或储液器中冷凝压力下的饱和液体(或过冷液体)节流后降至蒸发压力 P_0 和蒸发温度 t_0,同时根据负荷的变化调节进入蒸发器的制冷剂流量。膨胀阀的形式主要有手动膨胀阀、自动膨胀阀、热力膨胀阀、毛细管、浮球调节阀等。

手动膨胀阀的结构如图 5.10 所示。这种膨胀阀本身结构比较简单,它是一个阀杆端头尖削的控制器,借此可以比较准确地控制制冷剂的流量。

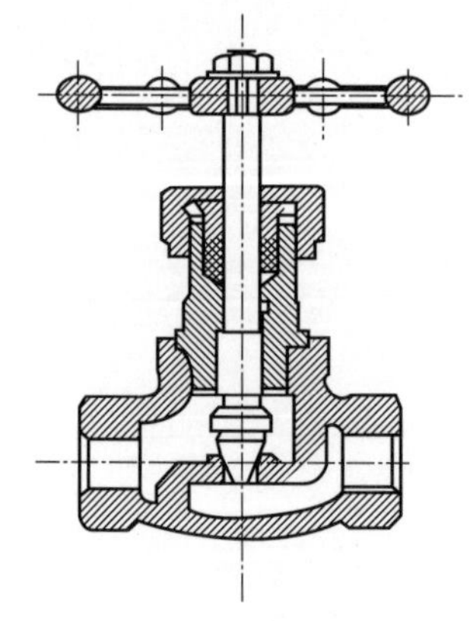

图 5.10　手动膨胀阀

自动膨胀阀用来控制蒸发压力。通过控制进入蒸发器的制冷剂流量,使它与压缩机的吸气量相匹配,以维持一定的蒸发压力。

自动恒压膨胀阀的结构如图 5.11 所示。其工作原理是:作用在膜片上的蒸发压力与弹簧向下的压力方向相反。弹簧压力是预先调整好的。当冷负荷变化时,蒸发器内的压力改变,推动膜片运动,使得控制流量的阀针移动,进而调节进入蒸发器的制冷剂流量,保持蒸发器内的压力不变,增加预调的弹簧压力便可提高蒸发器内的压力。

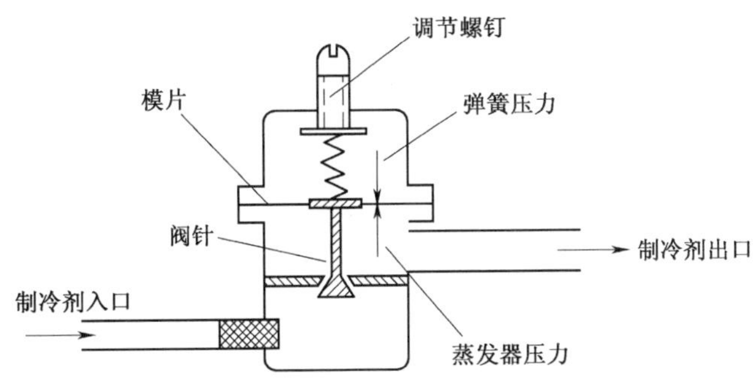

图 5.11　自动恒压膨胀阀

当冷负荷增加时,蒸发器内液体的沸腾加剧,蒸发量增加,从而使蒸发器压力升高,自动膨胀阀趋向关闭,蒸发器内的液量减少,这会造成蒸发器表面润湿不足的情况。当蒸发器冷负荷减少时,蒸发器压力下降,自动膨胀阀开启过大,使更多的液体进入蒸发器内,蒸发器表面不足以蒸发全部液体,压缩机就会吸入湿蒸气。因此,自动恒压膨胀阀宜用于冷负荷变化不大的场合。

5. 其他辅助设备

制冷系统中还有一些辅助部件,如储液器、气液分离器、油分离器、空气分离器以及集油器、过滤器、压力表等。

储液器是用于储藏和补充制冷剂液体的容器,通常安装在冷凝器下面,用以适应制冷工况变动时,制冷剂循环量的变化或泄漏后的补充。储液器的结构多为图 5.12 所示的卧式筒状结构。

气液分离器的作用是分离制冷剂回气中的冷冻机油和液态制冷剂,以防止压缩机吸入湿蒸汽产生“液击”,危及运转安全。图 5.13 所示的是氟利昂制冷装置所采用的两种气液分离器的基本结构,其工作原理是利用液体重力作用,通过气液进入容器后速度和方向的改变,实现气液的分离。

油分离器安装在压缩机与冷凝器之间。其作用是将压缩机排出的制冷剂中的冷冻机油分离出来,同时把分离的油送回压缩机。油分离器按工作原理有过滤式、离心式及洗涤式等。一般制冷设备多采用过滤式油分离器,离心式分油器多用于螺杆式压缩机或大型压缩机。洗涤式分油器只用于氨压缩机。

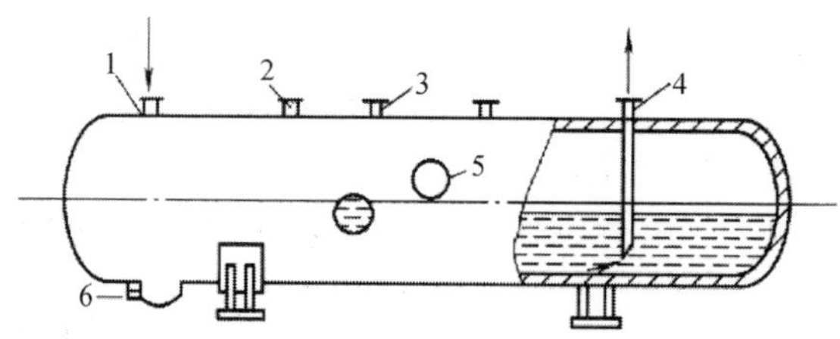

图 5.12　储液器结构

1、4—液体制冷剂进出口；2—平衡管；3—安全阀接头；

5—液面显示镜；6—放油、排污口。

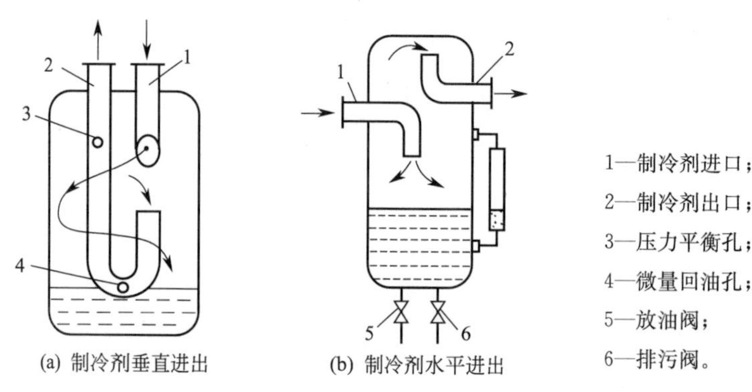

图 5.13　气液分离器结构

5.3　制冷机热力学基础计算

热力工程中用来实现能量转换的工作物质称为工质。制冷机中的各种制冷剂，如氨、氟利昂等均为制冷工质。

5.3.1　基本概念和常用参数

1. 基本热力参数

每一时刻工质都具有一定的热力状态，决定工质热力状态的物理量称为工质的热力学参数，简称热力参数。常用工质的基本热力参数有压力、温度和比体积（比容）等。

(1)压力

压力是确定物质状态的基本参数之一。压力的符号为 p，压力的定义为单位面积(S)上的力(F)。压力计算公式：

$$p=F/S$$

压力的单位用 Pa(帕斯卡),还有 kPa、MPa。以前常用的压力单位有:kgf/cm^2、mmHg、at。

地面上空气形成的压力称为大气压。物理学上规定,在纬度 45°的海平面上,常年平均大气压为标准大气压,相当于 760 mmHg,单位符号 atm。压力各单位之间的换算如下:1 Pa=1 N/ m^2;1 kPa=10^3 Pa;1 MPa=10^3 kPa=10^6 Pa;1 atm=1.0332 at=760 mmHg=101.325 kPa;1 at =98.066 kPa=98.066 kgf/cm^2。

(2)温度

温度是表示物体的冷热程度。为了度量物体温度高低,对温度的零点和分度方法作了规定,即称作温标。热力学温度单位 K 是水的三相点热力学温度的 1/273.16。与热力学温度并用的是摄氏温度,物理量符号为 T,单位符号为℃。水的冰点是 0 ℃,也就是 273.15 K,水的三相点,即水、汽、冰共存的温度是 0.01 ℃,也就是 273.16 K。

(3)比体积

比体积(即比容 v),也称为质量体积,定义为体积(V)除以质量(m),即 $v=V/m$。

比体积与压力、温度有关,当压力一定时,工质在不同温度下有着不同的比体积,当温度一定时,在不同压力下有不同的比体积。

(4)密度

密度或体积质量,符号为 ρ,定义为质量(m)除以体积(V),即 $\rho=m/V$。密度和比容互为倒数,即 $\rho=1/v$。

2. 功、功率和能(量)

(1)功

功在热力系统中指气态工质与外界之间传递的热量。如由气态组成的热力系统,当其被压缩或膨胀时,与外界交换的功称为压缩功或膨胀功,又统称容积功。物理量符号为 W,单位符号为 J 或 kJ。通常热力系统对外做功(膨胀功)称为正功,外界对热力系统做功(压缩功)为负功。

(2)功率

功率指单位时间内所做的功,物理量符号为 P,单位符号为 W 或 kW。

(3)能量

热力学能量为工质的内能,指工质在某种状态下,内部蕴藏的总能量。热力学能量的符号为 U,单位符号为 J 或 kJ。它是工质内部大量分子不断运动所具有的动能及分子相互之间吸引力所引起的位能之和。内动能与温度有关，温度愈高分子热动能愈大，内动能也愈大。内位能与分子的大小和分子间的距离有关，即与工质的比容有关。所以，内能(u)是温度(T)和比容(v)两个独立状态参数的函数：

$$u=f(T,v)$$

热量和能的常用单位为 kJ，功的单位为 kg · m，根据实验：1 kJ ＝102 kg · m。为方便使用，令 $A=\frac{1}{102}$ kJ/(kg · m)，称 A 为“功的热当量”，称$\frac{1}{A}$为“热的功当量”。

3. 热量和比热容

(1)热量

热量简称热，其本质是大量实物微观粒子(分子、原子等)无规则运动的表现，热量指物体吸收或放出能量的多少。热量的符号为 Q，单位符号为 J。

热力学中规定：当热力系统吸热时，热量值为正值，放热时为负值。当物质在吸收或放出热量时，仅有温度变化而无相态的变化时，其热量称为显热；而有相态变化无温度变化时，其热量称为潜热。

(2)比热容

比热容即 1 kg 物质温度升高或降低 1 K 所吸收或放出的热量。物量符号为 c，单位为 kJ/(kg · K)。

热量的计算：在热力工程中，通常并不考虑比热容随温度变化而变化，把比热容作为定值。对于 m(kg)物质，从温度 t_1 加热到 t_2 过程的加热量为：

$$Q=mc(t_2-t_1)$$

4. 焓和熵

在任何条件下，工质总是具有一定的压力，因而构成一种势能。这种势能称为压势能。压势能的大小决定于该条件下工质的压力与比容的乘积。在热力学中，把内能与压势能之和称为工质的焓(h)。焓是工质的一个热力状态参数，其绝对值无法计算，通常只需计算它的变化。热力计算中规定，饱和氨液和 R12 液体在 0 ℃时的焓值为 100，以此为标准推算其他状态的焓值，单位为 kJ/kg。

熵也是工质的一个热力状态参数，表示工质在一微小的可逆过程中，外界加给工质的热量 dq，除以热力学温度，即得到熵值 ds：

$$\mathrm{d}s=\frac{\mathrm{d}q}{T}$$

对 1 kg 工质而言，称为比熵，用符号 s 表示。它和焓一样一般不计算绝对数值，而只求熵的变化值。热力学中规定，饱和氨液和 R12 在 0 ℃时的熵值为 1，以此标准推算其他状态的熵值。熵(s)的单位：kJ/(kg · K)。

当 1 kg 工质在高温条件下的加热过程中，从外界所加的热量为 q，加热时的温度为 T，加热前后工质的熵为 s_1 和 s_2，对可逆过程：

$$\Delta s = s_2 - s_1 = q/T$$

$$q = T(s_2 - s_1)$$

热力工程中，常使用温度 T 为纵坐标，比熵为横坐标，组成温熵图(T-s)，如图 5.14 所示。它可以用来表示热力过程的热量变化，在制冷工程中广泛应用。图中 1—a—2 的热力过程为工质吸热过程，其吸热量为：

$$q = \int_{s_1}^{s_2} T\,\mathrm{d}s$$

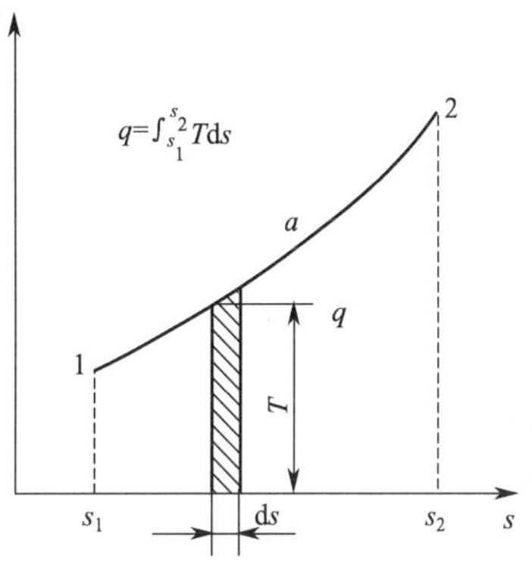

图 5.14 温熵图及热力过程

工质的热力过程亦可通过压焓图(p-h)来表示。几乎所有单一成分液体的汽化或凝结过程都是在等压条件下进行的，这个等压过程在 p-h 图上是一条水平直线，工质的压力和比焓值可直接从坐标上读得。因此在研究热力循环并进行热力计算分析时，采用 p-h 图比 T-s 图更为方便实用。

等压过程中的吸热量，根据热力学第一定律可表示为：

$$\begin{aligned}\Delta q &= \Delta u + \Delta p \cdot \Delta V \\ &= (u_2 - u_1) + Ap(V_2 - V_1) = (u_2 + Ap\,V_2) + (u_1 + Ap\,V_1)\end{aligned}$$

已知焓 $h = u + ApV$，则 $\Delta q = h_2 - h_1$，因此，等压过程中对工质所加的热量，等于过程始终点的焓值之差。

5.3.2 热力学基本定律

1. 热力学第一定律

其基本内容为：热可以转变为功，功也可以转变为热；消耗一定的机械功必产生一定的热；一定的热消失时也必产生一定的机械功。该定律说明了热量和机械能之间可以相互转换，而其总量保持不变。因此，在工质受热做功的过程中，工质因受热自外界得到的能量，应该等于工质对外做功所付出的能量与储存在工质内部的能量之和。

在热力系统中，对于 1 kg 气体工质，当外界加给工质以微量的热量 dq，将使工质状态发生变化，并向外做 dw 膨胀功，与此同时，工质吸收热量后，本身

内能产生变化 du。根据能量守恒原理,则有:

$$dq = dw + du$$

2. 热力学第二定律

其基本表达方式为:热量不可能自发地、不付代价地从低温物体传到高温物体上。也就是说:热量总是从高温物体传到低温物体,而不可能自发地作相反的传递。换句话说,要想从低温物体上获得热量需要对其做功。自然界的热现象的一切过程都是单向进行的,要实现反向过程,必须有另外的补偿过程存在。功可以全部转变为热,但任何热机都不能全部地、连续地把所有的热量变为功。

工程热力学中的热效率概念,反映了第二定律的基本内容。热机的工质接受了热量 Q,同时作出了 W 的机械功,则 W 与 Q 的比值就称为热机效率(η),即:

$$\eta = \frac{W}{Q}$$

根据热力学第二定律,$W < Q$,因此 η 一定小于 1,即热效率不可能达到 100%。

制冷工程中,蒸气压缩式制冷循环为热机循环的逆循环。逆循环是消耗一定量的机械能,使低温热源的热量流向高温热源的循环。对于制冷机来说,消耗一定外界功 W 的同时,从低温环境转移了 Q_0 的热量至高温环境,Q_0 即为制冷机的制冷量。W 与 Q_0 的比值称为制冷机的制冷系数(ε),即:

$$\varepsilon = \frac{Q_0}{W}$$

制冷系数越大,说明制冷机的工作效率越高越经济,但不可能达到无限大。

5.3.3　蒸气压缩式制冷循环

1. 理想制冷循环——逆卡诺循环

由热力学第一定律可知,通过工质的体积变化(膨胀)可以将热能转变为机械能。但是单一的膨胀过程所做的功是有限的,任何一个膨胀过程都不可能无限地继续下去。因此,要使热能连续不断地转变为机械能,必须使膨胀后的工质经历某些过程再回复到原来的状态,使其重新具有做功的能力。工质经过一系列的状态变化,重新回复到原来状态的全部过程称为热力循环。根据循环产生的效果不同,可分为正向循环和逆向循环。将热能转变为机械能的循环称为正向循环。与正向循环相反,逆向循环是消耗外界提供的能量,将热量从低温热源传递到高温热源的循环，如制冷装置的循环。

卡诺循环是理想的热力循环，是各种热机工作原理分析的基础，它由两个可逆的等温过程和两个可逆的绝热过程组成。逆卡诺循环是卡诺循环的反向循环，是常用的热机循环过程。逆卡诺循环是理想的制冷循环，它的必备条件是：高、低温热源温度是恒定的，制冷工质在冷凝和汽化过程中与外界热源间无传热温差；工质流经各个设备无内部不可逆损失。制冷工质的逆卡诺循环及其过程在 T-s 图上的表示如图 5.15 所示。

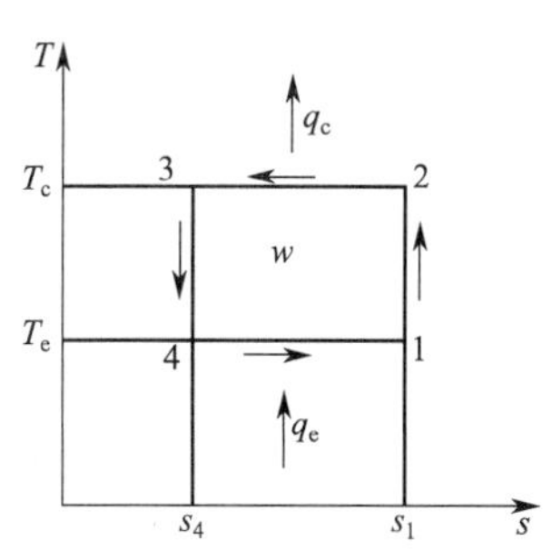

图 5.15　逆卡诺循环 T-s 图

图 5.15 中的四个热力过程是：

1—2 绝热压缩过程，工质温度由 T_e 升至 T_c，外界输入功 w_{12}；

2—3 等温压缩(冷凝)过程，工质在高温 T_c 下向高温介质放出热量 q_c；

3—4 绝热膨胀过程，工质温度由 T_c 降至 T_e，输出膨胀功 w_{34}；

4—1 等温膨胀(汽化)过程，工质在等温 T_e 下吸收低温热源的热量 q_e。

设被冷却物体的温度为 T_e，周围介质的温度为 T_c，在这两个温度下，若工质每次循环从被冷却的低温物体取出的热量为 q_e，所消耗的机械功为 w，这部分机械功转变为热量后连同取出的热量 q_e 一同传给高温介质。若该热量用 q_c 表示，则根据热力学第一定律，逆卡诺循环的热平衡方程式为：

$$q_e = q_c + w$$

这样，从低温热源吸收的热量为：

$$q_e = T_e(s_1 - s_4) = T_e(s_1 - s_3)$$

向高温热源放出的热量为：

$$q_c = T_c(s_2 - s_3)$$

外界输入压缩机的功为：

$$w = w_{12} - w_{34} = q_c - q_e = (T_c - T_e)(s_1 - s_4)$$

因此，逆卡诺循环的制冷系数 ε，可写为：

$$\varepsilon = \frac{q_e}{w} = \frac{q_e}{q_c - q_e} = \frac{T_e}{T_c - T_e}$$

上式说明，逆卡诺循环的制冷系数 ε 仅与高、低温热源的温度有关，即高温热源 T_c 越低，低温热源 T_e 越高，则制冷系数越大，其制冷循环的经济性越好。

2. 制冷机的制冷循环

蒸气压缩式制冷循环系统是由压缩机、冷凝器、膨胀阀(节流器)、蒸发器以及辅助部件和连接管路所组成，这一封闭的循环系统简称制冷系统。

制冷机的理论制冷循环系统是不考虑液态工质过冷和过热的循环。图5.16是理论制冷循环在 p-h 图(a)和 T-s 图(b)上的表示。

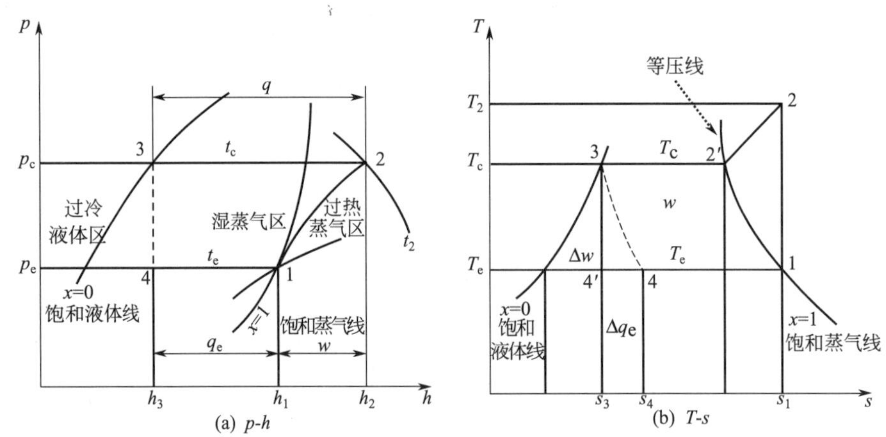

图5.16 蒸气压缩式制冷循环

假定循环系统中，压缩机吸入的是饱和蒸气，工质在节流前为饱和液体。图中1—2为绝热压缩过程，即等熵过程。在此过程中，压缩机消耗机械功 w，使工质压力由 p_e 升至 p_c，温度由 T_e 升至 T_c，且成为过热蒸气；2—3为工质在冷凝器中的等压冷凝放热过程；3—4为工质的节流过程，工质的压力、温度分别由 p_c、T_c 降到 p_e、T_e，并在湿蒸气区内逐渐汽化为饱和蒸气。节流前后的焓值相等，即 $h_3=h_4$。4—1为工质在蒸发器中等压、等温的汽化吸热过程。图5.16(b)中的 x 为干度值，指蒸气的干湿程度。$x=0$ 表示无干饱和蒸气，即为饱和液体线；$x=1$ 为100%的(干)气体，即为饱和蒸气线。x 值在0～1之间时，为饱和气体与饱和液体的混合物，即湿蒸气。制冷机的实际制冷循环与理论循环有许多区别。在实际循环中，压缩过程不是绝热过程；冷凝和蒸发过程都是在有温差传热条件下进行的；节流过程也不是等焓过程；制冷系统的管理、设备都会不可避免地产生阻力损失和附加热交换。而且，在实际制冷机循环系统中，为了提高制冷机的经济性和安全性，制冷循环并不完全是在饱和区域进行，而是使制冷工质液体进行过冷，蒸气进行过热后再进入下一环节。

将进入膨胀阀节流前的制冷工质液体冷却到低于冷凝温度的状态称为过冷。这是利用冷却介质(水或空气)比冷凝温度低的特点，对饱和制冷工质进行再冷却。液体的过冷是在冷凝压力的定压下完成，在 $T-s$ 图中是沿 $x=0$ 的饱和液体曲线向下走一小段。实行过冷并未增加功的消耗，而产冷量由于液体本身温度降低而增加，因此制冷系数有所增大。另外，从节流损失分析来看，节流前后温差越小，节流的损失越小。即过冷循环可减少节流损失，提高制冷系数。

过热是指压缩机吸入高于饱和温度的制冷工质蒸气，过热过程通常是利用液体分离器，又称回热器，将进入蒸发器的干蒸气进一步蒸发吸热，达到一定过热度，这样既保证了蒸气的干度，避免湿蒸气带来的对压缩机的液击“冲缸”现象，又能加大制冷剂从低温热源处的吸热量，从而达到增加产冷量、提高制冷效率的效果。

5.3.4 传热基本计算公式

自然界中存在温差的地方就会出现传热现象，根据传热机理的不同，热的传递可有三种基本方式：热传导、对流和辐射。热传导又称导热，是指热量从物体的高温部分向同一物体的低温部分、或者从一个高温物体向一个与它直接接触的低温物体传热的过程；对流传热是依靠流体各部分发生相对位移，将热量由一处带到另一处的传递现象。辐射是电磁波传播能量的现象，指因热而产生的电磁波在空间的能量传递。物体将热能变为辐射能，以电磁波的形式在空中传播，当遇到另一物体时，又被全部或部分地吸收而变为热能。

实际的热交换过程往往是两种或三种基本传热方式的复杂组合。如在制冷机的蒸发冷却排管上，环境空气的热量同时以导热、辐射和对流三种方式传至排管外表面，再以导热方式从外表面传递到内表面，最后以对流和导热方式传给制冷工质。实际计算中，常把这些复杂过程的热交换总体效果看做整体来简化分析过程。例如，具有流体与所接触的固体壁面之间的对流和导热的总作用称为对流换热，简称放热过程；把热量从一流体通过平壁传往另一流体的总过程叫做传热过程。

由平壁的一侧流体通过壁向另一侧的流体传递的热量由下列公式进行计算：

$$Q=FK\Delta t \quad (\mathrm{W})$$

式中 F——传热表面积，m^2；

K——传热系数，$\mathrm{W/(m^2 \cdot K)}$；

Δt——两侧流体的温度差，K。

其中，传热系数 K 值由平壁的材质和厚度，以及与流体间的换热过程所决定。K 值计算公式通过以下分析过程而得。

如图 5.17 所示，已知一单层固体平壁的厚度为δ(m)，导热系数为 λ，热量从壁的左侧流体传向右侧流体。设平壁两侧的流体温度分别为 t_1、t_2，壁表面温度分别为 t_3、t_4，壁两侧的放热系数分别为 α_1、α_2。

整个传热过程可分为左侧流体与平壁的对流换热过程、平壁左侧向右侧的导热过程、平壁与右侧流体的对流换热过程。

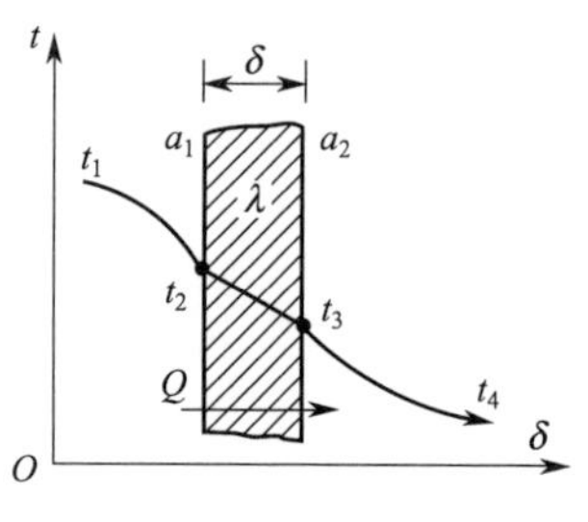

图 5.17　单层平壁传热示意图

对流换热过程中热流量的计算，可应用牛顿冷却公式：

$$Q = F\alpha\Delta t$$

式中的系数 α 称为放热系数，它与流体的种类及其状态、运动的特性及速度、壁面的形状、流体和壁的温度等很多因素有关，单位为 W/(m · K)。Δt 为流体与固体壁面的温度差。

根据 $Q=F\alpha\Delta t$ 则有，左侧流体传给壁表面的热量为：

$$Q_1 = F\alpha_1(t_1 - t_2)$$

平壁内导热过程的热量，可由傅里叶导热定律来计算。傅立叶(Joseph Fourier)总结了稳定传热状态下的导热实验，认为在单位时间内经由大平壁的导热量，与壁两面的温度差和壁的面积成正比，与壁的厚度成反比。即通过该壁的导热量 Q 的计算公式为：

$$Q_2 = \lambda F\left(\frac{t_2 - t_3}{\delta}\right)$$

式中 λ 为导热系数，由固体材料的性质所决定。

同理，根据牛顿公式，右侧壁表面与流体的换热量为：

$$Q_3 = F\alpha_2(t_3 - t_4)$$

在稳定传热条件下，$Q_1 = Q_2 = Q_3 = Q$。

则有，$Q = F\alpha_1(t_1 - t_2)$，即

$$t_1 - t_2 = \frac{Q}{F\alpha_1}$$

$Q = \lambda F\left(\frac{t_2 - t_3}{\delta}\right)$，即

$$t_2 - t_3 = \frac{Q\delta}{\lambda F}$$

$Q = F\alpha_2(t_3 - t_4)$，即

$$t_3 - t_4 = \frac{Q}{F\alpha_2}$$

将三式相加得：

$$t_1 - t_4 = \frac{Q}{F}\left(\frac{1}{\alpha_1} + \frac{\delta}{\lambda} + \frac{1}{\alpha_2}\right)$$

令

$$K = \frac{1}{\frac{1}{\alpha_1} + \frac{\delta}{\lambda} + \frac{1}{\alpha_2}}$$

则有

$$Q = FK(t_1 - t_4)$$

或

$$Q = FK\Delta t$$

由 K 值计算公式可知，传热系数与导热系数不同，它不仅考虑了导热，而且还考虑了放热。在冷藏技术的热计算中，传热系数常表示冷藏库或冷藏车的绝热性能，而导热系数仅指材料的热工性能，放热系数只说明流体与壁之间的热交换能力。

5.3.5 制冷机的热力计算

1. 单级压缩制冷循环基本热力计算

制冷机的热力计算主要是通过制冷工质的压焓($p-h$)图进行的。根据制冷机工作时的汽化温度、冷凝温度和过冷温度等参数，按照所用制冷工质循环过程的状态参数值，在压焓图上做出相应的工作过程图，找出各点焓值，就可进行各项基本热计算。

以单级压缩氨制冷机为例，设 $t_{汽}=-15$ ℃，$t_{冷}=30$ ℃，$t_{过}=25$ ℃，吸入的是饱和蒸气，则可得出制冷机工作过程图和各点的焓值，如图 5.18 所示。此实际制冷循环中具有过冷过程。图中 1—2 是在压缩机内的绝热压缩过程(等熵线)，起点为 $t_{汽}=-15$ ℃的等温等压水平线与饱和蒸气线的交点 1，终点为此等熵线与 $t_{冷}=30$ ℃等温等压水平线的交点 2；2—3′为等压冷凝过程。进入冷凝器的高压热蒸气首先被却冷介质冷却，在等压下冷却到饱和状态(2′)，即 2—2′为等压冷却过程，然后在等压之下冷凝为饱和液体，继续被冷却达过冷温度($t_{过}=25$ ℃)，即 3—3′为过冷过程；3′—4 为节流(等焓)过程，过冷后的液体制冷工质经膨胀阀节流后准备进入蒸发器，此等焓线与汽化

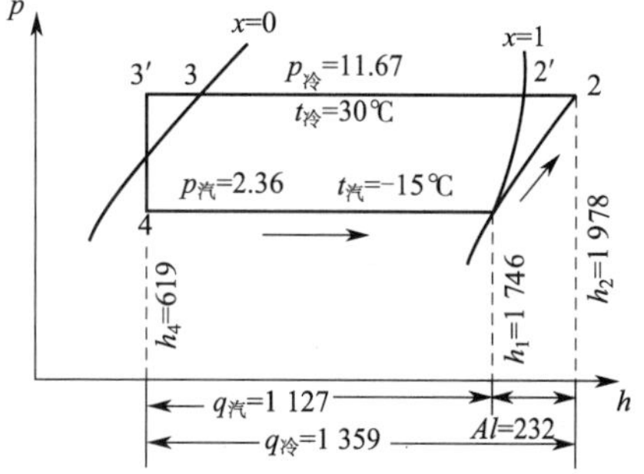

图 5.18 制冷机工作过程 p-h 图及焓值

温度($t_{汽}=-15$ ℃)下的等温等压线相交点(4),即为节流终点,也是汽化过程的起始点;4—1 为在蒸发器中的汽化过程。

根据图中数据,可求出单位制冷量、单位压缩功、冷凝器排热量及制冷系数。

(1)单位质量制冷量 $q_{汽}$

每 1 kg 制冷工质完成一次循环,在蒸发器中吸收的热量称为单位质量制冷量。在等压过程中对工质所加的热量等于过程开始和终了两点的比焓值之差,即在汽化过程(4—1)中,1 kg 氨所吸收的热量为:

$$q_{汽}=h_1-h_4=1\ 746-619=1\ 127(\text{kJ/kg})$$

(2)单位质量理论压缩功 w_0

每 1 kg 制冷工质完成一次循环压缩机消耗的功,称为单位质量理论压缩功。因为工质的压缩为绝热过程,所以单位理论压缩功就等于工质进出压缩机的比焓差。即对 1 kg 氨压缩机消耗的功(Al)为压缩过程(1—2)始终点的焓值之差:

$$w_0=Al=h_2-h_1=1\ 978-1\ 746=232(\text{kJ/kg})$$

(3)单位质量冷凝热 $q_{冷}$

每 1 kg 制冷工质完成一次循环在冷凝器中放出的热量,称为单位质量冷凝热。冷凝器及过冷器的冷却、冷凝和过冷过程都是等压过程,所以过程 2—3′的全部排热量为:

$$q_{冷}=h_2-h_{3'}=h_2-h_4=q+Al=1\ 127+232=1\ 359(\text{kJ/kg})$$

(4)制冷系数(ε)

制冷系数是评价制冷机工作经济性的指标。它代表每消耗单位功,所能制取的冷量。制冷系数等于每 1 kg 制冷工质完成一次循环的单位质量制冷量与单位质量压缩功之比,即:

$$\varepsilon=\frac{q_{汽}}{Al}=\frac{1\ 127}{232}=4.86$$

在给定条件下,ε 越大,则循环的经济性越高。ε 随循环过程工作温度而变化,一般情况下,循环的冷凝温度越低,蒸发温度越高,则 ε 越大,反之 ε 越小。

(5)单位容积制冷量

制冷循环过程中,压缩机吸入 1 m^3 制冷工质蒸气所能产生的制冷量,称为单位容积制冷量 q_v,单位为 kJ/m^3。可通过单位质量制冷量与压缩机吸入状态工质蒸气的密度 ρ_1 或比体积 v_1 换算而得,即

$$q_v = q_{汽} \cdot \rho_1 = \frac{q_{汽}}{v_1}$$

2. 制冷热力过程其他参数及设备的选择

(1)每小时制冷工质的循环量

在已知压缩机制冷量 Q_0(单位为 kW 或 kJ/h)的条件下，每小时在制冷装置中工质的循环量 G_0(单位为 kg/h)，可通过单位质量产冷量 $q_{汽}$ 计算而得，即由下式计算：

$$G_0 = \frac{Q_0}{q_{汽}}$$

其中，压缩机的产冷量 Q_0，又称制冷量，可由下式计算：

$$Q_0 = V_h \cdot q_v \cdot \lambda_0$$

式中　V_h——压缩机活塞每小时的工作容积，亦即压缩机的输气量，m^3/h；

λ_0——输气系数。

V_h 可根据压缩机汽缸直径大小、活塞的行程、汽缸数，以及压缩机的转速等进行计算。

输气系数 λ_0 值与压缩机余隙容积、进排气阀阻力，以及压缩机活塞工作过程工质与汽缸壁的换热等因素有关，通常可从各型号压缩机性能试验数据表中查得，一般约为 0.6～0.8。

(2)压缩机的理论功率 P_0

知道了压缩机制冷工质的循环量 Q_0，可根据工质单位质量理论压缩功，或压缩机进出口工质的比焓值，算得压缩机的理论功率，即

$$P_0 = \frac{Q_0 \cdot w_0}{3\ 600} = \frac{Q_0(h_2 - h_1)}{3\ 600} \quad (\text{kW})$$

(3)压缩机的指示功率 P_i

在实际循环过程中，压缩机所消耗的功率，称为指示功率。理论功率与指示功率的关系如下：

$$P_i = \frac{P_0}{\eta_i}$$

式中，η_i 为压缩机的指示效率，一般可近似取 0.8。

(4)压缩机的实际输(进)气量 V_s

在已知压缩机产冷量条件下，压缩机的实际输气量 V_s(m^3/h)，可根据工质吸气状态的密度 ρ_1 或比体积进行换算，即

$$V_s = \frac{G_0}{\rho_1} = G_0 \cdot v_1 = \frac{Q_0}{q_{汽}} v_1 = \frac{Q_0}{q_v}$$

压缩机的实际输气量与理论输气量之比即为输气系数 λ_0。

(5)标准制冷量与工作制冷量

压缩机出厂的产冷量指标是按照统一的标准工况条件来标定的，称为标准产冷量。而冷库或冷藏车使用的压缩机往往是在不同于标准工况条件下工作的，因此需要把工作条件下的产冷量换算成标准条件的产冷量，以便选择制冷机设备。目前我国常用的压缩机标准工况条件见表 5.4。

表 5.4　常用压缩机标准工况条件表

工质	汽化温度 $t_{汽}$(℃)	冷凝温度 $t_{冷}$(℃)	过冷温度 $t_{过}$(℃)	吸汽温度 $t_{吸}$(℃)
R717	−15	+30	+25	−10
R12、R22	−15	+30	+25	+15

根据标准工况条件和实际工作条件的 $t_{汽}$、$t_{冷}$、$t_{过}$，可作出 $p-h$ 图，再作出相应的工作过程图，标出各点位置，查得对应的焓值和比容，则可计算单位容积制冷量。进一步可算得相应条件下的制冷量。标准条件与工作条件下的制冷量由下式换算：

$$Q_{标}=\frac{Q_{工}\cdot\lambda_{标}\cdot q_{标}}{\lambda_{工}\cdot q_{工}}\quad(\mathrm{kW})$$

(6)冷凝器和蒸发器的选择

选择冷凝器和蒸发器的主要条件是确定冷凝器和蒸发器的冷却换热面积大小。根据传热计算基本公式 $Q=KF\Delta t$，则有冷凝器冷却面积计算公式：

$$F_{冷}=\frac{Q_{冷}}{K_{冷}\ \Delta t_{冷}}\quad(\mathrm{m^2})$$

式中　$Q_{冷}$——冷凝器的热负荷，kW；

$K_{冷}$——冷凝器的传热系数，W/(m² · K)；

$\Delta t_{冷}$——冷却水或空气与制冷剂的平均温度差，K。

蒸发器的冷却面积计算公式为：

$$F_{蒸}=\frac{Q_{蒸}}{K_{蒸}\cdot\Delta t_{蒸}}\quad(\mathrm{m^2})$$

式中　$Q_{蒸}$——蒸发器的热负荷，kW；

$K_{蒸}$——蒸发器的传热系数，W/(m² · K)；

$\Delta t_{冷}$——制冷工质与载冷介质(如盐水或冷却间空气)间的平均温度差，K。

5.4　制冰技术及设备

人工制冰技术是指应用机械制冷技术，将水制成冰块或冰片、冰粒等进行储存以备使用。古代人使用天然冰进行食品的冷藏保鲜,现代人使用人工机械制冰,冰的冷却、冷藏功用更为广泛,如在工业机械制造、建筑业以及渔业、农产品加工等行业均有广泛应用。易腐产品的冷藏保鲜中使用最多的是新鲜农产品、水产品的预冷及冷却加工、储运过程。

传统的铁路制冰技术是制造长方形的大块冰,使用时常需将大冰块破碎成体积较小的小冰块才能使用,如为铁路加冰冷藏车加冰;但在新鲜果蔬产品的运输中在车内砌冰墙预冷货物时,则使用整块冰更为方便。这种传统的制冰设备占地面积较大,需较大的制冰池和储冰库,而现代制冰设备不仅占地面积和体积较小,而且自动化程度高、操作简单,使用也更为方便,可根据冰的用途及环境条件等因素灵活设计制造不同形状、大小的冰块或颗粒。较小的冰颗粒更适用于产品预冷和冷却,冷却速度较快,较大的冰块更适用于易腐货物的冷藏储运过程,冰块融化速度较慢,可持续的时间较长。我国引进的国外先进的制冰技术装备有管状冰、片状冰和颗粒冰制冰机等。

5.4.1 大块冰制冰设备

大块冰制冰技术由所制冰为体积较大的长方形冰块而得名,冰块有重量为 25 kg、50 kg、100 kg 及 200 kg 等多种不同规格。大块冰制冰设备是以氨制冷压缩机设备为核心,用盐水溶液为载冷剂的间接制冷系统。制冰设备除了氨制冷压缩机系统外,还有制冰池、冰桶、融冰槽、倒冰架、注水箱、冰滑道、起重机、搅拌机、液压推进器等,设备配置及布局情况如图 5.19 所示。

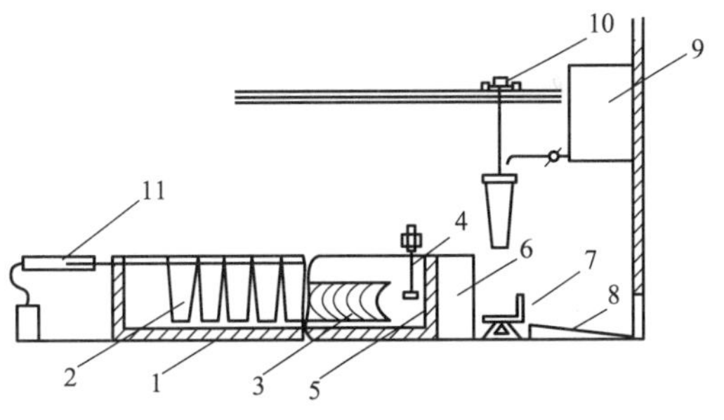

图 5.19 大块冰制冰设备配置图

1—制冰池;2—冰桶;3—蒸发器;4—搅拌机;5—导流板;6—融冰槽;7—倒冰架;8—冰滑道;9—水箱及注水管;10—桥式起重机;11—液压推进器。

图中冰池内充满盐水,冰桶内装满水,按排架结构分布在冰池内。数个冰桶一排为一个操作单元,由冰桶架结构固定,以便提高作业效率。氨制冷剂在蒸发器内汽化吸热,不断循环带走冰池内的冷量,使盐水温度降低保持在 −10 ℃以下。冰桶浸在低温盐水中,逐渐冷却,冰桶的水冻结成冰后,由起重机提起放入融冰槽内进行短暂的融冰,使冰能脱离冰桶,进行倒冰作业。倒冰架的作用是使冰桶翻倒,将冰倒出至冰滑道上。冰滑道呈斜坡状,便于冰块自动滑出冰桶并顺利经滑道进入储冰库。桥式起重机的作用是将冰池里的冰桶架连同冰桶从冰池中提出,送至融冰槽,脱冰后将冰桶送至注水箱处注满水后,再放回冰池内。注水箱的注水管数目与冰桶架固定的冰桶数量相等。

为了加快冻冰速度,在冰池内还装有搅拌机或加速泵设备。当制冰池前端提出一排冰架后,液压推进器把其余各排冰桶向前推,以使留出的冰桶脱冰后,注满水再放回制冰池的空位处。这样,不仅保证了有顺序地提冰和注水,而且出冰时制冰池的盖除在最前一排的提冰处和最后一排的回放处打开外,在其余中间位置池盖均保持盖严状态,可减少冷量的损失。此外,由于推进器可将冰桶挤压紧密,制冰池可比不使用推进器时多放12%的冰桶,增加冰的产量。搅拌机由电动机驱动,可改变盐水的流向和流速。配置数量视制冰池的大小而定,可装一个或两个。

5.4.2 管状冰制冰机

管状冰制冰机及壳状、片状冰制冰机的制冰及工作原理相似,只是制冰发生器设备形状和冻冰的程度等有所差异。这类制冰设备的共同点是直接在蒸发器表面制冰,去掉了盐水作载冷剂的间接制冷环节,所以设备结构比较紧凑、占地面积小,自动化操作程度高。管状冰制冰机(如图5.20所示)是具有立式结构蒸发器的制冰设备,蒸发器是一个构造特殊的立式壳管式热交换器,又称制冰发生器。管内流过用于制冰的水,管外为液氨汽化。壳管下部有割冰器、盛冰篮、储冰槽、水泵等设备。另外,还有配合壳体的进液、排液和疏液阀、氨液分离器(也称泛滥桶)和电磁阀等。

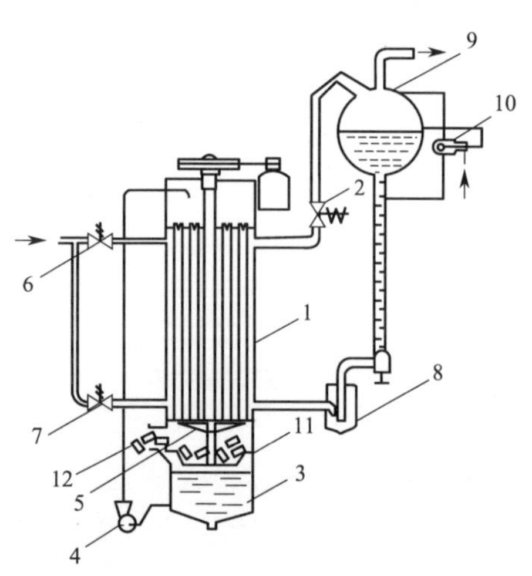

图5.20 壳状冰制冰机工作原理示意图

1—壳管式制冰发生器;2—回气电磁阀;3—水槽;4—水泵;5—割冰器;6、7—上下热氨电磁阀;8—疏液阀;9—氨液分离器;10—浮球阀;11—盛冰篮;12—管状冰。

当处于制冰工况时,壳体内充满液体制冷剂(约为高度的85%),汽化后的氨蒸汽不断通过回气阀和氨液分离器被压缩机吸走;水泵不断从下部储水槽将水抽入制冰器顶部流入管中,管内不断流动的水逐渐被冻成冰。达到要求的冰层厚度后,自控设备切换为脱冰工况。则水泵停止供水,回气阀关闭,疏液阀及上部的热氨电磁阀开启,高压热氨将壳体内的氨液通过疏液阀顶入氨液分离器。然后到达一定高度后疏液阀关闭，使热氨气不能进入氨液分离器，接着上部热氨电磁阀关闭，下部电磁阀开启，从下部进入的热氨将紧贴管壳体内壁的冰层融化，冰自然滑落。与此同时，割冰器开启，将下落的冰切割成一定规格的小段冰。这样制成的管状冰落入旋转的冰篮内，并通过篮上的出口甩出。

待冰脱尽后，自控设备又将制冰设备转入制冰工况，下部热氨电磁阀关闭，水泵开始运转，水流过管内壁约 10～20 s 后，壳体被冷却下来。这时，回气阀和疏液阀开启，氨液分离器内的液体靠重力流回制冰发生器中，又开始了新一轮的制冰过程。

这种制冰技术是由制冷剂直接吸热制冷，比传统的大块冰制冰技术采用的盐水间接制冰的制冷效率高，冻冰速度快，所以又常被称为快速制冰技术。管状冰为中空的圆柱体形状，冰管外径和长度约 50 mm，冰厚可达 10～12 mm。管冰的流动性较好，因冰块大小柱体间的接触多为点式或线性接触，冰块之间的接触面较小，在储存期间以及加冰过程中不易黏结，即使少量黏结也易于敲开。但储冰时间较长时需使库温稳定保持在－4～－6 ℃范围，这样可使冰保持松散状态，便于冰库出冰。一旦高于冰点温度时会出现冰块黏结，无法正常出冰状况。管状制冰方式的缺点是，冰块暴露在空气中时，融化速度较快，约是大块冰破碎后的 3 倍，因此使用前不宜在外久放。

5.4.3 颗粒冰制冰机

颗粒冰制冰机的制冰原理较为特殊，它有别于以往的制冰设备。一般制冰设备的成冰原理为将水喷淋在冷却管(或板)的某一表面上，通过管(或板)另一侧的低温制冷剂来冻结这些水流成冰，待冰层至需要的厚度，用机械或热融的方法使冰层脱落，经容冰器及输冰装置输入冰库。其中冰层在逐渐增厚过程中本身成了保温体，减缓了热交换过程，影响冻冰速度。

颗粒冰制冰机设备系统包括制冷机组、养晶(储冰)桶和输冰系统。制冷系统包括压缩机、冷凝器、高效发生器、引射泵、油分离器、循环水泵等；其中，高效发生器是关键部件，为双管套装结构，内外管之间循环制冷剂，内管中间通过制冷原料水。它是加拿大一家公司的专利技术，集中了多项强化热交换技术，因此制冰效率很高。图 5.21 为颗粒冰制冰机的工作原理示意图。

颗粒制冰技术是 20 世纪 80 年代出现的制冰新工艺，它的成冰原理是采用 3%～5%的淡盐水作为制冰原料水，将其通过一个特别结构的高效发生器(简称“高效管”)，经过三维高速热交换作用，将其中的纯水结成小冰晶(直径约

1 mm)。这种小冰晶随着一部分来不及结晶的液体流入立式储冰/养晶桶中，冰晶比重小会很快上浮，桶底的液体则继续被输送回高效发生器中，如此连续不断地循环，桶中的冰晶逐渐增多，冰晶体积也会不断增大至约 2～3 mm。待养晶桶中上部的冰晶层达一定厚度(约为桶高的 65%)，由冰位限制器发出信号停止制冰工况。

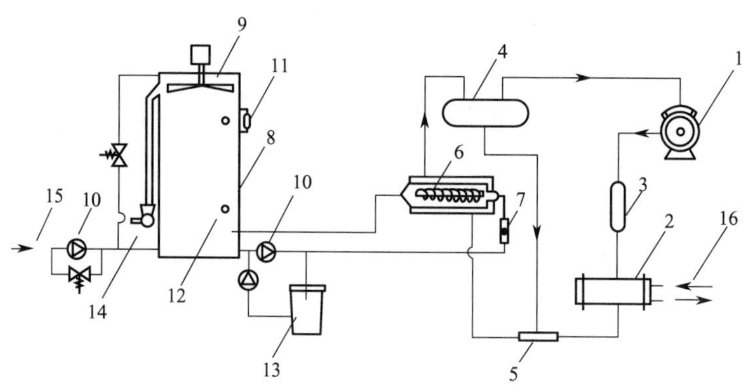

图 5.21　颗粒冰制冰机工作原理图

1—压缩机；2—冷凝器；3—油分离器；4—汽液分离器；5—引射泵；6—高效管；7—浮子流量计；8—储冰桶；9—刮冰器；10—泵；11—液面计；12—冰位限制器；13—盐水槽；14—螺杆输冰泵；15—制冰水源；16—冷却水。

出冰过程由冰桶上部的旋转刮冰器和输冰设备来完成。当需要用冰时，开启刮冰器从冰桶顶部不断将冰刮出桶外，利用桶高(可达 10～15 m)及滑道落入下面的容器中，由螺杆输冰泵经管道输向需冰地点。在出冰过程中控制设备会自动向冰桶内加水，使冰位保持出冰高度。制冰过程中的盐水浓度会发生变化，通过盐水槽进行盐水浓度的调整。

颗粒冰制冰技术很适合于渔业捕捞中的水产品冷却保鲜处理和短期储藏，制冰原料水可直接使用海水。颗粒冰也较适合新鲜果蔬产品的预冷，体形圆润的冰粒不易损伤果蔬产品，且体积小、流动性好，与产品的接触面积大，冷却速度快。

6 易腐货物冷链流通

6.1 基 本 概 念

6.1.1 冷链物流及流通

1. 冷链物流

冷链物流概念的出现与物流技术在我国的发展密切相关。自20世纪70年代末期物流概念引入我国以来，经过几十年来的理论和实践的不断深入发展，已在我国社会达成基本共识并形成明确的定义。我国颁布的《中华人民共和国国家标准物流术语》(GB/T 18354—2001)中对物流的定义是：物品从供应地向接收地的实体流动过程，根据实际需要，将运输、储存、装卸、搬运、包装、流通加工、配送、信息处理等基本功能实施有机结合。其内涵是对货物、服务及相关信息从起源地至消费地的高效率、低成本有序的移动进行规划、实施和控制，以满足用户要求的过程。它以实物流动为核心，强调各环节间及信息的有机集成和一体化运作，注重高效率和低成本，并给予服务以更高的价值作用。现代物流运用了计算机网络和信息技术以及先进的物流装备设施技术，应用先进的管理技术和组织方式，将原本相互分离的商流、物流、信息流和采购、运输、仓储、代理、配送等环节紧密联系起来，形成一个完整的供应链体系。通过对供应链各环节的计划、管理和控制，进行有机组合、合理协调，以实现用最少的费用、最高的效率和较高的客户满意度，把产品送到用户需求地，最终达到为企业降低产品流通成本，为社会节省人力、物力资源的目的。物流的最终目标是降低物流成本，提高物流服务质量。

所谓的冷链物流就是一种特殊的物流，它是将物流技术应用融入食品冷藏链的发展之中，是针对易腐货物产销过程的低温物流系统，因此又称为低温物流。目前有关“冷链物流”的定义是：以冷冻工艺学为基础，以人工制冷技术为手段，包括低温加工、低温运输与配送、低温储存、低温销售等多个环节，其中各个环节都应始终处于商品所必需的低温环境下，各作业环节紧密配合，在设备数量上相互协调，在质量管理标准上一致，形成一个完整的“冷藏链”环境，以确保易腐产品的品质和安全，减少损耗。由于食品冷藏链是以保证易腐食品品质为目的，以保持低温环境为核心要求的供应链系统，所以它比一般常温物流系统的要求更高、更复杂，建设投资也要大很多，是一个庞大的系统工程。即食品冷链的运作始终是和能耗成本相关联的，有效控制运作成本与食品冷链的发展密切相关。

易腐货物由于其易腐特性，需要专门的冷藏设施设备，使其对物流中强调的时效性和成本控制的需求更为强烈，而且对冷藏链各环节组织协调性的要求更高，亦即对于易腐货物这种更为特殊的、复杂的物品供应过程，更需要运用先进的物流技术和理念。

产品从企业生产出来到消费者手中的流动与交易过程即为流通，流通环节包括储藏、运输、配送和交易。冷链流通就是指易腐货物在低温冷藏条件下的市场交易和流动转移过程，也称冷藏流通。它也是社会分工细化和市场营销理论深入发展的结果，是营销学中对流通领域的市场细分而产生的新概念，便于针对易腐货物的特殊性进行定制化的服务与管理。冷链流通对各类农副产品的商品化和市场的繁荣稳定起着至关重要的作用，流通技术作为供应链的重要手段，对产品质量有着至关重要的影响。分析易腐产品质量的影响因素可知，流通技术和冷藏链是决定易腐货物供应质量的两个关键条件。在适宜冷藏环境中的流通过程或是在高效流通条件下的冷藏链，会使食品质量得到加倍保护。构建完整的冷藏链及快速流通体系，是提高易腐货物供应质量的最佳措施和途径。

2. 农产品冷链流通模式

鲜活农产品的冷链流通模式与生产经营条件和消费模式有关。目前国内外的流通模式按生产、流通和消费的环节主导形式可分为：批发市场为主导模式、产地直销模式或销地采购模式和第三方物流专业模式三种。

批发市场为主导的流通模式，主要是通过批发市场或拍卖市场将产品集中起来，通过批发或拍卖活动将产品转交给中间批发商或零售商等进行交易和流通，这种方式能有效地解决小规模农业生产和大市场、大流通之间的矛盾。批发拍卖市场需要提供适宜的冷藏储存场所，还要对产品进行分类、分级、包装和质量检验等标准化管理作业。

产地直销模式主要适合于农业生产现代化程度较高的国家，如美国的农业生产以大型农场为主。由于农场生产经营规模大，生产区域化明显，产地市场相对比较集中，通过单个农场或一些协会组织就可以直接为零售企业提供批量化的各类农产品，省去了中间环节，缩短了供应链长度，降低了经营成本，加快了流通过程。这种模式是由农场主或生产者团体负责在产地将产品进行分级、预冷、包装处理后，直接送往大型超市、零售连锁店或配送中心。销地采购模式适合于农业、商业发达地区，首先是由于大型或超大型超市、连锁店等具有大批量的采购需求，其次是规模化经营的零售商具有足够实力和能力，在产地建立物流配送中心，对产品进行分类、包装、储藏和运输。

另外，当行业发展较完善，如食品加工业较为发达时，会出现以龙头加工企业为主导与产地生产者建立战略联盟的加工流通模式。加工企业为主导的流通模式适合于商品市场化程度较高的地区，通过充分发挥市场机制的作用，按企业间双赢原则建立强强联合体引领冷链流通业的发展。同理，当物流行业发育较完善，有稳定的第三方物流龙头企业引领物流行业发展时，则可以专业化第三方物流企业为主导开展冷链流通业务。

冷链物流发展模式按运作主体性质又可分为：企业主导型、公共平台主导型和第三方服务型。企业主导型是以企业为主体建立食品冷链流通体系。如欧美、加拿大、日本等国企业的市场化程度较高，行业内呈现龙头企业引领行业发展的局面，即龙头企业有能力、有实力主导产品流通发展模式，建立流通体系。如以核心食品加工企业为轴心，串联供应链上下游，形成覆盖各类食品产业的冷链保障体系。公共平台导向型，是以保证大量食品的一般质量、降低流通损耗为目的建设公共平台，并以该平台为先导的发展模式。这种模式常在政府扶持政策的引导下，依托企业、行业协会或联合会等组织，建立连接农产品主产区和消费地的冷链主干网络，通过共享平台建立高效流通体系。第三方服务型，是由专业化物流服务公司提供第三方服务的发展模式，此种模式要求冷链物流行业发展的市场化、社会化程度较高。

我国目前农产品流通缺乏主导型模式，可谓多种模式并举，但均形不成规模。流通渠道为分散的农户通过产地和销地批发市场、农贸市场和集贸市场多种形式实现流通。这主要是由于我国农业生产的规模化程度低，农户数量多、规模小，生产组织化程度也低，因此，货物的流量流向较为零散，难以采取统一的质量控制方式进行质量把关。我国的食品加工业、零售业的发展还较落后，市场化经营程度也较低，缺乏业界实力较强的龙头型企业来主导，缺乏产销一体化的经营条件。因此，我国的冷链流通模式发展还有待于市场的进一步完善。一些专家认为我国可从企业主导和公共平台型发展模式开始，逐步发展第三方服务模式。因为，企业主导型和公共平台型可根据经济发展程度逐步推进，较适合于发展中国家。如在市场发育较成熟的行业推行企业主导发展模式，或在某些关键食品（如质量安全问题影响较大的）品类的流通领域,发展公共平台模式。这种模式中政府的引导和扶持是十分必要的,尤其在发展初期,对行业发展的整体规划和公共信息服务平台的搭建起决定性的作用。

6.1.2 易腐货物的质量构成及评判

易腐货物的质量指其自身的特性和满足消费者要求的程度。通常各类易腐食品的特性是固定的,可以明确描述或定量化,但由于不同的消费者对同一产品的要求是有差异和不固定的,而且消费者和社会的要求除明文规定的以外,还有许多隐含的要求,如对产品的期望、意愿和习惯性看法、理解等,因此,可以说对易腐货物的质量评判没有固定的标准,它是根据不同需求条件下的主观意识而定义。而食品标准是相对固定且有高低之分,它是基于当时的社会经济水平和技术水平等而制定的,只是相对稳定的,社会对食品质量的要求则是一直在变化的,合格只是一定时期对食品质量的基本要求。

易腐货物质量的构成因素主要有营养质量、感官质量、卫生质量以及商品质量。其中营养质量及感官质量主要由产品自身的性质所决定,卫生质量和商品质量多受生产加工过程影响。卫生质量直接关系到人体健康,是食品安全性的重要评判指标,它包括产品的清洁卫生程度,微生物污染程度,果蔬产品组织中的重金属含量、农药残留量及其他有毒有害物质成分含量。商品质量包含储藏性指标,保质期过短的货物难以流通,缺乏商业价值。其中从商业角度考虑的质量和产品内在品质和生理质量会有所不同,比如从商品流通角度可能需要果实的高硬度以便运输和储藏,但从产品口感和风味上可能要求低硬度,以增加鲜嫩度,两者之间存在一些对立的方面,需根据市场情况等进行权衡,综合考虑两方面的质量要求。冷藏、保鲜加工及包装的目的之一就是为延长产品寿命,以增加销售期,提高其商业价值。

表示易腐货物自身特性的内在质量指标包括:食品的色泽、香味、滋味、质地、口感以及营养成分。食品的营养成分包括碳水化合物、蛋白质、脂肪、维生素和矿物质的变化量,需要通过生化试验测量来获知,而色、香、味和质地指标可以通过感官评测而获知。透过这些感官指标,也能对部分食品营养成分的变化情况有基本了解。

食品的色泽由其所含的色素来决定,天然色素有植物色素,如叶绿素、类胡萝卜素、花青素等,动物色素有血红素等。叶绿素在淡碱性溶液中较稳定,加热则水解呈现鲜绿色,亦较稳定。在酸性环境下叶绿素会向橄榄绿及褐色转变。类胡萝卜素广泛存在于动植物体内,呈现黄色、橙红色或红色。植物中的类胡萝卜素在叶绿素存在时,绿色占优势地位,橙黄色被淹没,一旦叶绿素被分解,则会呈现类胡萝卜素的颜色。动物的类胡萝卜素一般和蛋白质结合在一起,稳定性较好,但在有氧、酸性和加热条件下会发生降解变色。花青素存在于植物细胞液中,构成果蔬及花卉的美丽色彩。花青素为水溶性色素,在有氧及氧化剂存在条件下极不稳定,花青素还会随 pH 值的变化而变化。此外,花青素还会受钾离子、钠离子和其他金属离子的影响,铝的影响不如铁的影响显著。因此,水果、蔬菜加工中不能用铁器皿而必须用铝或不锈钢器皿。花青素对光和温度极其敏感,在光照条件或稍高的温度下会变成褐色。血红素是肌肉和血液的主要颜色,以血红蛋白和肌红蛋白形式存在。动物屠宰后,组织供氧停止,肉中的肌红蛋白受空气中氧气的作用,形成氧合肌红蛋白和氧合血红蛋白,肉色变得鲜红。当继续被氧化形成高铁血红素时,肉的颜色就会变成棕黑色。

食品的香气源于某些挥发性物质,新鲜水果中的挥发性物质种类较多。构成果实香气的物质主要包括酯类、醇类、醛类和挥发性酚类物质等。食品的滋味主要有甜、酸、苦、辣、咸味和涩味、鲜味,由各种特殊成分含量所决定。食品的质地是一种重要的感官特性,它反映食品的物理性质和组织结构,可用手触摸、目测及口品尝三种感觉方式来判断。与手触和目测等有关的评价用语包括:硬度、柔软、柔嫩、坚韧、弹性、可塑性、黏稠、稀薄、粉状、砂状、粗糙、光滑、凝胶状、结晶状、蓬松状、干的、水的等。人的主观判断受到很多因素的影响,评价结果不太稳定。因此,需要借助特定的仪器设备测定食品质地的特性,提高评判的客观稳定性,如硬度计、甜度计、质地测试仪、压缩仪等。

食品的外在质量主要是可通过人的感官检验判断的特征,包括对产品外观特性,如大小、长短、粗细形态以及气味、色泽、光洁度、软硬程度等。为提高产品的商业质量,常会注重加强外在质量特性,一些提高商业质量的作法可能会对产品品质的判断有一定影响,如其产品成熟度未达要求,而经过生长调节剂催熟处理,或在食品加工中添加色素、增白剂、增稠剂等之后改善了产品外观特征,可使一些低档次产品具有优质产品的某些商业质量特性。因此,食品质量虽应是客观的、相对固定的,但对质量的评判结果是多方面的、不确定的,要根据具体需求情况进行综合分析而定。

食品在流通过程中受到各种因素的影响,引起食品的色泽、风味、质地和营养成分等发生变化,降低或丧失了其食用或商品价值,即质量的下降过程通常是不可逆的,具有继承性和累积性的,会随时间进程而不断增加,因此,必须了解和重视每个环节的质量问题。

6.1.3　流通过程中易腐货物质量的影响因素

易腐货物从产到销要经过许多环节,按过程环节分析质量问题,是流通过程质量控制的基础工作。可将产品产成时的质量称为早期质量,消费时产品所具有的质量称为最终质量。除部分酒类食品的质量会随储存时间延长而提高外,大部分易腐产品的质量会随着时间的推进而下降。食品的最终质量是继承产品的早期质量之后所经历的各流通环节的质量保持量,是产品质量下降过程的终点。产品质量也常指产品的最终消费质量,它由产后至消费过程中各环节的管理、操作水平、基础设施设备、环境条件所决定,涉及生产加工预处理技术、储藏保鲜技术措施、流通及冷链物流等多项技术。可见,产品质量是由产品从生产、加工、包装、储运直至销售等流通各环节所共同决定的,其中任一环节出现问题都会影响产品质量。

易腐货物质量的各种影响因素,可分为内在因素和外在因素。内在因素主要体现在产品的品种特性及早期质量上,包括产品品种、生长条件,加工产品的生产工艺技术、生产条件和包装等因素。如肉类制品原料的生产(动物的育种、喂养),屠宰、捕捞及生产初加工;农产品的种子选配和培育;农产品的种植栽培条件和技术,包括生长条件(阳光、水质、土质等地理气候条件)、施肥、浇灌、剪枝、疏花、防虫防害等田间管理等。优良的品种、良好的生长发育条件决定着产品采后生理状况、产品品质和风味、感官质量及储藏寿命等指标,是高质量产品的基础保障。生长发育良好的产品其抗病能力、抗外界伤害能力较强,产品的耐藏性就强,质量下降速度就会慢,进而商业价值就大。各类产品品种及生理特点有较大的差异,也决定了流通过程中所需环境条件及产品质量变化过程会有较大的差异。如叶菜类产品采摘后的呼吸作用强度大,其成熟衰老的速度比呼吸强度较小的根茎类蔬菜要快很多,其产品寿命、保质期就短。早熟品种和晚熟品种或不同温热带产品的耐藏性,也有较大差别。

农产品的采收是生产种植的最后一个环节,但却是储藏加工的首个环节。采收时机和采收技术对产品质量有较大影响,如采收期、收获(或捕捞)时刻、采收方法,对产品品质有着密切的关系;采收时期需适中,若采收过早,不仅产品规格达不到标准要求,成熟度不够会使产品的风味、品质、色泽均欠佳;采收过晚,产品已开始衰老,耐储藏性会变差。因此,采收应做到“适时无损”,其中无损指要采用适当的采收技术,避免果蔬产品的机械损伤,以减少微生物的感染,避免腐坏损失。另外,采收前气候条件,如是否遭雨淋、水浇等,也会对产品质量有一定影响。葡萄、青椒等果蔬在采摘前若遇雨淋,采后极易腐烂,耐藏性能下降。

除一些后熟果蔬产品外，绝大多数的易腐产品的早期质量是其流通质量和商品质量的最高起点线，也是产品质量管理的首要环节。从食品质量的变化趋势上看，自源头开始把好质量关，效果会更好。

外在因素主要指产品产成后所经历的过程和环境条件，包括加工过程、流通时间、储藏方式、环境温度、湿度及气体成分等。产品的早期质量固然重要，但如何将初始质量尽可能好地保持到消费则更为重要。实际上，农产品的产后增值潜力巨大。从产值构成上看，农产品的产值 70%以上是通过产后的储运、保鲜和加工等环节来实现的。所以，发达国家均将农产品的储藏、保鲜和加工业放在农业的首要位置。美国在农业的全部投入中，用于产前田间生产的费用仅占 30%，而用于采后环节的资金却占到 70%。而我国的产后投入只有20%～30%，因此造成的浪费和损失也比较大。

农产品的采后环节主要包括采后处理、初级加工(清洗杀菌、分级分捡、预冷)、包装、储藏、运输及配送、销售及消费等。采后处理加工技术是最大限度地维持产品品质和商品价值的基础，如果蔬预冷技术能使新鲜果蔬尽快排除田间热，进入适宜的低温环境条件，减缓其成熟、老化速度，最大限度地保持产品鲜度和养分，能为进一步的储运环节创造良好的初始条件。包装可以减少产品在流通过程中受到的外界影响，如减弱果蔬蒸腾失水和呼吸现象，减少外界的污染，减少搬运移动操作中对产品的损伤等。良好的包装能大大减慢食品质量下降速度，确保产品的完整、完好性，也是增加产品外观美感、方便商业销售、提高商品价值的重要手段。因此，包装材料的安全卫生性，包装设计的耐压抗碰强度，以及防温潮、耐低温及透气性能等都是产品质量的影响因素。

由此人们总结出重要的 3P 原则，即食品冷链商品早期质量主要取决于下列因素：原料(Product)、预处理和加工过程(Processing)以及包装(Package)。

储藏是食品流通领域的重要环节，是市场供应与生产间必不可少的协调控制环节。适宜的冷藏仓储条件能有效保持产品质量，增加产品市场供应期，提高产品的商业价值，反之则会对产品质量有较大影响，尤其是储藏期较长的产品。根据对储藏过程中食品质量变化的大量试验研究，人们得出 TTT 理论，即：食品的最终质量取决于冷链的储藏温度(Temperature)、流通时间(Time)以及产品本身的耐藏性(Tolerance)。不同品种和品质的货物会随着时间和温度的变化而产生相异的品质变化，因此，冷链物流中需根据不同种类和品质的商品制定相应的存放条件和规则。

流通过程对产品质量有着较大影响主要因为它是一个跨行业、跨地域、跨部门，涉及多领域、多专业、多方面的环节，相关的交叉影响因素较多。流通设施、流通速度、流通方式、流通渠道等都是流通质量的决定因素。流通设施决定冷藏环境条件，决定产品质量下降幅度。环境条件越适宜，产品成熟老化及腐坏变质的速度和程度就越小。流通时间决定质量下降量，至消费所经历的过程时间越短，产品品质的消耗量就越少，品质维持量就越多，质量就越高。另外，规范有序的市场环境，科学的现代流通方式和技术也是加速产品流通速度、减少品质下降的重要措施和保障。

各影响因素间还存在着相互关联和互动作用。如改善冷藏储运条件，可适当延长产品寿命，放宽流通时限要求。一定条件下提高流通速度，能放宽对冷藏储运技术条件的要求，以速度来弥补冷链条件的不足。充分了解各种影响因素有利于合理制定相关技术标准，建立全面有效的综合监管机制。

6.2 食品冷藏链

食品冷藏链通过采取一系列冷藏保鲜技术措施和手段，使易腐产品从原料生产、加工处理、储藏、运输，一直到批发、零售的各环节和过程中，始终处于适宜的低温环境条件，最大限度地保持产品的原有新鲜度、营养价值，减少腐坏损耗量、保证(维持)货物的质量安全。因此，研究食品储藏保鲜技术和冷藏物流技术，建立和发展食品冷藏链，是加快易腐货物流通、降低流通损失量、提高产品供应质量的有效措施和根本保障。

由易腐食品的特性及质量影响因素分析可知，只有从生产到消费过程各环节都处于适宜的冷藏环境条件，才能最大限度地维持生鲜食品鲜度、风味及营养品质。发达国家如美国、加拿大、德国、意大利、澳大利亚、日本等国的生鲜产品供应质量普遍较高，在很大程度上是得益于具有“从农田到餐桌”的完整冷链物流体系。完善的食品冷藏链对维持食品质量，减少食品数量的损失十分重要。有关调查研究表明，2003 年全球食品产量中只有 4 亿 t 通过冷藏设施得到很好的储存，而实际上约有 18 亿 t 的产品需要进行冷藏储存。发展中国家冷藏冷冻储藏能力仅是发达国家的 1/10，因缺乏冷藏链保护造成了大量食品损失浪费。缺乏适当的冷藏储运设施，还会带来食品安全问题，据美国有关引起食物疾病的原因分析数据显示，90％的食物病原性疾病多少都与温度控制不良有关。

创造从食品生产加工、储运到销售整个过程的低温流通环境，形成一个特殊的具有连续冷藏环境的环环紧扣体系,以最大限度地降低食品损耗,就是所谓的冷藏链建设。现在常将冷藏链和冷链物流视为同一概念,两者关系密切但稍有些区别。冷藏链是冷链物流体系的核心技术设施,侧重设施设备的配置和运用;冷链物流侧重物流技术应用和综合管理,侧重资源的合理配置以及冷链系统的整体效率和效益。

食品冷藏链建设是一项跨行业、跨领域、跨地区,连接众多企业和部门的系统工程。它以货物质量安全为核心,依赖于冷藏基础设施设备及综合管理技术等条件。其中冷藏设施建设是基本必要条件。即在流通各环节需配备相应的制冷设备及配套设施,包括植物产品采收后的预冷、分捡、保鲜包装设备,动物屠宰后或水产品的冷却、加工、冻结用制冷设备以及储运、配送用的冷库和冷藏运输装备等。其次,还要有相应的流通管理体系。要本着连续冷藏和快速流通等原则,加强各环节部门间相互配合、紧密衔接的组织协调和管理工作。应积极运用现代流通技术和管理手段,提高流通体系效率,提高冷藏链的运作水平。

6.2.1 冷藏链的基本构成

冷藏链是保障食品品质、减少流通过程中货物质量损耗的重要技术手段和措施,它包含软硬件两方面的内容,冷藏设施设备硬件是基础,冷藏流通技术及设施运用效率等软环境条件是关键。冷藏链的基本组成有:冷却(冷冻)加工、冷藏储藏、冷藏运输和冷藏销售四大环节。

冷却(冷冻)加工环节是食品原料的采集、保鲜处理或冻结加工过程,如水果、蔬菜的采后预冷、清洗、保鲜处理、分拣及包装加工;速冻产品的加工冷冻;水产品捕捞后的冷却和冻结,牲畜禽类产品屠宰后的冷却、分割、包装及冻结等。相应的冷藏设施有冷却装置和冻结设备(如预冷库或预冷机、低温清洗池、冻结机等)以及保证加工场所低温环境的制冷空调设备等。

冷藏(冷冻)储藏主要指食品的冷却储藏和冻结储藏,还包括果蔬产品等的气调储藏。冷藏设施主要有冷藏库、冷冻库、气调冷库、冷藏柜及家用冰箱等。

冷藏运输包括各地区之间的中、长途运输及市内的短途配送运输。相应的冷藏设施有冷藏保温汽车、铁路冷藏车、冷藏船及冷藏集装箱。短途运输主要由公路完成,中长距离运输可采用公路和铁路两种运输方式,长途运输(2 000 km 以上)可选用多种运输方式,包括公路、铁路、航空和水路运输。但内河水运速度较慢,运量较小,目前的水运多指海运业务。

冷藏销售指在超市、零售商店和批发市场等销售场所的冷藏展示和零售过程。制冷设施包括分配性冷库、临时性冷库、冷冻冷藏柜、冰箱等。

食品冷藏流通链如图 6.1 所示。由图可知,冷藏运输要贯穿食品冷藏链的从生产至储藏,以及销售各个环节,是连接流通各环节的纽带。两端的短途运输大都由公路冷藏汽车来承担,或由公铁联运来完成,中间的中长途运输可由各种运输方式来承担。若将冷藏链设备按固定和移动设备来分,则固定设备指建造于地面的冷藏加工生产设备及储藏、分销用的冷藏库设备,而移动设备就是指运输用的冷藏装备。

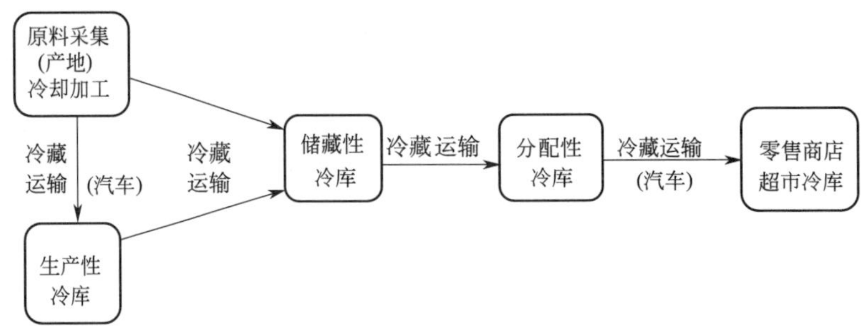

图 6.1 食品冷藏流通链

冷藏流通环节决定了冷藏链条的长短和衔接紧密程度,是影响冷链质量的重要环节。目前冷藏运输是我国食品冷藏链中极易发生断裂的薄弱环节。由于其具有跨行业的特点,涉及的部门较多,业务环节及衔接协调需求多,管理较为复杂。因此,建立统一的标准体系、加强监控管理、规范市场行为十分重要。

6.2.2 基础冷藏设施

冷藏链各环节的冷藏储运加工基础设施设备包括各类冷藏库、预冷设施、冷却加工及冷冻装置、冷藏运输装备、冷藏销售陈列柜等。其中,最重要的是冷冻冷藏仓储设施,即冷库的建设是冷藏链建设中最重要的基础环节,它是基础设施的核心,是冷链物流网络系统的节点。而冷藏运输装备则是连接冷链各环节的纽带,是实现易腐货物商业价值的渠道。

1. 冷库的分类和用途

冷藏库(俗称冷库)是指使用各种设备进行制冷,运用保温、隔热材料构建围护结构,通过人为控制和自动控制来保持稳定内部低温环境的设施。它的基本组成部分包括制冷系统、电控装置、具有一定隔热性能的库房结构和附属性建筑物等。冷库的分类有很多种,按综合用途可简单分为冷冻(加工/储藏)

库、冷藏(加工/储藏)库和气调库;根据不同需求可分别按规模大小、使用性质、冷库结构形式以及冷库使用温度来分。另外,还可按冷库围护结构材料和制冷工质等方式来分类。

(1)按结构形式,冷库可分为土建冷库和装配式冷库。

土建冷库是目前建造较多的一种冷库,可建成单层或多层,这类冷库的主体结构和地下荷重结构都用钢筋混凝土,其围护结构的墙体采用砖砌而成。目前国内在建的数万 t 级以上的大型冷库,基本上采用土建式冷库。

装配式冷库(活动冷库)的主体结构(柱、梁、屋顶)都采用轻钢结构,其围护结构的墙体使用预制的复合隔热板组合而成。隔热材料采用硬质聚氨酯泡塑料和硬质聚苯乙烯泡沫塑料等。此类冷库还可称为组合式冷库、组合冷库、拼装式冷库、装配式活动冷库。此类冷库还细分为玻璃钢装配式冷库、玻璃钢活动冷库、不锈钢活动冷库、彩钢装配式活动冷库等。

另外,国外还有一种库架合一结构的冷库,但这种结构的冷库施工水平和工程精准度要求较高,目前国内还没有这种冷库。

(2)按使用性质,冷库可分为生产性冷库、分配性冷库和零售性冷库。

生产性冷库主要建在食品产地附近、货源较集中的地区和渔业基地,通常是作为鱼类加工厂、内类加工厂、禽蛋加工厂、蔬菜加工厂等各类食品加工企业的一个重要组成部分。这些冷库配有相应的屠宰车间、理鱼间、整理间,设有较大的冷却、冻结能力和一定的冷藏容量,食品在此冷加工后经过短期储存即运往销售地区,直接出口或运至分配性冷藏库作长期储藏。近年来,对高品质新鲜果蔬产品需求不断增加,产地预冷对果蔬质量的作用日益得到重视,促使果蔬冷库开始向产地冷库发展。

分配性冷库主要建在大中城市、人口较多的工矿区和水陆交通枢纽,专门储藏经过冷加工的食品,以供调节淡旺季节、提供外贸出口和作长期储备之用。它的特点是冷藏容量大并考虑多品种食品的储藏,冻结能力较小,仅用于长距离调入冻结食品在运输过程中软化部分的再冻及当地小批量生鲜食品的冻结。

零售性冷库一般建在工矿企业或城市大型副食品店、菜场内,供临时储存零售食品之用,其特点是库容量小、储存期短,其库温则随使用要求不同而异。在库体结构上,大多采用装配式组合冷库。

(3)按规模大小分,冷库可分为大、中、小型冷库。

大型冷库冷藏容量在 10 000 t 以上,生产性冷库的冻结能力在 120～160 t/d 范围内,分配性冷库的冻结能力在 40～80 t/d 范围内。

中型冷库冷藏容量在 1 000～10 000 t 范围内，生产性冷库的冻结能力在 40～120 t/d 范围内，分配性冷库的冻结能力在 20～60 t/d 范围内。

小型冷库(小冷库)的冷藏能量在 1 000 t 以下，生产性冷库的冻结能力在 20～40 t/d 范围内，分配性冷库的冻结能力在 20 t/d 以内。

(4)按使用库温要求，可分为高温库、中温库、低温库和超低温库，其中高温库即通常所指冷藏冷库，中、低温冷库即通常所指的冷冻冷藏库。

高温冷库，又称冷却库，库温一般控制在不低于食品汁液的冻结点温度，在＋5～－5 ℃范围，主要用来储藏水果、蔬菜、蛋类、奶类产品以及熟肉制品和药材等，多数情况下冷却库或冷却间温度保持在 0 ℃左右，以冷风机进行冷气循环冷却。

中温冷库，库温在－10～－18 ℃范围，主要用来储藏肉类、水产品及适合该温度范围的产品。

低温冷库，库温在－23～－28 ℃范围，又称冻结库、冷冻冷库，通过冷风机或专用冻结加工装置实现对食品的冻结。

超低温冷库，库温≤－30 ℃，主要用作速冻食品的加工以及工业试验、医疗等特殊用途。

另外，按制冷设备制冷剂分类有氨制冷库和氟利昂冷库。

还有特殊用途的气调冷库。气调保鲜库是目前国内外较为先进的果蔬保鲜冷库。它既能调节库内的温度、湿度，又能控制库内的氧气、二氧化碳等气体的含量，使库内果蔬处于最低生理活动或休眠状态，从而有效抑制果蔬产品的呼吸、蒸腾以及微生物和酶的作用等，延缓其生理代谢过程，降低和防止变质腐败现象，使果蔬产品能更长久的保鲜。气调保鲜就是通过气体调节方法，达到保鲜的效果。气体调节就是将空气中的氧气浓度由 21％降到 3％～5％，即气调保鲜冷库是在高温冷库的基础上，加上一套气调系统，利用温度和控制氧含量两个方面的共同作用，达到抑制果蔬采后呼吸状态的目的。

2. 冷库建设存在的问题

首先，我国的冷链基础设施十分不足，远不能满足社会上易腐货物冷藏流通的需求。这不仅表现在现有冷库设施数量和能力的不足上，还表现在设备陈旧老化现象严重、更新速度缓慢。我国人口是美国的 5 倍，但冷库总容量仅为美国的 40％，可见冷库设施缺口之大。而现有的大中型冷库中，有很大一部分的库龄已达 30 年，制冷设备制冷效果和库房围护结构保温能力等都有很大程度的衰减。

其次，我国的冷库建设缺乏统一规划，与冷链物流体系脱节严重。冷库作为低温物流的重要节点设备，理应从物流运营低成本化、运作高效化要求出发，进行统一合理的布局和规划。比如，冷库的选址就对物流成本有直接的影响，冷库距离城市每远出 10 km，配送成本就会增加 4%～7%。另外，各类冷库的匹配比例、功能设计及冷库建设方案选择等，都应和冷链系统规划统一协调，不然就会造成冷库资源的浪费。

另外，我国冷库建设中注重肉类加工，轻视果蔬预冷冷藏库，冷库分布不均匀等问题都会影响冷库资源的有效利用。尽管我国的冷库数量与社会需求有较大距离，但实际上现有冷库仍有较高的空置率，即现有冷库的使用率并不高。

冷库的建造成本较高，因此，新建冷库设施时应充分考虑我国冷链物流的发展需求，考虑冷藏供应链产业结构以及与上下游环节的有效衔接等。综合各相关因素来设计冷库，使其不仅能发挥冷库的仓储功能，提高冷库使用率，还能更好地发挥冷链基础设施的物流功能，降低冷链物流的运营成本。

3. 冷藏运输装备

冷藏运输装备也是冷藏链重要的基础设施，是移动的冷藏冷冻设施。冷藏运输装备按装备类型分为：车辆、船舶和集装箱，包括铁路冷藏车、公路冷藏车、拖车、水运冷藏船以及冷藏集装箱。其中，冷藏集装箱可适用于各种运输方式。按制冷方式冷藏运输装备又可细分为：机械制冷车（箱、船）、加冰冷藏车、气调冷藏车、干冰冷藏车（箱）以及液氮冷藏车（箱）等。按制冷能力可将冷藏运输装备分为：保温隔热车、保温集装箱、冷藏车（船）、冷冻冷藏车（船）和冷冻冷藏箱。其中，机械制冷方式的冷藏车（冷藏汽车、铁路冷藏车）和冷藏集装箱最为常用。

具有制冷功能的运输装备主要有冷冻和冷藏运输装备两大类，温度在－10 ℃及以下的为用于运输冻结货物的冷冻装备，温度在－5～＋8 ℃范围的冷藏运输装备，用于运输非冻结类易腐货物。无冷源的保温车辆也属冷藏运输装备，是因为在外温条件适宜时它可用于易腐货物保温运输，或可用于冷库储存货物、预冷处理后的果蔬类产品等的保温运输。也可结合使用液氮、干冰等消耗冷媒式的制冷方式，进行冷藏运输。

不同的冷藏冷冻运输装备有不同的使用条件，对装备的要求也不尽相同。一般情况下，对冷藏运输装备的基本要求是：

①具有隔热功能良好的厢体，以减少外界热量的侵入。

②具有有效的制冷和加热设备，以建立车厢内空间的热平衡，能根据运输货物的种类调节及保持所需的温度范围。

③具有装货条件和通风循环设备，以保证货物合理装载，保证车内温度的均匀性。

④具有可靠的检温仪表，以正确反映车厢内的温度情况。

⑤制冷控温设备在车厢内占用的空间要小，有效装货空间要尽量大。

公路冷藏车按制冷方式可分为机械制冷、液氮制冷、干冰制冷和蓄冷板制冷车，还有无制冷装置的保温汽车等。国外公路还有大型的冷藏拖车和半拖车，以及公铁两用冷藏车。

铁路冷藏车类型有：加冰冷藏车、机械冷藏车、液氮冷藏车、隔热保温车、冷板冷藏车等；

冷藏船包括带冷藏货舱的普通货船和只有冷藏货舱的专业冷藏船，还有带有冷藏集装箱舱位的集装箱船。

冷藏集装箱分陆用箱和海运箱，按制冷方式分为：机械制冷式、干冰制冷式、液氮制冷式和蓄冷板制冷。海运冷藏箱中的机械冷藏箱通常只用电动机驱动，电力由运输船上供应。对于专门运输集装箱的货船，可在船上设置大型制冷机组，统一通过冷藏箱的进出风口为所有冷藏集装箱供冷。这种集装箱在陆路上运输时，通过外挂制冷机组进行制冷。

目前，我国国内的易腐货物运输以公路冷藏车和铁路冷藏车运输为主，冷藏集装箱主要用于外贸出口和海运中，近几年也已开始在内陆运输中迅速发展。目前我国铁路冷藏装备主要是铁路冷藏车，包括五节一组式的机械冷藏车和单节式机械冷藏车，另外还有部分冷藏集装箱正在试运。

6.2.3　我国冷藏链的发展

虽然冷藏链技术于20世纪90年代便引入我国，但从整体冷链体系而言，我国的食品冷链建设才刚刚起步，完整的冷藏链还未形成。无论是从我国经济发展的消费内需满足率来看，还是与发达国家相比，差距都十分明显。冷冻食品产销冷链情况稍好，但部分经过集贸市场拆零散买的产品，常存在冷链中断现象。这种状况致使每年我国流通过程中的易腐食品损耗巨大，仅果蔬类产品每年的流通损失额就达1 000亿元以上。目前全国大约90％的肉类、80％的水产品、大部分牛奶和豆制品基本上是在没有冷链保证的情况下运销。水果蔬菜流通中的货物损失率达20％～30％，损耗量居世界首位。而发达国家的果蔬流通损失率一般在1.7％～5％。

食品冷藏链是为保证易腐食品品质，连续不断的创造低温环境的供应链系统，所以它与一般常温物流系统相比需要特殊的设施设备，管理操作也更为复杂,所需的基础设施建设投资也较大。目前我国的冷链建设处于起步发展阶段,建设过程中还存在许多问题。

首先,冷藏链基础设施建设不足,冷链硬件设施匮乏,冷链体系不完整,常出现冷链的“断链”现象。其中,冷藏运输装备能力不足的影响尤为严重,目前我国公路冷藏保温汽车仅3万辆,仅占货运汽车总量的0.3%。我国铁路目前仅剩下1 970辆机械冷藏车。目前的易腐货物冷藏运输率很低,大部分易腐货物因缺乏基本冷藏运输工具,而使用普通卡车进行运输,其损失可想而知。国际上普遍采用的现代冷藏运输工具——冷藏集装箱,在我国还没有得到广泛应用,冷藏集装箱的运输大多应用在国际进出口贸易业务中,以公路和海运为主。

冷冻冷藏仓储能力仍很不足,中国制冷学会统计资料显示,2006年我国冷藏库容量约为880万t,冷库容积约为3 800多万m^3,2009年已达900多万t。而美国2003年冷藏库容量就达到8 848万m^3,目前已达9 339万m^3,约2 200万t。有专家估算,我国目前已有的冷藏容量仅为需求量的20%~30%。

不仅我国冷藏基础设施整体投入不足,既有冷藏设施建设中也存在不少问题,如设备陈旧老化、欠修严重,冷链设施发展不平衡、不配套、缺乏统筹规划,基础的冷库设施建设存在“重视肉类冷库建设、轻视果蔬冷库建设,重视城市经营性冷库建设、轻视产地加工型冷库建设,重视大中型冷库建设、轻视批发零售冷库建设”等问题。同时,各地区的设施发展也缺乏系统规划性,缺乏冷链上下游间资源整合和协调运作,无法为易腐食品流通系统提供全过程的连续低温条件保障。

其次,我国还缺乏健全的食品流通技术标准体系及规范的市场管理系统。缺乏统一的流通操作规范和准则,市场管理不到位,造成大量低质、不合格产品流入市场,使正规产品的流通受到排挤,不仅破坏了正常的市场秩序,还给消费者的身体健康带来很大的危害和隐患。因此,出台统一的技术标准和操作规范也是冷藏链良性发展的重要前提。易腐产品自身的特殊性质和市场供应的多样化要求决定,需要完善的市场管理体系为依托,需要先进的物流管理技术为手段,才能满足产品消费对品种多样化、质量安全性和供应及时性等多方面的要求。

另外,我国冷链建设缺乏整体规划,系统性和网络化程度低,信息化建设也较欠缺。冷链物流各环节间缺乏系统规划、合理设计,节点处缺乏有效衔接和配合,难以发挥冷链物流的高效化和时效性优势。目前我国物流的发展还处于初级发展阶段,物流的社会化和市场化程度较低,组织管理技术及设备水平均较低,没有建立起战略联盟,也缺乏第三方服务,缺乏有实力的龙头企业引领行业提供高质量的服务,社会上专业技术人员及管理人员也普遍不足。

由此可见,我国冷链物流发展还很不成熟,从硬件基础设施建设、冷链体系建设,到软件管理技术、市场化发展程度均很欠缺。社会的冷藏链意识淡薄,从政府到终端企业、消费者对食品冷藏链的概念还十分陌生,对冷藏链作用的认识还不够全面,冷链物流的发展尚有较长的路要走。

6.3 冷链物流技术及设备

食品物流是以食品及其相关服务、相关信息为对象的物流,是为满足消费者需求的食品供应链的组成部分。相对于其他行业物流而言,具有其突出的特点:

第一,为保证食品的营养成分和食品安全性,食品物流要求高度清洁卫生,对物流设备和工作人员有较特殊的要求。

第二,由于食品具有特定的保鲜期和保质期,食品物流对产品交货时间即前置期有严格标准;对外界环境有特殊要求,比如适宜的温度和湿度;生鲜食品和冷冻食品在食品消费中占有很大比重,所以食品物流必须有相应的冷链。另外,食品物流链条很长,环节多,管理难度大。食品从养殖、种植生产到加工,然后成为半成品或成品,再到消费者手里,需要经历数十个环节,历时数天甚至数十天。因此,冷链物流过程中各环节的衔接方式以及管理控制技术的作用非常大。代表现代物流突出特点的电子信息管理、自动化控制等技术的运用,对食品冷链物流来说尤为重要。

6.3.1 冷链物流技术

现代物流以电子信息技术为基础,注重服务、人员、技术、信息与管理的综合集成,是现代生产方式、现代经营管理和信息技术相结合在物流领域的体现。物流技术是指与物流要素活动有关的相关专业技术的总称,涉及各种管理及操作的软硬两方面技术。硬技术指装卸机械、包装机械、运输机械技术、集装和包装材料以及基础设施等。如何有效运用硬件设施设备,提高“第三利润源”是物流发展的根本目的。因此,组织管理方面的软技术在现代物流技术中占有重要地位,近些年的发展也较快,具体包括物流系统规划技术、物流管理技术、物流信息化技术以及系统评价技术。物流系统规划技术包括物流设施布置的规划、系统设计和优化等;物流管理技术包括库存管理与控制技术、供应链一体化管理、劳动力管理、质量管理与控制、运载工具和装卸方法的合理选择与运用以及有效客户反应技术等；物流信息化技术包括物流信息标识及识别、电子数据交换(EDI)、射频识别(RFID)、地理信息系统(GIS)、全球卫星定位系统(GPS)、条码技术(BarCode)、物品实时跟踪技术等；物流系统分析评价技术包括物流成本计算与分析、物流运营指标分析评定、物流解决方案及系统评价技术等。

冷藏物流有别于普通物流之处在于需要在食品冷藏保鲜基础之上，充分运用现代物流技术来加快流通速度、提高物流效率、降低流通成本。可以说，食品冷藏物流的核心内容体现在所创造的低温环境、流通速度或时间以及成本上，即要建立一套覆盖“产、运、销”全过程的高效低温流通体系。而这一高效流通体系的关键取决于制冷保鲜技术和物流管理技术，即冷藏物流关键技术主要是制冷技术、食品保藏技术、冷链流通和物流管理技术，具体包括冷藏设施物流技术设备的配置，物流综合管理技术的运用等。另外，冷链系统的整体规划设计，如冷库及配送中心的合理布局，运输及装卸设备、劳力配置，冷藏供应链上下游企业的协作配合等，都对物流系统的效率和运营成本有较大影响。因此，应注重个体操作与整体目标的协调一致，遵循物流集成化管理思想，才能实现整体运作的高效率和低成本目标。

我国的制冷技术与发达国家相比，在制冷装备性能和能耗指标方面仍有一定差距，存在着能耗大、制冷性能差、成本高等问题，这也是制约我国冷藏链发展的重要因素之一。如国外速冻机采用变频离心式风机，不仅能适用于不同食品品种的冷冻需求，还比国内轴流风机的速冻装置具有节能降耗和低噪声等优势。另外，国外采用的果蔬预冷技术、气调储藏技术，冰温保鲜技术以及液态二氧化碳、液氮制冷技术等，无论是在设备制造工艺上，还是在制冷技术性能和节能降噪技术上都十分先进，能最大限度地发挥制冷设备的功效，降低运营成本，还能有效降低产品质量的下降速度，延长货物保质期，提高商品价值。这些制冷能耗性能指标涉及流通成本，直接影响企业的经济效益，影响冷藏流通行业的发展，只有在技术性能和经济性能指标均达合理范围情况下，才能有效促进冷藏物流的发展。

将现代物流理念和技术运用于食品冷藏链中形成了冷链物流。冷链物流的出现是市场竞争的结果，也是市场发展的必然，企业在充分挖掘内部生产潜力之后，将目光转入了流通领域。运用现代物流技术不仅能满足人们对食品消费质量的要求，还能不断改善企业的运营效率和成本。冷链流通技术已扩展到对整个流通体系的资源综合利用和运营效率的综合管理方面。

易腐货物的流通比普遍货物流通具有更特殊、更复杂的要求和过程，不仅需要专门的冷藏流通设施设备，提供良好的流通环境条件维持食品品质，还需要快速高效的流通管理体系，以减少货物的质量损耗。因此，所需的设备投入及管理成本较高，这也成为影响冷藏流通行业发展的一个重要因素。同时，冷藏运输的发展也受社会经济发展水平的影响。单从制冷技术性能角度上讲，完全可以达到易腐货物的最佳质量条件，但在经济性能与当今社会条件等方面则存在很多问题，这也正是冷藏流通需要物流管理技术的所在。运用现代物流管理技术既可以满足冷藏流通的复杂性要求，又可以提高运输效率、节省运作成本。所以，冷链物流的经营管理模式成为其发展的关键要素。

6.3.2 现代冷链物流设备

现代冷链物流设施设备指冷链物流体系的基础设施，以及运用现代物流技术所需要的软硬件设施及技术装备。软件技术设施指实施计划、运用管理和评价技术的相关设备。常用的现代物流技术硬件设施包括自动化仓库、冷藏库设施、物品信息实时跟踪管理系统、货位管理系统、射频码技术设备等。现代物流技术设备的特点是快速、高效和自动化，运用现代物流技术设备能有效提升冷藏链运作效率，有效改善企业经济效益，是现代企业提高竞争力的重要手段和措施。其中冷库及存储相关设施是冷链基础设施的重要组成部分，是冷链物流的首要环节，也是食品加工企业的重要生产设施，已受到各方的高度重视，近几年我国已加大冷库的建设力度。

按物流设备的功能划分，除基础的运输装备外，还有仓储设备、装卸搬运装备、包装设备、流通加工装备、集装单元化装备以及电子信息化设备。

1. 仓储设备

仓储设备主要包括货架、堆垛机、室内搬运车、出入库输送设备、分拣设备、提升机、搬运机器人以及计算机管理和监控系统。这些设备可以组成自动化、半自动化、机械化的商业仓库，来堆放、存取和分拣承运物品。

2. 装卸搬运设备

装卸搬运设备是指用来搬移、升降、装卸和短距离输送物料的设备，是物流机械设备的重要组成部分。从用途和结构特征来看，装卸搬运设备主要包括起重设备、连续运输设备（如传送带、输送机）、装卸搬运车辆、叉车等专用搬运设备。

3. 包装设备

包装设备是指完成全部或部分包装过程的机器设备。包装设备是使产品包装实现机械化、自动化的根本保证，主要包括填充设备、罐装设备、封口设备、裹包设备、贴标设备、清洗设备、干燥设备、杀菌设备等。

4. 流通加工设备

流通加工设备指用于分割、计量、分拣、刷标志、拴标签、组装等作业的设备，其中，食品的流通加工设备包括冷冻加工设备、清洗机、分拣机、切分设施及分装机等。

5. 集装单元化设备

集装化设备主要有集装箱、托盘、周转箱和其他集装单元器具。货物经过集装器具的集装或组合包装后，具有较高的灵活性，随时都处于准备运行的状态，利于实现储存、装卸搬运、运输和包装的一体化，达到物流作业的机械化和标准化。

6. 电子信息化设备

主要包括各种物流信息管理的电子设备，如库存管理信息系统及设备、物品信息实时跟踪设备以及 EDI、GIS、GPS、射频识别、条码技术设备等。

目前，运输环节是冷链流通的薄弱环节，运输装备相对地面固定设施具有运营管理难度大、运营成本高的特点，加上运用过程中关联的行业、企业、部门、环节较多，影响因素多，因此，运输装备的有效运用和管理更为重要。

冷链运输中的主要物流设备有冷藏运输装备、装卸搬运设备和运输信息管理追踪技术设备等。另外，集装化设备对提高装卸搬运效率也有重要作用。冷链各装卸转运过程中的衔接方法和设备对保持冷链的完整性有很大影响，如在冷库装卸货物时，如果能实现车门对冷库门则是最好的转接方式，但多数情况下，冷库与冷藏车之间隔有装卸月台，若没有防护装置，则在装卸过程中货物就会暴露在外界高温环境条件下，形成冷链的“断链”现象。专业的冷链物流配送中心会建立封闭式月台（如图 6.2 所示），月台里可保持较低的温度条件，装卸搬运过程能使货物维持低温状态。有些冷库设计了可进入车辆的过道，利用防护结构和冷库中的冷量维持过道低温环境，在过道中装卸货物保持冷链的完整性。但这种方式需加快装卸速度，因为冷藏车体会有一定的冷量消耗。

图 6.2 封闭式装卸月台

配备和选用物流设备时的基本原则是：技术上先进，经济上合理，生产作业上安全适用,无污染或污染小。即选择冷链物流设备时要根据用户和产品的需求,不能一味强调设备的现代化、先进性和高自动化,选择最好的维持货物质量的温度条件等,还要充分考虑设备的适用性原则和经济性原则。

6.4 食品质量安全管理

6.4.1 作用和意义

食品质量安全关系人们的身心健康和生命安全,关系一个国家经济的发展和社会的和谐稳定,也关系食品工业的竞争力以及企业的生存和发展。

世界经济的全球化发展,食品生产和消费的国际化趋势,使食品安全的影响范围和影响力不断扩大。在一个国家或地区发生的食品污染问题,会威胁到其他国家乃至整个世界的消费者。在某一地区发生的单个污染源可能引发全球性爆发,从而对人类健康产生广泛的影响。如英国的"疯牛病"等食品安全恶性事件,造成了全球性的恐慌,其损失相当惨重。据世界卫生组织(WHO)统计,发达国家每年约有30%的人感染食源性疾病,而在一些发展中国家,食品安全甚至是导致死亡的主要原因。全球每年约有1.5亿腹泻病例,导致300万5岁以下儿童死亡。其中70%是由于生物性污染的食物所致。食品安全问题不仅会造成严重的经济损失和社会问题,还会影响国际贸易、引发国际争端。食品安全问题已超越了国界变成全社会、全世界关注的焦点。因此,食品安全管理的作用和意义越来越大。社会对食品的质量要求和安全要求普遍提高,使食品安全管理成为食品社会流通发展的基本需求。

食品的安全性,是指食品在消费时没有受到任何有害的化学元素物或微生物、放射性物质污染,是食品对食用者健康、安全的保证程度。食品安全性包括危害性和危险性两方面。所谓的危害是指造成伤害的能力,并不是说某一成分就一定会造成伤害,而是在某些条件下它可能会造成伤害。有伤害出现的可能性就意味着具有危险性。食品的危害主要有生物性危害、化学性危害、物理性危害及营养不平衡造成的疾病等。这些不安全因素存在于生产加工、流通和消费的各个环节中。生物性危害包括细菌、真菌、病毒、寄生虫及其毒素。食物中能导致人体疾病的微生物称为"食源性致病菌"。化学性危害分天然的、间接添加和直接添加的,外来添加的化学污染可能来源于生产环境、农药化肥残留、食品添加剂等。因此,需要一套能覆盖从食品生产至消费全过程的安全管理体系。

科技的发展、食品生产加工技术和工艺的不断创新,在为人类带来更多新型物质享受的同时,也带来一些负面影响和安全隐患,如:非天然物质的增加,助长剂、转基因、灭菌防虫剂以及添加剂、调味剂种类增多,增加了化学性物质的危险性;加工工艺和制造过程越来越复杂,高科技含量增加,使得食品质量包含的层次和影响因素增多,增加了食品安全管理的复杂性。现在已经很难仅通过人的五官观测判断出产品的质量好坏,即使是利用仪器设备的检测技术和手段,也需要不断进行更新换代。检测指标和方法是否科学合理都会影响对食品质量安全性的判断正确率。如“三聚氰胺奶粉事件”也源于我国的质量检测方法中的一些漏洞。另根据美国的相关研究数据,美国每年 5 000 例因食源性疾病引起的死亡病例中,有 1 777 例死于未知病原体,这说明了目前食品安全监管的复杂性和难度在不断加大。

对于欠发达国家,食物的制作个体化比例较大。食品的原料生产领域多为分散的农户,要想系统地对食品的生产、加工、销售至消费的全过程进行监测及监管十分困难。这一切给食品安全管理带来许多新的要求。因此,对食品的安全管理提出了更高的要求。食品安全问题的跨行业、跨地区、跨部门性,使得食品安全体系需从社会各部门、各角度全方位地综合考虑。

世界范围内对食品的安全监管采用三种模式:终端控制模式、过程控制模式以及两者结合的控制模式。其中,终端控制模式相对较简单常用,在我国的食品安全监管中就经常使用。这种模式一旦发现问题,往往已经产生了不良的社会影响。过程控制模式是比较复杂的管理模式,需要的资金投入较多,成本较高,但管理效果较好,且可防患于未然,造成的损失和社会影响小。两者结合模式是一种折中的方式,有选择地控制部分过程,可节省一些成本。在发达国家多采用过程控制管理模式。

食品质量安全管理体系至少应有以下几部分:食品质量标准体系、质量认证体系及检测监管体系,以及相应的法律法规体系。另外,还应有执行机构和制度化的操作机制,才能使安全管理工作得到落实。其中,质量标准体系是各项工作的基准,为生产提供产品特征、质量指标及操作规范等基础资料、技术标准,是行政执法和监管工作的理论基础和工作依据。质量检验认证机构是实施产品质量鉴定、评价体系,进行质量把关和监管的部门。而法律法规体系又是行使质量监督管理的有效保障系统。法律法规体系是执法部门的行为规范和准则,也是生产者、经营人的行为准则和合法行为的保障体系。因此,三者相互作用,相互支持,缺一不可。这一体系的完整建立需要从政府到行业、企业以及生产者等社会各方共同努力才能完成。尤其质量标准体系对食品的整体质量、对企业生产水准起着重要的指导和主导作用。此外,生产许可证制度、市场准入制度、产品追溯制度、包装标示制度等都是食品生产质量安全管理的重要措施。

政府在食品安全管理中的作用至关重要,一方面需要政府制定相应的法律法规;另一方面需要设立食品质量安全管理机构,以便统一和协调全国食品安全质量标准以及产品的质量认证和管理工作。职能整合、统一管理是欧美等食品安全监管完善国家的一个显著特征。关键性、强制性规则的制定和实施,各行业间及企业间技术操作规范和质量标准的统一及认可,都需要政府部门的协调和有效运作。大量基础性研究、公共性管理工作,也需要政府部门的有力支持。

6.4.2 发达国家的食品安全管理

目前,国际上以欧盟和美国的食品安全体系最为完善,其突出的特点是建立了包括整个食品链系统各环节在内的安全管理法规体系。

1. 欧盟

欧盟在2000年公布了《欧盟食品安全白皮书》,并于2002年1月28日正式成立了“欧洲食品质量安全局”(EFSA),规定了食品安全法规的基本原则和要求及与食品安全有关的事项和程序。目前欧盟已建立了一个较完善的食品安全法规体系,涵盖了“从农田到餐桌”的整个食物链,形成了以“食品安全白皮书”为核心的各种法律、法令、指令等并存的食品安全法规体系新框架。到目前为止,欧盟已先后出台了几十项新法规。这些法律、法规涵盖了所有食品,为食品安全制定了十分具体的标准和监管程序。在欧盟食品安全的法律框架下,各成员国如英国、德国、荷兰、丹麦等也根据本国的实际情况制定了一套各自的法规框架。

欧洲和英国的食品安全法规(EC No 852/2004)中,明确了易腐食品流通过程的温度控制。该法规规定:根据食品卫生的需要,各生产制造商必须在各类食品所需的合适温度条件下进行操作,要对温度进行监控和记录。部分冷却、冷冻食品的温度控制范围见表6.1。英国政府还对该法规中未列入的冷却食品控制温度进行了补充,即对那些易于滋生致病微生物或易产生毒素的食品,除非制造者有其他特别推荐的温度,这些食品都必须保持在8 ℃以下,但该补充规定的前提条件是,必须要在对食品安全进行科学评估的基础上执行。

2. 美国

美国具备比较完善的食品安全法律与规章。美国《宪法》中规定了国家食品安全体系由政府的立法、执法和司法三方负责,涉及农业部、卫生部、商业部下属的六个部门。美国政府还成立了“总统食品安全管理委员会”来协调美国的食品安全工作。该委员会的成员由农业部、商业部、卫生部、管理与预算办公室、环境保护局、科学与技术政策办公室等有关职能部门的负责人组成。美国政府食品安全的管理特点是职能互不交叉,一个部门负责一个或数个产品的全部安全工作,在“总统食品安全管理委员会”的统一协调下,实现对食品安全工作的一体化管理。

表 6.1 食品运输过程中的温度条件

冷却产品	温度(℃)
冰鲜鱼、虾、贝类	+2
预制食品,奶油、蛋糕,甜点及糕点类	+3
肉及熟制加工品	+3
动物内脏(下水)	+3
禽类、兔 、野味	+4
(未经杀菌等处理的)鲜奶、鲜奶油、奶酪等	+3
用于加工处理的奶	+6
除了腌、熏、干制杀菌等处理的熟肉制品	+6
冻结产品	**温度(℃)**
冰和冰淇淋	−25
深冻食品	−18
鱼类产品	−18
黄油和食用油脂,包括用于食品制造的奶油	−14
蛋类、动物内脏、兔、禽、野味	−12
肉类	−10

科学的风险分析是美国制订食品质量安全政策的基础,在美国食品质量安全法令、法规和政策制定过程中应用了预防性方法,通过风险分析和评估,制定有效的风险防范政策措施。为保障食品安全,美国除了制定标准、建立安全监测和预警系统外,还有严厉的法律责任制度,食品安全的违法者不仅要承担对受害者的民事赔偿责任,而且还要受到行政乃至刑事处罚。另外,美国还运用公共参与和监督手段,及时向公众公布食品安全的有关信息,开展多种形式的教育活动,以提高公众的食品安全意识。

3. 俄罗斯

俄罗斯是对商品实行强制性认证的国家,全国有 300 多家认证机构,近 900 家相关实验室,形成了完整的食品试验认证保证体系。根据商品可能对消费者造成的危害,俄罗斯国家标准委员会规定了哪些商品必须通过强制认证,哪些是可以认证的。上市流通的农产品是强制认证的商品之一。为便于国家对食品市场进行管理,俄罗斯根据法律制定并实施相应的标准,该标准与欧盟指令相一致。俄罗斯食品质量与安全管理体系的制定主要参照国际惯例。

4. 加拿大

加拿大的食品安全采取的是统一部门领导的分级管理、相互合作、广泛参与的模式。联邦、各省和市政当局都有管理食品安全的责任。联邦一级的主要管理机构是加拿大卫生部以及农业部下属的食品检验署(CFIA)。这两个部门相互合作,各司其职。卫生部负责制定所有在加拿大出售的食品的安全及营养质量标准,制定食品安全的相关政策。CFIA 将全国 18 个区域的食品安全检查系统纳入单一的体制管理,并在研究建立"综合检验体系",使不同的检验职能在相同的准则和指导原则下运作,以减低食品安全的风险。

6.4.3 我国的食品安全管理

我国食品安全管理存在着一些问题,造成了食品中毒、食品污染事件频发,严重威胁着人们的身心健康,影响了人们对食品安全的信任度。其中除法律法规体系不够健全外,缺乏统一有效的安全监管制度也是关键影响因素。多年来我国的食品安全监管为多部门分头管理方式,监管主体多元化、部门职权交叉重复、权责不清等问题容易造成推诿扯皮现象。同时,各部门之间又缺乏统一协调性,缺乏相互的信息交流和沟通,容易造成管理区域的重叠或空白,形成执法不力和执法不严现象。

近几年我国政府加强了食品安全管理力度,尤其是"非典"以后,食品卫生及安全问题已引起了全社会的高度关注。我国已初步建立了食品安全管理体系,食品安全形势趋于好转。目前已颁布的涉及食品监管的法律法规数量多达几十部,主要的综合性法律法规有:《中华人民共和国产品质量法》、《中华人民共和国农产品质量安全法》、《中华人民共和国食品安全法》(简称《食品安全法》)、《中华人民共和国进出口商品检验法》、《中华人民共和国进出境动植物检疫法》及其实施条例、《食品卫生行政处罚办法》等。其中,《食品安全法》是 2009 年 6 月最新颁布实施的食品安全管理法,替代之前的《食品卫生法》。它不仅对监管方式进行了改进,还调整了各级管理部门的监管内容及职责范围,进一步理顺了有关监管部门的职责。按照一个监管环节由一个部门监管的原则,采取了"分段管理为主、品种监管为辅"的方式,减少了管理漏洞;该法规还明确了国务院成立食品安全委员会,使全国的食品管理有了更高层次的统一协调管理机构。该法规对食品流通提出的明确要求是:"储存、运输和装卸食品的容器、工具和设备应当安全、无害,保持清洁,防止食品污染,并符合保证食品安全所需的温度等特殊要求,不得将食品与有毒、有害物品一同运输。"

但我国的食品安全体系仍存在很多问题,首先是监管部门职责仍有交叉,有待进一步理顺。我国安全管理部门众多,有些地区多达几十个,彼此对政策的理解不一,导致职责不清,难以形成合力,各自为政的现象仍然存在。

其次，我国食品法律法规体系存在一些问题，如立法滞后、缺乏前瞻性、政出多门，部分法律法规之间存在冲突，有些领域和地方存在有法不依、违法不究、执法不严和运动式突击性执法现象。另外，法制教育不足、部分企业的法制观念和意识淡薄等问题，造成执法监管工作困难，执法效果较差。

第三，我国目前的食品标准体系也不够健全，缺乏统一完整性，使执行质量检测和监管工作受到影响，造成执法监管的乏力。比如缺乏食品流通标准，流通过程无相应的操作依据和监督，使流通环节成为冷藏链的薄弱环节。另外，标准的制定也受我国科技水平的限制，监督部门的检测手段跟不上食品工业的发展需求，也是形成执法不力的因素之一。缺乏有效的生产监管机制和手段，使企业和生产者的不规范或违规操作有机可乘，造成市场秩序的混乱。

此外，我国的商品流通模式、流通渠道、经营方式中的一些问题，造成流通系统监管乏力，经营主体多元化、流通渠道多，是对流通过程产品质量控制管理的困难所在；缺乏对企业生产及资质的有效管理、制度化程度低，使产品生产质量监督管理更加困难。

健全的食品安全管理体系，需要一系列配套的管理制度和手段，需要有相应的检测方法和设备，作为监管工作的有力技术支撑。我国食品行业安全体系正在向国际接轨，市场制度的不断建立完善，市场准入门槛的提高，以及安全监管机制的逐步规范，必将带来食品质量和安全性的大幅度提高。

6.4.4　食品质量安全监控

要对产品的生产、流通各环节的实际操作质量进行监管，才能保证各环节按操作标准和规范进行作业，以确保产品质量。一方面要建立长效监管制度和抽查检查机制，另一方面还要改善监管手段和措施，使用质量指标评判、监控跟踪技术、记录及评测仪器、设备装置等。

1. 认证及准入制度

国家对生产乳制品、肉制品、饮料、米、面、食用油及酒类等直接关系人体健康的加工食品企业，实行生产许可证制度，企业需符合规定的生产资质和条件，符合国家有关标准和政策的要求，取得生产许可证才能从事有关的生产和销售经营活动。对企业生产资质的认证包括：企业的生产条件和能力，如要有与产品生产相适应的技术人员、生产设施设备条件及检验检疫手段；还要有产品质量保证制度，产品符合国家有关标准和安全要求，有健全有效的质量管理制度和责任制度等。这就在生产源头建立了产品质量的基本安全保障。对流通过程各相关企业、经营主体的资质进行监管，建立市场准入制度，对作业规范、卫生质量等方面进行具体严格的规定，将不合格产品杜绝在产生之前，不仅可避免不必要的浪费，还有利于流通市场的健康发展。另外，对获得资质认证的企业，还要进行定期或不定期的实际生产操作检查或抽检，保持对生产的监督，避免企业为经济利益而偷工减料或放松质量要求等。

2. 产品追溯制度

产品追溯制度，即食品信息可追踪系统，是建立一个覆盖食品从产品生产到最终消费的信息库，在发现食品质量问题时，可以快速地查出问题食品的源头，以便尽快进行排查，缩小问题食品的范围；并可根据追溯信息，分析识别出发生问题的根本原因，实行产品召回或撤销等措施，及时有效地解决问题，避免问题蔓延或扩大，减少损失，追究责任。产品追溯制度有利于提高食品供应链的透明度，增强供应链利益各方的合作和沟通，有利于提高食品质量安全管理水平。

3. 温度历程的记录监管

由于食品的鲜度、风味和营养成分损失难以通过简单感官方式来准确的判断，难以通过直接量化的指标进行评价，因此，人们研究通过对产品质量影响最大的温度和时间的监管进行质量评价，即发明了各种对温度/时间历程的记录、显示仪器。目前国际上常用的温度历程指示器有三种：CTI（Critical Temperature Indicator）临界温度指示器、CTTI（Critical Temperature/Time Indicator）临界温度/时间积分器、TTI（Time-Temperature Indicator）温度时间指示器。

临界温度指示器（CTI）——给出一个温度值和时间值，表明产品所经的历程中温度是高于或低于设定的临界温度范围，并指示出产品已经高于或低于临界温度的时间，如果时间过长则会引起食品品质或安全问题。

临界温度/时间积分器（CTTI）——用于指示食品流通过程中高于临界温度的累积时间温度历程，适用于超过临界温度以上以一定速率发生的变质反应，可转化为相应食品在临界温度条件下的经历时间。

温度时间指示器（TTI）——显示出连续的温度变化过程，同时在测量中TTI对全部时间－温度历程进行积分，并可指示销售过程中的“有效平均温度”。从理论上讲，这个温度与食品持续变质反应相关联。

7　铁路冷藏运输装备

冷藏运输装备是制冷技术在运输中的应用，是一种特殊的移动式制冷设备。铁路冷藏车具有运量大、运距长、成本较低、运输安全性好、环保性好、受气候条件影响小等特点。机械式冷藏车具有良好的隔热和气密性能，配有优良的制冷控温设备，具有很强的车内温度调控（制冷、加温）和通风等功能，适合于各类易腐货物不同地区、不同季节条件下的全天候运输。但由于铁路冷藏车受轨道线路制约，运输范围限于铁路网所覆盖的区域。铁路曾经是我国冷藏运输的主力军，为丰富农副产品的市场供应、稳定物价作出了重要贡献。我国铁路使用过的冷藏运输装备种类有：加冰冷藏车、机械式冷藏车（单节式、成组式）、冷板式冷藏车、液氮冷藏（试验）车以及冷藏集装箱等。另外，还有一些无制冷装置的保温隔热车。

上述各类铁路冷藏车有各自的特点，应用范围也有所差异。其中，机械冷藏车是使用范围最为广泛的车辆。加冰冷藏车曾一度是铁路的主型车，使用了近半个世纪的时间，但因存在严重的冰盐腐蚀等问题，已于2007年底淘汰完毕。铁路冷板冷藏车也研究了十多年时间，但因车辆通用性、冷板充冷等问题未得到很好的解决，一直未能推广使用。我国铁路还曾经拥有两辆液氮冷藏车，仅用于试验研究阶段。目前我国铁路正在使用的冷藏车型仅有机械式冷藏车。

7.1　机械冷藏车

以机械制冷装置为冷源的机械冷藏车是目前铁路冷藏运输的主要运输工具。机械冷藏车具有的优点是：自重系数低、有效装载容积大、隔热性能良好。同时，具有制冷能力强，温度调控范围大、精准度高，车内温度均匀性好的优点；适运的货物种类多、运输质量良好；车上装备有供电设施，在路网范围内的运输距离和区域不受限制，且无需进行补冰等途中作业，运输速度较快；但与加冰冷藏车相比，机械冷藏车又存在着车辆造价高、维修复杂、使用技术要求高，需要专业乘务人员和维修运用段的问题。

目前铁路机械冷藏车的车型有 B_{21}、B_{22}、B_{23} 型五节式车组和 B_{10} 型单节式机冷车，制冷控温方式均为：氟利昂制冷机组直接（吹风）冷却式。成组式机冷车每辆货车的温度都可单独控制，车内温度调控范围为：－22～＋14 ℃（B_{21}）、－24～14 ℃（B_{22}、B_{23}），外界温度条件为－45～＋40 ℃。

我国铁路机械冷藏车主要技术性能参数见表 7.1。

表 7.1 铁路机械冷藏车主要技术参数表

车型		B_{21}	B_{22}	B_{23}	B_{10}
自重（t）		36.4	36.8	38.2	40.5
车组自重（t）		208.6	200.2	215.8	—
载重（t）		45.5	46	45.5	38
车组载重（t）		182	184	182	—
容积（m^3）		92	105	105	100
装货面积（m^2）		45.9	46	43.6	43.6
车内装载空间尺寸（长×宽×高）（m）		18×2.55×2.0	18×2.56×2.3	18×2.56×2.3	17.3×2.56×2.3
门孔尺寸（宽×高）（mm）		2 700×1 900	2 700×2 300	2 702×2 306	2 700×2 300
最大外部尺寸（长×宽×高）（mm）		21 938×3 035×4 325	2 1938×3 020×4 670	21 938×3 134×4 640	21 938×3 094×4 700
车组全长（m）		107.7	107.7	110.1	
传热系数［W/（m^2·K）］		0.27	0.27	0.27	0.27
隔热材料		聚氨脂聚苯乙烯	聚氨脂聚苯乙烯	聚氨脂聚苯乙烯	聚氨脂聚苯乙烯
制冷量（kW）		15.1×2	15.1×2	15.1×2	9.8
设计温度（℃）	外温	45 ～ －45	45 ～ －45	45 ～ －45	40 ～－40
	内温	－22～＋14	－24～＋14	－24～＋14	－24～＋14

1. 成组机冷车的构造和性能

我国现有的成组机冷车均采用集中供电、分散制冷、空气冷却制冷系统。制冷机组为成套组装式，分别吊装在货车的两端上部，蒸发器、冷风机和电加热器部分伸入装货间，向车内吹送冷热风。机组车外部有外罩，外罩侧面有冷凝风机和进、排风百叶窗式通风格栅。车端部有梯子，机组高度处设有专门的工作台和防护栏杆，操作人员可在此对制冷机组进行操作和维护保养。

五节式机械冷藏车组由 1 辆发电乘务车和 4 辆冷藏货物车组成，如图 7.1 所示。发电乘务车连挂在车组中部，两边各挂两节货物车。

图 7.1 五节式机械冷藏车组编挂示意图

(1)发电乘务车

下面以 B_{22} 型车为例,介绍机械冷藏车组的构造和性能参数。B_{22} 型机械冷藏车组的发电乘务车车体外长 19 m,车体为全钢整体承载箱型结构,辅有聚苯乙烯隔热材料,车顶和侧墙厚度为 120 mm,地板为 140 mm,车体外观如图 7.2 所示。

发电乘务车内分七个空间:机械间、控制中心间、过道和厨房、卫生间、采暖锅炉间、卧室、会议室。机械间内装配有 2 台主柴油发电机组和 1 台辅助柴油发电机组,每台主柴油发电机组的功率为 66.9 kW,电压为 380 V,供冷藏货物车制冷加温用电。每台主机配有冷却水散热用的风机 2 台,风机功率各为7.5 kW。一台 15 kW/380 V 的辅助柴油发电机组,在主机停开、又无地面电源时,用以供生活照明用电。机械间内还备有 4 个燃料油箱,车下吊装 2 个燃料油箱,燃油总储量为 7 200 L,配有燃料泵一台。此外还备有整流器。为使机械间通风换气,还备有一台 0.9 kW 的风机。

图 7.2 B_{22} 型机械冷藏车组

在卧室内设有 4 个卧铺,供乘务人员使用。会议室内还备有桌椅、电视机、空调器、通风机、衣柜、工具柜。厨房内配有电冰箱等设备。此外,发电乘务车上还配有 5 个水箱,总容水量 3 250 L,在卫生间还设有淋浴热水器,它可以用采暖锅炉的循环热水,也可用 1.2 kW 的电热器加温。

(2)冷藏货物车

B_{22}型机冷车的冷藏货物车车体长 21.938 m,内长 18 m,两端各有一个工具间,工具间上部为制冷机组,下部为总控柜和制冷机组配电柜,如图 7.3 所示。车体的总传热系数 K 为 0.27 W/(m^2 · K)。

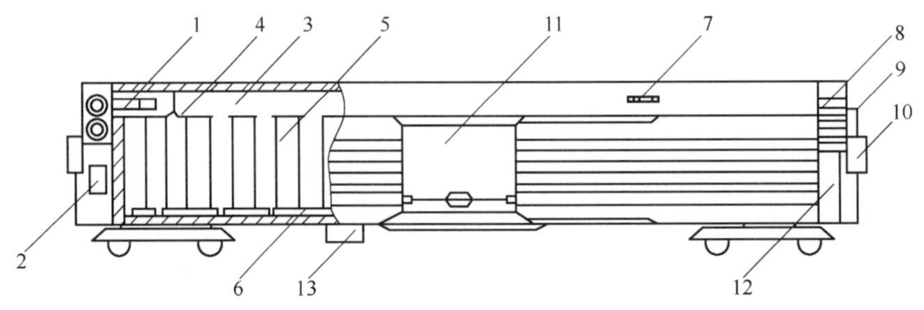

图 7.3 冷藏货物车设备布置示意图

1—制冷机组;2—冷藏车总控柜;3—风道;4—循环挡板;5—通风条;6—底格板(离水格子);7—通风换气排气口;8—机组通风百叶窗;9—护栏;10—工作台;11—车门;12—工具间侧门;13—备件箱。

货物间顶部有贯通货物间全长的循环挡板式风道。循环挡板由若干块镀锌钢板组成,每两块钢板之间有一定的空隙。通风条由内墙板上的立筋构成,车内装货后,空气可从两个立筋之间的空隙由上而下通过。离水格子也是用镀锌板条制成网格状,分若干块铺设在地板上。装货后,离水格子底部空间空气仍可自由流动。卸货后,离水格子可一块块地翻挂在内墙上,以便于货物间清洗。

通风换气及空气循环设备包括风机、风道、通风条、底格板(离水格子)和进出气口,如图 7.4 所示。

冷藏货物车的车门为全开式横拉门,宽 2.8 m,高 2.5 m,门孔尺寸为 2 .7 m×2.3 m。

货物间每端在蒸发器后部都有两台风机,每台配有电动机,其功率为 0.45 kW。为了货物间的换气,在货物间两端墙上设有新鲜空气进风口,通过管道将空气引入蒸发器后面,经预冷或预热后进入车内。进风口设有手动开关的活门。排气口设在车顶上,也可在工作台上操作手把进行开关。

当车内开动制冷机或加热器时,风机也随之开动。风机推动蒸发器周围的冷空气或电热器周围的热空气沿着风道前进,并从沿路的空隙中进入货物间,然后从货物间的两侧和底部(即货物与通风条间、货物之间和离水格子下部)回到蒸发器后端,经冷却或加热后,再由风机重新排出,使冷空气或热空气在货物间内不断循环(图 7.4 中虚线箭头所指方向),以保持车内温度的均匀。

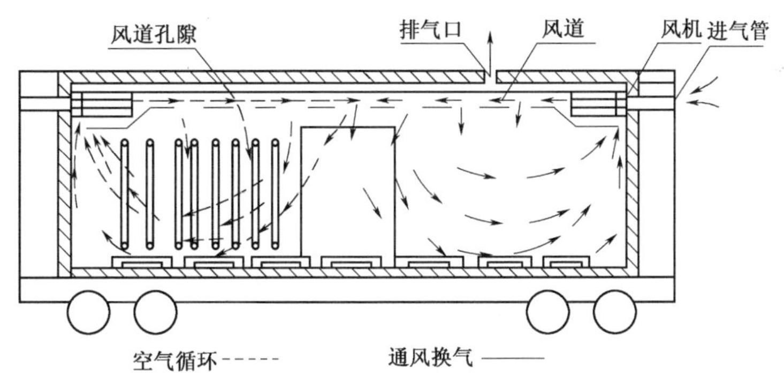

图 7.4 冷藏货物车空气循环及通风换气示意图

当车内需要换气时，开启车端墙上的进气口和车顶上的排气口，由于风机的开动，可将车内污秽的气体通过车顶上的排气口排出。同时，由于风机的开动，进气管道压力减小，外界新鲜空气即由车端墙上的进气口，通过管道和蒸发器不断地进入货物间(图 7.4 中实线箭头所指的方向)。关闭进气口和排气口，就可停止换气，恢复车内的正常空气循环。

每辆货物车都在两端顶部各安装一套 FAL056/3 型制冷机组。机组为成套组装，每套包括压缩机、冷凝器、膨胀阀、蒸发器、储液器、电热器、风机、配电柜以及制冷机附属元件和控制仪表。其中，蒸发器、电热器和循环风机安装在货物间内，其他部分安装在隔热壁外直通大气。这两部分之间用玻璃钢的方框封闭。

压缩机为 1/3FV7B 型单机双级式，低压 3 缸，高压 1 缸，汽缸呈 V 字形排列。缸径 70 mm，活塞行程 60 mm，转速 1450 r/min，配用电机 7.5 kW。机组原设计使用 R12 作制冷剂，充注量为 16 kg。当蒸发器的进风温度为－20 ℃，冷凝器进风温度为＋36 ℃时，机组产冷量为 4.7 kW。根据《蒙特利尔国际公约》，至 2012 年将禁止使用 R12，因此，铁路正在逐步使用 R22 替代 R12。

制冷机组的蒸发器由铜管组套上铝翅片组成，散冷面积为 64 m^2。在蒸发器前端装有 3 个 2 kW 的电加热器，用以在冬季给车内加热。两台蒸发器风机的功率均为 0.45 kW。冷凝器也是铜管套铝翅片，由两台相叠而成，并通过集管分为 6 个部分，散热面积为 60.3 m^2，配有两台风机的功率为 0.9 kW。

(3)单节式机械冷藏车

基于市场需求向着小批量、多品种的方向发展，而成组式机械冷藏车对此明显不适应，因此，为满足市场需求，需增加单节式的冷藏车装备。

武昌车辆工厂早在 1993 年便开始单节机械冷藏车 B_{10} 的研制工作，并于 1995 年 7 月完成各种性能实验，于 1997 年 11 月通过了铁道部的科技成果鉴定。这是我国首次开发的单节式机械冷藏车，制冷机组采用美国开利公司生产的 NDM-94A 型制冷机组，可实现无人值守计算机控制。单节机械冷藏车使用范围广，机动灵活，自动化程度高，节能降耗，降低成本，有利于提高经济效益和社会效益。

B_{10} 型单节机械冷藏车，自重 40.5 t，载重为 38 t，装货容积 100 m^3，车体传热系数 $K \leqslant 0.27$ W/(m^2 · K)，漏气量 $V \leqslant 40$ m^3/h，构造速度 120 km/h，在环境温度±40 ℃时，车内温度可在－24～＋14 ℃范围内调节。可根据不同易腐货物对温度的要求，选择和设定工况温度，以保证货物运输质量。B_{10} 型车的外观如图 7.5 所示。

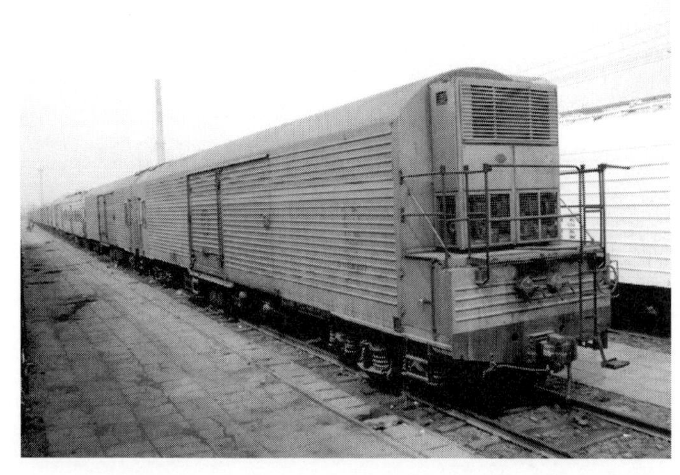

图 7.5　B_{10} 型单节机械式冷藏车

该车制冷机组采用 R22 作制冷工质，该种工质的 ODP(臭氧破坏系数 Ozone Depression Potential)值为 0.05，比 R12 低 95%，GWP(温室效应潜能 Global Warming Potential)值为 0.01，也比 R12 小。R22 的禁用期限为 2030 年，还有较长的使用期，目前这种工质生产量大，价格便宜，购置方便。

这种单节机械冷藏车在设计时，考虑到我国目前的实际情况，在车辆的一端设有一小押运室，可供一名押运员使用。单节机械冷藏车的基本参数参见表 7.1。

7.2 冷板冷藏车

1. 冷板冷藏车的发展

冷板冷藏车是利用有一定蓄冷功能的冻结板进行制冷。冷冻板为有一定厚度的密闭钢板壳体，壳体内充注特殊的低溶共晶液（蓄冷剂），并设有蒸发器盘管，管内可通过制冷剂。将制冷机与冷冻板相连进行充冷，即将液体制冷剂压入冷冻板蒸发盘管内气化吸热，低共晶液便被冷却冻结成固体状态，形成一块储存了冷量的冷冻板。在运输中利用冷冻板中的低共晶液吸热，为车内制冷。低共晶液可在冷冻板内反复冻结、融化，循环使用。

铁路冷板冷藏车的发展经历了 20 多年的历程，分为无制冷机组和有制冷机组二种，按发展时期分为第一代和第二代冷板车。第一代冷板车为发展初期的车型，车上无制冷设备，需要依靠地面充冷站（制冷设备）进行冷板的充冷，因此使用范围受地面充冷站的制约。第二代是在车上装备了制冷机组，用地面电源驱动制冷机组进行冷板的充冷，故又称机械冷板冷藏车。与第一代相比，自带制冷机的机械冷板车，只要地面有电源就可进行充冷作业，使用更为方便、灵活，应用范围更广。

2. 车辆性能结构

第一代冷板冷藏车结构是在原冰冷车每个冰箱的位置上分置两块冷冻板作为冷源，全车共 14 块冷冻板。冷冻板为密封的钢制板状容器，内设成排的蒸发器盘管，用于制冷剂的循环；管外与容器内壁之间的空隙充满低溶共晶液（蓄冷剂）。蓄冷剂为 EM-157 型低共熔混合液，其凝固点为－18.5 ℃，凝固热为 240.7 kJ/kg，比热容为 3.06 kJ/(kg · K)，密度为 1.29 g/c m^3。14 块冷冻板共可装 7 980 kg 的蓄冷剂。冷板充冷后，低溶共晶液的冻结凝固率约为 95%，总蓄冷量为 1 720 kJ。

第一代冷板冷藏车利用冷冻板与货物间的 12 块温度调节板，实现对车内的温度控制。温度调节板两侧设有进气口，冷气通过两侧进气口进入车内货物间，然后通过中部的排气口，完成冷热空气循环。通过车端墙上部的操纵杆可以人工调节进、排气口的开启程度，来实现对车内温度的调节。外温 30 ℃时，车内可维持的温度：运冻货时－10 ℃，运冰鲜鱼时－3～0 ℃，运果蔬类时为0～8 ℃。

在由冰冷车改造冷板车试验成功后，武昌厂制造了一组 4 节式冷板冷藏车组。在车组中的一辆车上设置了乘务室。设乘务室的冷板车比其他冷板车装货间小，相应的冷冻板数量也少，仅有 10 块；载重量为 30 t，容积 63 m^3，其他 3 辆冷板车各有 14 块冷冻板，载重 38 t，容积 87 m^3。

为了使冷板冷藏车运用更为方便、灵活，减少空载率，研发了第二代冷冻板冷藏车——机械冷板冷藏车。机械冷板冷藏车于 1997 年 4 月通过铁道部技术鉴定。

机械冷板冷藏车在第一代冷板冷藏车基础上增设了制冷机组，可利用外插电源驱动车上的制冷机组为冷冻板充冷。机械冷板冷藏车由两辆车组成，可单节使用。两辆车内，一辆带乘务室，另一辆带炊事室，两车之间连挂处设带风挡和过道门的通过台。带乘务室的货物车内，设卧室和机器间，机器间内装四台制冷机组。转向架上加装了 KFT-1 型车轴发电机，车底架下安装两个蓄电池箱；带炊事室的货物车内，设炊事室、厕所和机器间，该车内设洗池、炊事炉（煤气炉和 48V 直流电炉），还安装有冷板电冰箱、不锈钢水箱。机械冷板冷藏车的主要技术性能参数如表 7.2 所示。

表 7.2　机械冷板冷藏车技术参数表

名　称	单　位	参数值
自重（含共晶液）	t	48
载　重	t	30
有效容积	m^3	64.5
车体传热系数 K	$W/(m^2 \cdot K)$	≤0.41
冷冻板（长×宽×高）	mm	2 300×980×265（6 块） 2 200×980×265（2 块）
全车共晶液（EM185）总重	t	4.5
冷板充冷时间	h	18
全车完成充冷时间	h	24
冷板放冷时间	h	100
温度调节板数量	块	12
车内温度范围	℃	（外温 30 ℃时）−10～+8
制冷机组（型号×数量）	台	VATNA500B×4 功率 3.7kW/台
车辆长度	mm	18 068
车辆构造速度	km/h	120

机械冷板冷藏车的车体隔热材料采用聚苯乙烯，制冷剂采用 R502。机械冷板冷藏车的两辆车货物间各安装八块冷冻板，板下设温度调节板。

在制冷方式上冷板冷藏车与机械冷藏车是有区别的。机械冷藏车中制冷机的开停机是根据车内温度的变化，由温度控制器控制的。通过制冷机的工作，车内温度能够维持在设定的范围内，车内设定温度可以根据货物的运输要求进行改变。冷板冷藏车所需冷量是储蓄在冷冻板内，开车后，冷冻板不断地将冷量传递到车内，在车辆运行期间是无法进行冷量控制的。冷板冷藏车车内温度范围基本取决于冷冻板内蓄冷剂的共晶温度，车辆运用的温度范围在车辆设计时就基本确定，所谓的温度调节只是在冷冻板和货物中间增加一层保温隔板，在上面开通风窗口，通过控制开启通风窗口的数量，改变冷冻板传递到货物间的冷量，但这项工作必须在开车前完成，因此，冷板冷藏车的运用范围不如机械冷藏车广泛。冷板冷藏车如果是专用型设计，其车内温度是比较稳定、准确的；如果是通用型设计，其车内温度的控制不可能像机械冷藏车那样准确。

冷板冷藏车的主要优点：①车辆运行期间无因机械动作、电器和人为因素引发的制冷系统故障；在有效放冷期间可连续制冷，货物运输质量有可靠保证。②制冷成本低、恒温性能较好。③车辆可单节使用，运用较为方便灵活。

机械冷板冷藏车比无制冷机组的冷板冷藏车具有以下优点：不需地面充冷站，只要有外接电源就可进行充冷，因此使用更加灵活方便。

冷板车的严重缺陷是充冷问题没有很好的解决方案。冷板车充冷需要较长时间，需在路网上设置充冷站，还要占用线路。因此，主要是在有充冷条件的固定区段或线路上使用；在无充冷条件的地段使用，只能采取重车发出空车返回的方式，增加了空率。

7.3　液氮冷藏车

液氮制冷完全不同于机械制冷的冷媒循环使用方式，它是一种冷媒消耗式制冷，与“干冰”制冷等消耗固化或液化气体方式，被称为继机械制冷出现后的第三代新冷源制冷技术。其基本原理是利用这些固化或液化气体挥发（升化、汽化）过程吸收热量，达到制冷效果。

液氮制冷技术就是运用一定的设备，根据所需冷量来控制液氮的释放和挥发量。在国外冷藏汽车和冷藏集装箱上应用较多，在国内多处于研究、试验阶段，实际应用普及率低。我国铁路在20世纪90年代初，曾对液氮制冷技术用于铁路运输进行过试验研究，利用两辆旧型 B_{17} 机冷车的货物车，加装液氮喷淋制冷设备等，改造为液氮冷藏试验车，进行了约两年的运输试验。

1. 液氮制冷原理

液氮制冷主要是利用氮的物化性质，常温条件下氮呈现惰性气体状态，常压下冷却到－196 ℃，氮将变成无色、透明、易于流动的液体，即变为液氮。液氮具有不燃、不爆、化学性质稳定的特点，储藏在高度真空、绝热的容器中，可在常压低温状态下储存和运输。氮的理化性质参数如表 7.3 所示。

表 7.3　氮的理化性质(标准大气压下)

状态与名称	液氮	气氮
密度(kg/ m³)	810(－196 ℃)	4.09(－196 ℃)
沸点(℃)	－195.8	
凝固点(℃)	－209.9	
汽化热 γ(kJ/kg)	199.2	
汽化体积变化(L)	1	643
定压比热容 c_p[kJ/(kg· ℃)]		1.04

当液氮从低温容器中喷射出来，突变到常温空间时，液态向气态转化，会吸收大量的汽化热。在－196 ℃温度条件下，1kg 液氮变成气氮时，要吸收 199.2 kJ的汽化热；低温气氮在定压条件下温度从－196 ℃上升到常温条件下，还要吸收一定的热量。这两部分热量决定了液氮的制冷量。氮气的比热容为 1.04 kJ/(kg· ℃)，每公斤液氮的制冷量可由下式计算：

$$Q=199.2+1.04(t+196)\quad(\text{kJ})$$

式中　Q——每公斤液氮的制冷量，kJ/kg；

γ——液氮的汽化热，kJ/kg；

C_p——氮气的定压比热容，kJ/kg；

t——车内平均温度 ，℃。

以此计算得的液氮单位质量制冷量如表 7.4 所示。

表 7.4　液氮的制冷量

车内温度(℃)	制冷量(kJ/kg)	车内温度(℃)	制冷量(kJ/kg)
－18	384.3	5	408.3
－15	387.5	10	413.5
－10	392.7	15	418.7
0	403.1		

液氮制冷的主要优势在于制冷速度快、降温效率高、温度场分布均匀。在由液氮变成气氮的过程中，氮的体积迅速膨胀数百倍，低温氮气会很快充满整个车内空间，并渗透到货堆内部，因此，冷却降温速率高，车内温度场分布均匀

性好。而且在运输果蔬类产品时，还兼有气调保鲜功能，储运保鲜质量更佳。另外，液氮制冷还具有设备简单、维修量少，以及制冷控温范围大、环保性能好等优点。

2. 制冷装置

液氮制冷系统由液氮储罐、喷淋装置、温度控制和压力控制装置四部分组成。液氮的喷射动力来自于液氮的自增压性能；喷淋装置用来控制液氮喷出量，喷射的时刻及持续时间由电磁阀进行控制；电磁阀的动作由计算机控制，计算机根据设定的温度控制范围，及车内温度传感器的信息，进行对电磁阀的通电或断电操作。压力控制器用来使储液罐内保持一定的压力，以可使液氮随时喷出，同时又对储罐的压力进行安全监控，防止压力过高。

根据铁路运输车辆冲撞较为剧烈的特点，铁路液氮冷藏试验车的储罐采用卧式圆筒状罐外加长方型集装保护框架形式。储罐分内、外筒双层结构，内筒采用不锈钢材料，外筒用普通钢材制作。内外筒之间夹层抽真空并填装珠光砂，以真空粉末绝热方式保存低温液氮，日蒸发率为 2%。内外筒之间用环氧玻璃布棒支撑和绝热。除此之外，还增加了增压器、液面计、压力表、安全阀、防爆膜、充灌品及各种操作阀门和管路等装置。

喷淋装置决定液氮喷射的气化程度，及在车内的扩散均匀程度。主要是由液体输出管路和喷液管、喷孔所组成。为防止液氮喷出时只直接喷到果蔬类货物上，还在喷管下方装置了上开式蒸发盒，低温氮气喷出时可先在盒内滞留片刻，再从上方四散开来，有效地避免了液滴流出冻伤货物的可能。

温度控制系统以测温控温仪为核心，由多路温度传感器采集车内外温度信息，经计算机处理，定时进行信息检测，判定是否达到温度控制上、下限，以控制供液器电磁阀的开关，达到温度控制的目的。温度巡测可每隔 2 min 进行一次。

压力控制器可以解决液氮的带压储存问题，使液氮储罐保持一定的工作压力(如在 1.2～1.6 kg/cm^2 范围)。通过增压电磁阀开启，放空阀关闭，一部分液氮通过增压阀流入换热器，汽化后返回储罐内，使储罐内压力升高，反之，关闭增压电磁阀，打开放空电磁阀，罐内氮气排出，则罐内压力下降。

液氮制冷不需要外动力，但自动电气控制系统，包括计算机(单板机)、电磁阀等需要弱电供应，所以仍需要一套电气装置。液氮冷藏试验车上配备蓄电瓶来解决供电问题，还安装了车轴发电机，可在运行途中为蓄电瓶充电。

铁路运输试验证明，液氮制冷适用于运输各类易腐货物，包括冻结货物、冷却货物和未冷却货物。但未冷却货物的货物预冷降温会消耗大量液氮，从经济性能上分析很不合算,因此,该类型冷藏车更适于运输冻结货物和冷却货物。同时,液氮冷藏车具有可单辆运输、设备简单、维修量小、自动控温稳定、温度波动范围小(±1.3 ℃)、对运输果蔬兼有气调保鲜作用、对环境无污染、无噪声等优点。

液氮冷藏运输中存在的问题,主要是液氮的供应及价格问题。由于液氮消费占运输成本的较大部分,在我国液氮价格较高的情况下,直接影响了液氮冷藏运输业务的开展。同时,由于运输途中没有完备的补液设施,受液氮冷藏车储液罐容量所限(试验车容量为 1 000 L),其运输距离限定在中短途(约 1 400 km)以内。

7.4 冷藏集装箱

冷藏集装箱是一种标准化的运输工具,适用于各种运输方式。冷藏集装箱除具有普通集装箱的各项基本功能外,还具有隔热、保温及制冷功能。与冷藏车相比,它具有更广泛的适用范围,减少了中转时的装卸、搬运环节,可实现"门到门"运输。因此,冷藏集装箱使用更加灵活方便,是目前最受欢迎的冷藏运输装备。但集装箱因无"轮子",需要运载工具和吊装设备。

7.4.1 箱型分类

各类冷藏集装箱的基本形状及结构类似,均有集装箱的箱型结构及承载功能,只因制冷方式和设备配置的不同而有所差异。

常见的冷藏集装箱,按制冷方式可分为机械制冷式冷藏箱、冷板冷藏箱、(制冷剂)消耗式冷藏箱以及气调冷藏箱等。另外,海运冷藏箱中,有不带制冷设备仅具有隔热保温箱体的隔热冷藏箱,它是由船上的制冷装置提供冷源。其中,机械冷藏集装箱是目前技术最为成熟、应用最为广泛的冷藏集装箱。

1. 机械冷藏集装箱

机械冷藏集装箱按制冷机组装置位置的不同又可分为内置式和外置式机械冷藏箱。内置式机械冷藏集装箱,又称内藏式冷藏箱,是将制冷机设置于箱体内,制冷装置和箱体组成一个整体,形成一个标准尺寸的冷藏集装箱。外置式机械冷藏集装箱,制冷装置是完全独立的,设于箱体外部,箱体本身是一个标准箱。其制冷系统利用微机多方位控制制冷装置的工作,保证装置在高效、安全的工况下运行。现在很多新型机械冷藏箱上,装配了更为先进的现代化的自动控温制冷设备,并加装 GPS 系统,可运用远程信息遥控和传输技术等,对冷藏箱进行实时追踪、监控或操作。

2. 冷板冷藏箱

冷板冷藏集装箱是指采用冷冻板，利用低温共晶液进行储冷和供冷的集装箱。根据冷冻板的配置情况又可分为固定式冷板冷藏集装箱和活动式冷板冷藏集装箱(其冷冻板可拆卸)。冷板式冷藏集装箱基本上不带制冷装置，需要定期进行冷板充冷，其温度水平由充注的共晶液的共晶温度决定。

3. 制冷剂消耗式冷藏箱

(制冷剂)消耗式冷藏集装箱，指采用液态制冷剂(如液氮、液化空气)、固态制冷剂作为冷源进行制冷的冷藏箱。即利用液态、固态制冷剂的蒸发汽化过程，吸收周围的热量，达到制冷效果，有些消耗式制冷剂还兼有气调作用。此类冷藏箱多无需外接电源或燃料供应，且无机械运动部件，因此制冷设备维修量少。

4. 隔热冷藏集装箱

隔热集装箱是指不设任何固定的、临时附加的制冷或加热设备的冷藏集装箱。隔热集装箱具有良好的隔热性能，为实现冷藏保温功能，需要外部制冷或加热设备，向箱内输送冷风或热风。

隔热集装箱的特点是箱体本身结构简单，货物有效装载容积率高，造价便宜。适合大批量、同品种冷冻或冷藏货物在固定航线上运输。其缺点是缺少灵活性，对整个运输线路上的相关配套设施要求高。隔热集装箱在20世纪70年代前曾经是国际之间冷藏保鲜货物的主要运输工具之一，20世纪80年代之后机械冷藏集装箱大量使用，目前隔热集装箱已逐步被更为灵活的机械冷藏集装箱所取代，但仍有一些在具有稳定货源的海运航线中使用。

5. 气调冷藏集装箱

气调冷藏集装箱通常是在机械冷藏集装箱各项冷藏功能基础上，增加具有气调功能的装置。气调设备可产生特定的气体或维持一定的气体成分比例，以减弱新鲜果蔬的呼吸强度，从而减缓果蔬的成熟进度，达到保鲜的目的。

气调保鲜的关键是调节和控制货物储存环境中的各种气体的含量。目前最常见的是用充氮降氧方法来降低环境中的氧气含量，控制乙烯含量，减缓果蔬成熟。气调集装箱的气密性要求较高，一般要求漏气率不超过2 m^3/h。采用气调集装箱运输具有保鲜效果好、储藏损失少、保鲜期长和对果蔬无任何污染的优点。但由于采用气调设备后，技术要求高，冷藏集装箱价格高，并且气调在小批量货物的储存和运输中没有优势，因此目前使用还不普遍。

7.4.2　箱体规格系列

作为现代标准化的运输工具，冷藏集装箱的箱体外形尺寸、结构，与通用集装箱的系列相同，但因装配制冷设备和隔热材料等要占用一定容积，其内部尺寸要小于普通集装箱。

国际标准冷藏箱的外部尺寸和额定质量情况见表 7.5。根据国际标准(ISO 668:1995)和我国集装箱相关标准(GB/T 1413—1998)，各种型号的冷藏集装箱的外部宽度均为 2 438 mm，长度有 12 192 mm、9 125 mm、6 058 mm 和 2 991mm 四种，分别对应 40 ft、30 ft、20 ft 和 10 ft 箱。箱高为 2 438 mm 的集装箱型号为 1A、1B、1C 及 1D，箱高为 2 591 mm 的集装箱为高箱，其型号为 1AA、1BB 和 1CC。40 ft、30 ft 的大型箱有箱高为 2 896 mm 的超高箱，其型号为 1AAA 和 1BBB。箱高低于 2 438 mm 的型号为 1AX、1BX、1CX 和 1DX。

实际上，随着冷藏集装箱制造技术的发展，一些 1AAA 型冷藏集装箱的额定质量已达 34 000 kg，1CC 型冷藏集装箱的额定质量也可达 30 000 kg，远远超出 ISO 标准，这对冷藏集装箱的制造技术、结构强度提出了更高的要求。目前，冷藏集装箱制造均根据客户的要求，采取各种加强措施，来满足这些新的市场需求。

表 7.5　国际标准集装箱外部尺寸和额定质量

集装箱型号	长度(mm)	宽度(mm)	高度(mm)	额定质量(kg)
1AAA	12 192	2 438	2 896	30 480
1AA			2 591	
1A			2 438	
1AX			<2 438	
1BBB	9 125	2 438	2 896	25 400
1BB			2 591	
1B			2 438	
1BX			<2 438	
1CC	6 058	2 438	2 591	24 000
1C			2 438	
1CX			<2 438	
1D	2 991	2 438	2 438	10 160
1DX			<2 438	

目前世界各国大部分的集装箱运输都采用 20 ft 和 40 ft 两种集装箱。为

使集装箱箱数计算统一化，国际上把 20 ft 集装箱作为一个计算单位，即统计时将集装箱的计量单位用 TEU(Twenty-feet Equivalent Unit)来表示，TEU 又称 20 ft 换算单位或换算标准箱，如把 40 ft 集装箱作为两个计算单位，即两个标准箱。

7.4.3 机械式冷藏集装箱

1. 基本结构及功能特点

机械式冷藏集装箱在国内外贸易及各种运输方式中均适用，是目前使用最为广泛的箱型。机械冷藏集装箱是指设有制冷装置(机组)的冷藏集装箱，同时还具有加热装置，可根据需要采用制冷或加热手段，使冷藏集装箱内的温度控制在设定的温度范围内。

机械式冷藏集装箱由箱体和制冷装置两大部分组成。制冷装置设置于箱体的一端，有送风口和回风口通往箱内。利用各个侧壁及地板的异形结构设计构成箱内的冷风循环风道。

机械冷藏集装箱与其他冷藏集装箱相比，具有以下优点：

(1)温度调控范围广，可达－29～＋27 ℃甚至更大，可根据用户需要进行设计，通用性强，适用于各类易腐货物的运输。

(2)可实现全自动控制，操作简便。

(3)箱内温度分布均匀性较好。

(4)只要能及时补充油料，可用于各种距离的运输，使用灵活方便。这是其相对于其他冷藏集装箱的最突出优点。

机械冷藏集装箱也有一些缺点，如设备复杂、初始投资大、维修费用高；箱内温度梯度要大于液氮冷藏集装箱；箱内需设风机、风道系统，会增加箱内货物的干耗、脱水。

2. 箱内冷气循环方式

机械冷藏集装箱的送风方式分为上送风式和下送风式，如图 7.6 所示。

上送风方式是由风机将冷风从箱体的上端送入箱内。为保证箱内温度的均匀，通常需要使用送风管或设置风道将部分冷风引至箱体中后部。为防止装载过程对风管造成损坏，一般采用帆布等材料制作的软风管。

下送风方式是由风机将冷风经回风格栅从箱体底部送入冷藏箱内。冷藏箱底部的地板由 T 形铝合金轨铺设而成，这种 T 形轨的作用：一是可作为地板离水格子用于承载货物；二是在装满货物后，T 形结构可形成良好的下部风道，保持冷风循环系统的畅通。箱体上部，通过限定货物堆码高度，保留通风

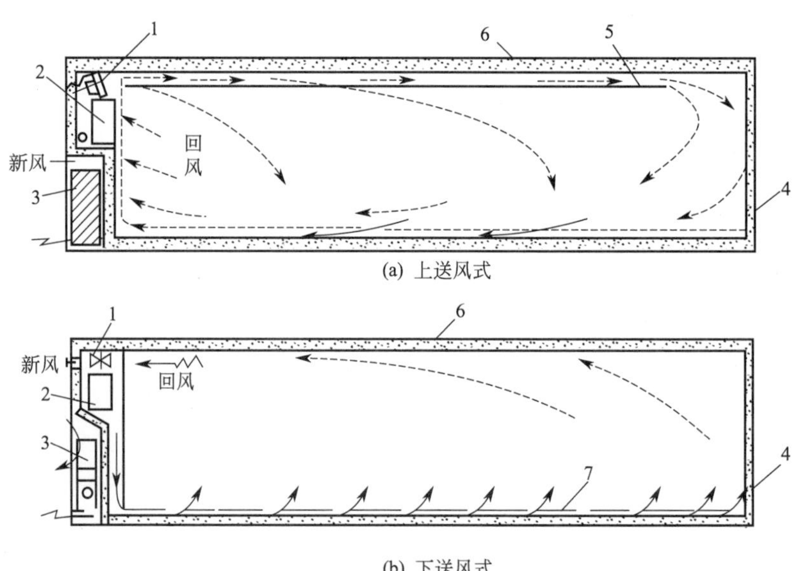

图 7.6　机械冷藏集装箱送风方式

1—风机；2—蒸发器；3—冷凝器；4—箱门端；5—送风管；6—隔热箱体；7—T 形风轨。

空间；箱体内侧壁和端门中，利用内墙壁表面的压筋结构的凹凸条形成风道，与底部风轨结合构成了完整的箱内冷风循环体系。冷风从底部风轨的一端进入后，沿箱体纵向送到箱体的各个部分，在货物上下部的空气压差作用下，自下而上流经货物，吸热升温后，从箱体顶部的通风道回流到制冷装置。机械冷藏箱的冷风气流循环由蒸发器的风扇驱动为主动力，并利用气流自然运动规律为辅助力，形成箱体内气流的循环系统。制冷装置的蒸发器风扇通过送风压力室将冷风送入冷藏箱内，冷风经过货物进行热交换后，再被回风机抽回到制冷装置中进入下一次循环，以此循环往复，不断将车内热量带走，实现降温功能。

3. 制冷机组及控制器

机械冷藏箱大多采用半封闭或封闭式制冷压缩机。传统箱型制冷压缩机使用单级活塞式压缩机，现代冷藏箱制冷压缩机则有以涡轮旋转式压缩机为主的趋势。

现代机械式冷藏集装箱机组的运行操作控制、状态监测及记录，全部由一个先进的微处理控制器来完成。微处理控制器控制所有机组功能，以使货物保持在合适的温度，同时也监测和记录系统运行情况及故障。监测记录的主要数据信息包括回风温度、进风温度、蒸发器温度、冷凝器温度、环境温度、压缩机排气温度、电流、电压等。

机械冷藏集装箱根据温控需要设定运行工况模式，分冷藏工况和冷冻工况。当设定温度在－9.9 ℃以上时，为冷藏工况；当设定温度为－10 ℃以下时，为冷冻工况。

在冷藏工况下，机组的运行模式有“制冷”、“加热”、“融霜”三种；在冷冻工况下，机组的运行模式有“制冷”、“空运行”、“融霜”三种。所谓“空运行”模式，是指在冷冻工况下，当回风温度降至低于设定温度1 ℃（不同机组可能有不同值）以下时，压缩机和冷凝器风机停止运转，蒸发器风机继续运转。压缩机停机至少5 min以上。

为达节能效果，还会设置“经济运行”或“节能运行”模式，在冷藏工况下，当温度达到设定温度范围时，蒸发器风机持续低速运行，以节省能耗；在冷冻工况下，当温度达到设定温度1 ℃以下时，控制器停止压缩机和冷凝器风机，蒸发器风机速度减半运行或停止，以达到节能效果。

制冷机组控制器的各主要功能通过操作面板及显示屏进行浏览和操作。操作面板有显示屏和键盘两部分，显示屏又分状态指示灯显示屏和键盘操作显示屏。常用的送风温度和回风温度，以及压缩机、加热、融霜及报警等运行状态情况，通过状态显示屏和显示灯来显示。通过键盘进行制冷机组的设定，其主菜单的内容及功能有：

（1）设定温度菜单（Setpoint Menu），用于输入设定的温度和经济模式。

（2）数据菜单（Data Menu），用于显示机组运行信息，包括传感器温度、电压、电流和频率信息。

（3）报警菜单（Alarm List Menu），显示报警代码清单。

（4）命令菜单（Commands Menu），用于启动前预检（PTI）测试、功能测试、融霜、手动功能测试及功率管理。

（5）配置菜单（Configuration Menu），用于显示制冷剂种类、温度范围设定、集装箱箱号、箱型、机组型号、蒸发器类型、冷凝器类型及其他的机组设定值。

（6）数据记录器菜单（Datalogger Menu），用于显示温度记录、事件记录、设定记录时间和PTI记录。

（7）遥控监测状态（Remote Monitoring），用于显示当前遥控监测的状态。

（8）其他功能菜单（Miscellaneous Function Menu），用于显示日期/时间、装货数据、软件版本及运行时间信息等。

7.4.4 冷藏集装箱运用基本条件

1. 箱体技术性能要求

为满足各种运输方式的需要，冷藏集装箱需满足相关标准，包括 ISO 1496/2:1996《货物集装箱系列 1 标准第二部分——保温集装箱技术条件和试验方法》和 GB/T 7392—1998《集装箱的技术要求和试验方法——保温集装箱》的各项要求。

冷藏集装箱的性能需经以下几项试验、检验合格后才能出厂使用，主要有强度试验、水密性试验、气密性试验、漏热试验和制冷性能试验。

(1)强度试验

强度试验是为验证冷藏集装箱在装卸、运输中等各种条件下的强度与承载能力。冷藏集装箱应进行堆码试验、起吊试验、纵向拴固试验、端壁强度试验、侧壁强度试验、底部强度试验、横向刚性试验及纵向刚性试验等。各项强度试验的具体方法和要求，参见 GB/T 7392。

(2)水密性试验

水密性试验是对冷藏集装箱的门封、带垫片的外部接缝，以及其他有关闭装置处的水密性进行验证。试验主要通过喷水试验后，要求试验的射水压强为 100 KPa，喷嘴与受试箱面保持 1.5 m 距离。试验后检测箱内及电器盒不应出现渗漏现象。

(3)气密性试验

气密性试验应安排在强度试验后，漏热试验之前进行。试验时，箱内、外温度相应的波动范围均应在 288～298K(15～25 ℃)之间，各自的波动范围均应小于 3K。气密性试验是通过向冷藏箱内送气，使箱内外压差达 250Pa±10Pa；并使压差保持稳定后，记录保持该压差的送气量，即为漏气量。设有一个箱门的冷藏箱的漏气率，按标准状态计不应超过 10 m^3/h。

(4)漏热试验

漏热试验是要确定冷藏集装箱的漏热率，应安排在气密性试验合格后进行，制冷和加热装置安装就位后，关闭所有开口。采用内部加热法试验时，要建立热平衡。将加热器放在箱内，使加热器和风扇的功率，与通过箱体隔热层所漏出的热量达到平衡。记录热平衡稳定状态时间段内所消耗的功率、箱内外各测点的温度，根据下式进行计算确定漏热率(U)。

$$U_i = P/(T_{内} - T_{外})$$

式中　U_i——第 i 次试验的漏热率($i=1,2,\cdots,n$)，W/K；

P——箱内加热器和风扇所耗功率之和，W；

$T_{内}$——箱内平均温度，K；

$T_{外}$——箱外平均温度，K。

其中,温度测试点的布置需距箱体内、外壁 100 mm 处,布点数各至少 12 个。进入稳定状态的持续测试时间不少于 8h,测读每组数据的时间间隔不得超过 30 min。

计算各次漏热率 U_i 的平均值,即为试验所得漏热率。

$$U = \frac{\sum_{i=1}^{n} U_i}{n}$$

按上式得出的 U 值,还需进行与标准工况条件的修正,即按 U 与平均壁温的关系曲线,得出按标准平均壁温 293K 修正后的值。

(5)制冷性能试验

制冷性能试验是检验带有整体式或挂装式机械制冷机组的冷藏集装箱,在给定外界温度条件下,保持箱内规定温度的能力。一般试验时,先使用空箱在仅有漏热负荷下运行 8h,待温度相对稳定后,再附加热负荷(电加热)后,设备能使箱内的平均温度保持在规定的水平上至少 8 h。

2. 机械冷藏箱的供电要求

大部分机械式冷藏集装箱要依赖外部电源驱动制冷装置工作,目前也有自带动力的冷藏箱,但数量较少,因为设备配置会占用箱子的装货空间,影响其经济性指标。冷藏集装箱为适应全球范围的使用需要,通常采用 3 相电源,电压为 220~440 V、频率为 50/60 Hz 的电源均可使用。

为保证冷藏集装箱能安全、可靠地工作,用于冷藏箱的电器设备应符合 ISO1496/2 和 GB/T 7392—1998 的规定。冷藏集装箱的最大负荷不超过 18.75 kV · A,耗用功率不超过 15 kW。电源插头上应有一根接地线,并和电源线一起接到设备上。所有超过 42 V 的电器元件均应屏蔽,以防触电。设备的绝缘电阻至少应为 1 MΩ。冷藏集装箱要有一根容量足够的电缆,其长度至少应等于箱体长度加 6 m 或 15 m,并应设置一个足以储存电缆的空间。每个电源插座应有单独的开关或断路器,最好设有连锁装置,以确保插头或断路器在连接状态下不能被插入或拔出。

3. 冷藏箱的使用与管理

(1)运行前的检查与测试

冷藏箱运用前除要对箱体、箱门,以及卫生状况、排水系统等进行基本检查外,还要对制冷装置进行一系列的检查,以确保运行安全。

①机组检查。在装箱使用前,首先应对冷藏集装箱机组进行外观检查。外观检查主要包括:机组外观有无损伤;机组控制箱内的电气连接是否牢固;电源线及插头情况;制冷系统有无泄漏,所有连接处有无漏油迹象。检查冷凝

器和蒸发器盘管是否需要清洁，风机网罩有无损坏。机组、压缩机和风机电动机的安装螺栓是否松动，并需清洁融霜排水系统。

②预检测试(PTI)。这是使用冷藏集装箱前对整个系统运行情况的一种测试，包括对冷藏集装箱箱体、制冷系统进行全面的检查，以保证冷藏箱清洁、无损坏、制冷系统处于最佳状态。目前在先进的冷藏箱中，机组控制器带有特殊的 PTI 预检测试功能，可自动检测制冷量、加热量、温度控制，以及风机、传感器功能等。预检测试只能在空箱状态下进行，并且在测试过程中箱门需关闭，整个测试过程大约需要 2～2.5h。

③制冷机组控制设定。冷藏集装箱装货过程中通常不开启制冷机组，而是等到装完货关好箱门后再启动机组。启动机组前要根据货物种类和储运要求，正确设定制冷机工况、温度范围，以及信息检测时段、数据记录等。

(2)对货物及装载的要求

冷藏集装箱的制冷机组设置受多方面的制约，制冷能力有限，应使装运的货物状态和质量尽量地好，才能保障运输质量。例如，对于冻结货物，货物温度应尽量低一些，最好低于运输温度 2～3 ℃以上。这是因为：一是装车的月台温度都高于冷库温度，转运时货温会有所升高；二是冷藏箱的制冷装置制冷能力有限，通常冷藏箱制冷系统设计是用来抵御外温的影响，维持货温和箱内温度，而不是用来冻结货物的。如果货物温度过高，将使制冷系统超负荷工作，易导致系统出现故障，影响货物安全。同样的原因，使用冷藏箱运输新鲜水果、蔬菜类货物时，装箱前必须进行货物的预冷。试运经验表明，冷藏集装箱装入未经预冷的鲜果蔬产品，其货温很难降至要求的运输温度范围，很难保证货物运输质量。

一般情况下冷藏箱装货前不进行箱体的预冷，因为预冷过的冷箱一打开门，外界热空气进入冷藏箱遇冷将产生水汽凝结，水滴会损坏货物外包装和标签，在蒸发器表面凝结的水滴影响制冷量。但在装货的冷库温度与冷藏箱内温度一致，并采用“冷风通道”进行装货的条件下，可以预冷冷藏箱。当冷藏箱装运温度敏感货物时，冷藏箱应进行预冷。如若冷藏箱未预冷可能造成货物温度波动影响货物质量。预冷时应关紧箱门。

由于冷藏箱内部的货物堆装方式，对箱内气流的影响较大，因此，对货物的装载也要有明确的规定，以确保箱内冷风循环通道的畅通，保证箱内温度场的均匀性。

①任何情况下，冷藏箱内的货物装载高度不能超过最高货物装载线，端部货物装载不得超出 T 形槽的垂直面，以确保有足够的回风通道，使气流能顺

利返回制冷装置。

②任何情况下，不能有直接裸露的T形风轨，必须使冷藏箱整个底部处于被覆盖的状态。这样才能保证送入箱底部的冷风到达货堆后部，且只能从货物装载区向上流动，经过货物内部和表面带走热量，形成良好的箱内流量循环条件。

③由于空气总是向流动阻力最小的地方流动，堆装货物时，一定要防止气流的"短路"或"断路"现象。例如，由于货物装载太分散，货物之间的空间无任何流动阻力，冷风很快从货堆中间的空间流过，未经货堆内部直接回到制冷装置；或在货堆的前部留下了无遮盖的空间，从T形轨送入的冷风，没与货物产生任何接触，直接返回制冷装置，造成严重的气流"短路"。货物上覆盖了不透风的塑料膜等覆盖物，使气流无法通过上部回风道回到制冷装置，形成"断路"；或货物堆码过满，没有上部的回风通道，从而造成气流的"断路"等，都会影响制冷效果。

④箱内所装货物总重量不得超过冷藏箱的最大允许载重量。箱内所堆装的货物应牢固、稳妥。

(3)运输中的要求

①制冷设备及箱况的监控

对运输过程中的制冷设备状况、箱内温度等情况要进行监控和掌握，以便及时进行异常状况处理。应设立途中异常状况处理方案，如制冷设备故障、箱内温度异常等情况的解决办法。对于无远程遥控及自检装置的冷藏箱，可根据运输时间长短等情况，通过设置途中检查维修站等方式，及时掌握运输过程的箱内温度及设备状况等，以确保运输质量。

②鲜货运输时的通风换气

当冷藏集装箱用于运输果蔬类易腐食品时，由果蔬呼吸作用而产生的有害气体若不排出，会导致产品的生理紊乱或加快腐坏过程(气调箱除外)。为保证箱内空气质量，冷藏箱一般都装有新鲜空气换气风门格栅装置。

换气的工作原理是利用冷藏集装箱制冷装置蒸发器风机所产生的风机前后压差，进行自动换气，即从位于风机吸入端的低压部位吸入外界新鲜空气，而从压力侧排出箱内空气。

由于换气会增加冷藏集装箱的热负荷，因此在保证货物运送质量的前提下，应尽量减少换气量。新鲜空气交换量取决于所运输产品状况及储存温度，在一定程度上，还取决于包装种类和冷冻集装箱内的堆装方式。新鲜空气交换的数量以 m^3/h 表示，通常 40 ft 的冷藏集装箱换气量，可根据需要在 0～

300 m^3/h 之间进行调节。换气不应在冷藏温度为 0 ℃以下的状况下使用，否则进入的空气会带有湿气，可能导致结冰，尤其影响邻近空气输送口的货物。

③冷藏集装箱的散热

每个冷藏集装箱的散热量会受许多因素的影响，如工作模式、箱内外温度、货物种类等。对于暴露在外界环境条件下，如航运中装载在船舶甲板上，或铁路运输中装在平车上的冷藏集装箱，其散热不会存在任何问题。但若装载在甲板下的货舱中时，则需要进行风冷、水冷等散热处理。通常的最大散热量可由下式计算而得：

冷藏箱的散热量 ＝ 机组制冷量 ＋ 压缩机的消耗功

7.5 冷藏车热计算及其应用

7.5.1 冷藏车的各项冷消耗

冷藏车的热计算就是有关冷藏车各项冷消耗的计算，它是设计车上制冷控温装置和空气循环设备的基础和依据，也是冷藏车运用的基本数据。

冷藏车运输易腐货物过程中，所消耗的冷量主要由以下几方面的热量所决定：

1. 车体传热量

由车内外温差引起的，通过车厢围护结构（车墙壁）的热传递量，称作车体传热量 Q_1：

$$Q_1 = 3.6\ F_{车} \cdot K_{车} \cdot (t_{外} - t_{内}) \cdot Z \quad (\mathrm{kJ})$$

式中 $F_{车}$——为冷藏车车体的平均传热面积，m^2；

$K_{车}$——为冷藏车车体的总传热系数，$W/(m^2 \cdot K)$；

$t_{外}$、$t_{内}$——分别为车外平均气温和车内平均温度，℃；

Z——为传热时间，h。

冷藏车车体平均传热面积 $F_{车}$，可由 Z 时间内的车体平均外表面积和内表面积的几何平均值来确定，即 $F_{车} = \sqrt{F_{外} \cdot F_{内}}$。

$K_{车}$实际上是在不断变化的，新车出厂时值最小，随着车辆使用，车体的隔热性和气密性能会不断减退，$K_{车}$会逐渐增大。经过厂修后车体隔热性能又会有所恢复。因此，要想获得较准确的车体传热系数 $K_{车}$，应通过试验进行实测。冷藏车性能参数表中给出的多为新车出厂时的数据。根据四方车辆研究所对机械冷藏车传热系数的跟踪试验，机冷车 K 值的年增长率约为 4.3%～5.7%。

传热时间 Z 指计算所取的时间段,它应与车内外温差($t_{外}-t_{内}$)联系在一起考虑,可根据不同的货物降温情况进行分段考虑,如初始急剧降温阶段、货温稳定后的平稳降温阶段等。

车外平均气温 $t_{外}$,由于将太阳辐射产生的传热量另作单独项计算,因此,可取 Z 时间内的车辆外部阴面的平均空气温度。车内温度 $t_{内}$ 取 Z 时间内车内各温度测点的平均值。$t_{外}$、$t_{内}$ 常是在对应的计算时间段内测定的若干温度值的总平均数,不同降温速率应分段进行计算。则降温过程的车内外温差值为$(t_{外}-t_{内1})Z_1+(t_{外}-t_{内2})Z_2$。

2. 漏热的冷消耗(Q_2)

当冷藏车内外有温差时,会通过冷藏车车体各部分的空隙,如车门、通风口等不严密处发生漏热。漏热量的大小与缝隙的大小、内外温差大小及外界气候条件(如风速、风向、下雨)等因素有关。同一类型的不同车辆的漏热量不同,同一辆车在不同的场合和时期漏热量也可能有很大差别。因此,漏热量很难通过公式准确计算。据测算,Q_2 约为 Q_1 的 10%,即

$$Q_2=0.1\,Q_1 \quad (\text{kJ})$$

3. 太阳辐射的冷消耗(Q_3)

被太阳照射部分的温度提高而产生的温度差为($t_{阳}-t_{内}$),但其中的($t_{外}-t_{内}$)部分的温差传热已计算在 Q_1 中,冷藏车的太阳辐射热计算为:

$$\begin{aligned}Q_3&=3.6\gamma F_{车}K_{车}(t_{阳}-t_{内})Z_{阳}-3.6\gamma F_{车}K_{车}(t_{外}-t_{内})Z_{阳}\\&=3.6\gamma F_{车}K_{车}(t_{阳}-t_{外})Z_{阳} \quad (\text{kJ})\end{aligned}$$

式中 γ——冷藏车车体受太阳照射的面积占总面积的百分数,%;

$t_{阳}$——冷藏车外表面在阳光照射时的温度,℃;

$Z_{阳}$——计算期间太阳照射冷藏车的时间,h。

根据对单辆车的试验观测,冷藏车经常有三面(车厢顶面、一端面、一侧面)被太阳照射,只有短暂的时间可能是两面(顶面、侧面或端面)被照射。因此单辆车停留时,可取受照射的面积占车厢总外表面积的 50%。当冷藏车编入列车,两端有其他车辆时,则经常有部分车端被邻车遮住,这时,γ 值可取 45%。

由于冷藏车受太阳照射时,各个表面与阳光夹角不同,所以向阳面温度也不一样,通常车顶比端、侧墙温度高。端、侧墙的温度也不相同,计算时应取其升温后各测点的平均值,在粗略计算时,可取 $t_{阳}$ 比 $t_{外}$ 高 10~12 ℃。阳光照射的时间,在具体试验时可按测定值计算,在计划性的计算中,应根据当地平均日照时间折合计算。

4. 通风的冷消耗（Q_4）

冷藏车装运有呼吸作用的易腐货物时，为了避免缺氧呼吸，往往需要定时通风换气，这便会把车外热空气带入车内，加上带入水蒸气的凝结或凝固都会使车内热负荷增大，引起额外的冷消耗，这两部分热量之和就是通风的冷消耗。其计算公式如下：

$$Q_4=V_{通}\ [1.3\ (t_{外}-t_{内})\ +q\ (f_1p_1-f_2p_2)]\qquad (\mathrm{kJ})$$

式中 $V_{通}$——计算期间通风容积，m^3；

1.3——空气的容积比热容，$kJ/(m^3\cdot K)$；

q——水蒸气的凝结热或凝固热，车内温度 0 ℃以上时为凝结热，取 2.51 kJ/g，车内温度 0 ℃以下时为凝固热，取 2.85 kJ/g；

f_1、f_2——分别为通风时车外与车内的空气相对湿度，%；

p_1、p_2——分别为通风时，车外与车内特定温度下空气的饱和绝对湿度，g/cm^3。

其中，$V_{通}$的计算应按进风口面积、进风速度和通风时间来确定。进风速度可用风速计测量，或按列车运行速度和地面风速计算。f_1、f_2 可用湿度计测量。

公式中两项冷消耗中前项是空气的降温热量，后项是水汽凝结放出的热量。当外温低于车内温度时，前项将为负值，也就是说给车内增加了新的冷源。当车外的绝对湿度小与车内时，后项也将为负值，因为这时车内空气在通风后变干燥了，不但不发生水汽凝结，而且货物还会加强挥发，也产生了新的冷源。若只在车内温度尚高、外温较低时（如夜间）通风，而且通风时间不长，通风的冷消耗很小，为简单起见，Q_4 可忽略不计。

5. 货物降温的冷消耗（Q_5）

$$Q_5=\ (m_{货}\ c_{货}+m_{容}\ c_{容})\ \Delta t\qquad (\mathrm{kJ})$$

式中 $m_{货}$、$m_{容}$——货物和包装容器的质量，kg；

$c_{货}$、$c_{容}$——货物和包装容器的比热容，$kJ/(kg\cdot K)$，其中 $c_{容}$ 可根据包装用的材料取值，木材取 2.5，竹器取 1.5，纸箱取 1.47，铁皮取 0.42，玻璃取 0.84；

Δt——计算期间货物和容器的降温度数，℃，可按每昼夜降温 5～7 ℃计算。

6. 车体降温的冷消耗（Q_6）

冷藏车在冷却以前，可以把车体温度看作与当时外界气温相同，待冷却后，车体内壁可看作与车内温度相同，而外壁温度则与外温相同，车体的平均温度可取车体内外壁温度的平均值。因此，Q_6 的计算公式如下：

$$Q_6 = m_{车}\, c_{车}\left(t_{初} - \frac{t'_{外} + t'_{内}}{2}\right) \quad (\text{kJ})$$

式中 $m_{m_{车}}$——车体需要冷却部分的质量（不包括底架、走行、制动部分和车外的车钩等），kg；

$c_{车}$——车体冷却部分的平均比热容，kJ/(kg·K)；

$t_{初}$——车体开始冷却前的初始温度，℃；

$t'_{外}$、$t'_{内}$——分别为计算期间车外与车内的气温，℃。

7. 货物呼吸的冷消耗（Q_7）

$$Q_7 = 0.0036\, m_{货}\, q_{货}\, Z_{货} \quad (\text{kJ})$$

式中 $q_{货}$——货物在一定车内温度时的呼吸热，W/t；

$Z_{货}$——货物在车内的呼吸放热时间，h。

8. 循环风机的冷消耗（Q_8）

在机械冷藏车上，蒸发器风机在运转时会给车内带来热量。

$$Q_8 = 3\,600 N_{风机} Z_{机} \quad (\text{kJ})$$

式中 $N_{风机}$——循环风机的功率，kW；

$Z_{机}$——循环风机开动时间，h。

7.5.2 各类货物的实际冷消耗

冷藏车在装运不同品类的易腐货物时，依实际状况和条件的不同，其冷消耗的计算项会有所不同，但项目数不超出上面所述的八项范围。

1. 冻货

运输冻货时的实际冷消耗项有：车体传热量 Q_1、漏热量 Q_2、太阳辐射热 Q_3、车体预冷降温冷耗 Q_6、风机散热量 Q_8，而无货物预冷消耗热、通风换气和货物呼吸热项，因此，冻货总的冷消耗量为：

$$Q_{冻} = Q_1 + Q_2 + Q_3 + Q_6 + Q_8$$

如果车体已冷却到要求温度，则无 Q_6 项，即为：

$$Q_{冻} = Q_1 + Q_2 + Q_3 + Q_8$$

2. 冷却的水果、蔬菜和鲜蛋

经冷却的果蔬类产品和冷却蛋，如从冷库出来的鲜货类货物，在运送中的冷消耗项除了有车体传热、漏热、太阳辐射热、车体降温热、风机散热等项外，还多了一项货物呼吸热。另外，冷却后的鲜水果、蔬菜和鲜蛋在中短距离的运输中一般可不需要通风。因此，冷却水果、蔬菜和鲜蛋的冷消耗总量为：

$$Q_{冷}=Q_1+Q_2+Q_3+Q_6+Q_7+Q_8$$

同样，若车体已冷却时，总冷消耗量为：

$$Q_{冷}=Q_1+Q_2+Q_3+Q_7+Q_8$$

3. 未冷却的水果、蔬菜和鲜蛋

未经冷却的鲜货，如水果、蔬菜和鲜蛋类货物运输中冷消耗包括了全部的八项，即：

$$Q_{未}=Q_1+Q_2+Q_3+Q_4+Q_5+Q_6+Q_7+Q_8$$

但若车体和货物已冷却下来，车体、货物降温停止了，也不再进行通风换气作业，则冷消耗项就与冷却货物相同，即：

$$Q'_{未}=Q_1+Q_2+Q_3+Q_7+Q_8$$

4. 夹冰的蔬菜

有些鲜叶菜可以夹碎冰进行运输，以加速货物降温过程，维持车内稳定的低温环境。这时菜内所夹的冰融化后吸热，相当于车内的第二个冷源，在计算制冷设备的冷却器所负担的冷消耗时，可把这个冷源当做负的冷消耗看待，因此

$$Q_{冷菜}=Q_1+Q_2+Q_3+Q_4+Q_5+Q_6+Q_7+Q_8-335N_{冰}$$

式中　$N_{冰}$——在计算期间内夹冰的融化量，kg。

以上各类货物的冷消耗计算项目中，表面上都有 Q_1、Q_2、Q_3，但实际上因车内温度不完全相同，因此，即使是同一外温和车辆条件下运送，其计算结果也不相同。

以上列举的货物品类别冷藏车的冷消耗计算，不是一成不变的。当计算的目的或运送条件有所改变时，冷消耗项目及参数值会有所变化，应依实际条件而定。在实际应用中，各品类货物的冷消耗计算要根据具体的时间、地点和条件等来具体确定。

7.5.3　冷藏车热计算的应用

冷藏车热计算方法可用于多方面，如计算冷藏车空车预冷时间和易腐货物允许装载量、车内加冰量，还可用于机械冷藏车制冷装置配置时的制冷量计算，根据所需的制冷量来选择制冷机组大小、确定冷却器散冷（表）面积。

制冷装置冷却器的散冷量可由以下公式计算：

$$Q_{冷}=3.6F_{器}\alpha_{器}(t_{内}-t_{器})Z\quad (\text{KJ})$$

式中　$F_{器}$——冷却器的散冷表面积，m^2；

$\alpha_{器}$——冷却器表面与空气之间的放热系数，W/（m^2·k)，由冷却器

结构、材质等所决定；

$t_{内}$——车内温度，℃；

$t_{器}$——冷却器表面的温度，℃，由冷却器结构、材质等所决定；

Z——散冷时间，h，与传热时间相同。

冷消耗是冷藏车内的热源量，各项冷消耗之和即为冷藏车的总热负荷 $Q_{热}$，$Q_{热}=\sum Q$ 。在各项冷消耗的计算中，应充分考虑实际的运用条件和需求，要针对不同的应用情况，分别进行热负荷计算。

基本计算原则是：要维持车内的低温环境，必须有同量的冷源来抵消这些热量，即制冷设备的产冷量或冷却器散冷量等于车内热负荷：$Q_{冷}=Q_{热}$，此等式是求算相关制冷设备性能数据的前提。

例如，当选定了冷却器类型，则 $\alpha_{器}$、$t_{器}$ 参数值就确定了，因此，由散冷量与热负荷的等式公式，就可推算所需的冷却器散冷面积。

$$F_{器}=\frac{\sum Q}{3.6\alpha_{器}\cdot(t_{内}-t_{器})Z}\quad(\mathrm{m}^2)$$

在设计冷藏车冷却、加热设备和循环设备时，要按在最困难条件下能满足车内的控温要求来考虑，才能保证冷藏车配有充足的制冷、加温能力，从而确保货物运输质量。

冷消耗计算时的困难条件指可能的最大热负荷产生条件。主要是货物品种和温度条件。车内温度应按冻货和未冷却的果蔬（热货）分别考虑，按其中要求最高的货物冷消耗来设计。外温应按最困难条件的外气参数，但从装备的经济性、实用性方面考虑，不宜采用极端困难条件，可采用夏季加权平均最高外气参数。

对于机械冷藏车来说，计算出困难条件下的 $Q_{热}$，就可以计算所需要的制冷机产冷量、电动机功率以及冷却器的表面积和其他相关参数指标。

其中，外气参数的确定比较复杂，不仅要考虑途经地区的外气温度、各区域的长短、以及各区域气象点的长期（如十年间）气象资料，包括曾出现的极端最高气温和最热月份最热时刻（14:00）气温等，还要考虑极端条件和平均日均温度的权重等。目前，铁路采用的外气参数最高气温约在 35 ℃左右。加热设备参数选择和计算时，需考虑最冷条件和最低外气温度。

根据冷消耗，可计算出制冷设备的能力及相关参数指标，同样原理，根据“热消耗”也可计算出所需的加温设备能力。计算时的困难条件变为最低温度和最冷季节的外气参数。计算时需注意，冷消耗中的太阳辐射热、货物呼吸热等都变成了热源，要根据具体需求情况进行调整和处理。

8 我国铁路冷藏运输技术条件

冷藏运输标准体系是易腐货物运输的基础性、指导性文件，是食品安全体系的重要组成部分。多年来，铁路易腐货物运输以服务大众和大宗农产品运输为中心，大部分易腐货物的运输条件是按中等偏低的标准制定的。很多冻结货物采用加冰冷藏车进行运输，其运输温度最低仅能达－6～－8 ℃范围，而实际运输过程中货物常处于高于此温度的条件下，如此低的运输标准，与当今对冻结货物的质量安全要求相去甚远。因此，需根据社会大众和监管部门对食品质量、食品安全新的更高的要求，对铁路易腐货物运输技术条件进行全面更新。2009 年修订《铁路鲜活货物运输规则》（以下简称《鲜规》）时，重新制定了铁路冷藏运输标准。

8.1 制定冷藏运输技术条件的原则

货物运输的运营管理水平、生产效率，与其技术规章、标准体系有着直接关系，科学合理的技术标准能够有效指导生产，对运输装备的健康发展也有引导和促进作用。对于易腐货物这一特种货物运输，运营管理中的技术要求较高，标准制定的是否合理、适当，对冷藏运输质量、作业效率等影响更大。

近年来，为适应当今易腐货物运输市场需求，铁路部门加强了对冷藏运输质量安全体系的研究，通过研究借鉴国内外先进的食品安全体系和食品储运标准，来提高铁路冷藏运输技术标准和服务水平。新的铁路冷藏运输技术条件制定过程中，既考虑长远发展需要，以国内外的先进食品标准为参照，较大幅度地提高了铁路冷藏运输标准，又兼顾我国国情和路情，综合考虑铁路运输环境、装备条件尤其是客户需求等各种因素，将较高标准的技术指标进行细化处理和调整，以适应我国的运输环境，增强技术标准的实用性和可操作性。

8.2 国外食品储运标准

食品行业具有生产密集性特点，随着食品贸易和生产规模的不断扩大，食品生产加工业在我国有更广阔的发展空间。我国不仅已成为果蔬生产大国，而且正在向全球食品生产及加工基地方向发展。在目前我国专门从事食品试验研究的机构较少，缺乏基础性研究，自主研制标准的速度跟不上食品工业发展的情况下，借鉴发达国家的标准和国际通用标准，是建立和完善我国食品标准体系的有效方法和快捷途径。

发达国家在食品生产及加工方面的研究较多、较深入，相应的食品标准体系比较完善，是更新制定我国标准的良好“参照系”。虽然因食品生产、生长环境条件，加工工艺和品种培育等方面的差异，国外标准的内容不一定完全适合我国的实际情况，但标准制定的基本原则是相同的，大部分冷冻加工产品的标准、条件完全适用。在我国目前的经济社会发展水平下，尽管食品质量和卫生要求还无法与国外先进水平看齐，但在食品贸易全球化发展、社会对食品质量要求不断提高的条件下，研究和采用国际标准、向国际标准看齐已成为必然的发展趋势。

1. 国际食品法典标准

目前，国际通行的食品安全标准是国际食品法典委员会（Codex Alimentarius Commission，CAC）制定的标准，在世界贸易组织（WTO）的“实施卫生与植物卫生措施协定（SPS）”和“技术性贸易壁垒协定（TBT）”中，明确赋予CAC食品法典在国际食品贸易中的准绳作用，使其成为重要的国际农产品及食品贸易的基本参考标准和仲裁依据。国际食品法典标准，主要是对食品生产加工的产品质量良好性、安全卫生性、标识正确性等方面的基本要求，也是各国协商达成的有利于国内外贸易、可保证产品基本质量和安全要求的相关规定。国际食品法典标准作为全球性食品安全法规性文件，将危害性分析原则应用于制定标准、准则以及规范的全过程，从而保障食品的安全质量，也有利于食品的国际贸易。许多食品法典标准已成为各国制定本国标准的重要基准。国际食品法典标准包括通用标准、商品标准、国际推荐操作规程和法典导则。在通用标准中制定了产品安全性指标，在商品标准中制定了产品质量指标。在国际推荐操作规程中规定了生产、加工过程各环节的操作要求和规范，其中的《食品卫生通则》是针对食品从最初生产者到最终消费者的食品链制定的食品生产必要的卫生条件和要求，它和《HACCP体系及其应用准则》是食品法典标准中食品卫生的基础文件。

所谓的“危害分析与关键控制点（Hazard Analysis and Critical Control Point，HACCP）”体系是通过识别对食品安全有威胁的危害物，并对其采取预防性的控制措施，来减少生产有缺陷的食品和服务的风险，从而保证食品的安全性。HACCP 的核心是用来保护食品在整个生产过程中免受可能发生的生物、化学、物理因素的危害。其宗旨是将那些可能发生的食品安全危害消除在生产过程中，而不是靠事后检验来保证产品的可靠性。以往对产品质量和卫生状况的监督是以最终产品抽样检验为主，当产品抽验不合格时，损失已经形成。因此，基于预测、预防机理的 HACCP 系统更为科学、合理和有效，是目前国际公认的系统性强、结构严谨且效果显著的预防性食品安全控制体系。

HACCP 强调从食品链的源头开始，对整个加工过程的每个关键控制点，通过人工方式和不间断自动监测控制技术进行控制。HACCP 推广应用较好的有加拿大、英国、法国、澳大利亚、新西兰、丹麦等国，这些国家大都颁布了相应的法规，强制推行采用 HACCP 体系制度。食品加工领域应用 HACCP 比较成熟的产品，主要有水产品、乳制品、饮料、禽肉加工产品、冷食、速食品、生食品等品类。目前，HACCP 体系已不仅局限于应用在食品加工企业中，有些国家已将其引进快餐行业。美国颁布了强制性的水产品 HACCP 法规，并宣布自 1997 年 12 月 18 日起，所有对美出口的水产品企业必须建立 HACCP 体系，否则生产的产品不得进入美国市场。1997 年 6 月，联合国食品法典委员会发布了“HACCP 体系及其应用指南”。CAC 指南的发布，使 HACCP 真正成为国际性的食品生产管理体系和标准。我国卫生部于 2002 年 7 月下发了《食品企业 HACCP 实施指南》，较全面地介绍了 HACCP 的内容及操作方法等。食品行业也在逐步推行 HACCP 体系和安全认证制度，这会对我国食品卫生、食品安全管理水平的提高起很大的促进作用。

2. 美国食品储运标准

美国被认为是目前食品供应最为安全的国家，具有非常全面和完善的食品标准体系，各类农产品标准及时在农业部政府网站上公布，制定了产品分级标准，标准中各项指标明确、清晰，操作性强，便于指导实际生产和进行安全管理。例如，农产品、水产品标准中按产品规格、大小和质量进行分级，明确各级产品的规格、大小、色泽、成熟度、完好率及成分含量等指标。易腐食品和农产品储运标准的相关内容，综合体现在美国《农产品出口运输手册》、《易腐食品汽车运输手册》、《热带、亚热带水果蔬菜运输手册》中。

《农产品出口运输手册》中，提供了出口贸易运输业务的手续步骤、文件单据、运输方式、（集装箱）设备和运价、航线等情况以及运输代理、保险事宜，并详细介绍了运输过程中对货物质量的保护方法和措施，包括有效的包装和标识、合理的装载堆垛方法、包装方法以及适宜的温度、湿度条件控制要求等；有关产品的质量及检查证明有植物检疫证明、联邦政府检查证、产品质量证明、肉和家禽出口卫生证明、兽医健康证明、重量证明、货源产地证明等；对运输过程中保障运输质量的方法和措施，适宜运输方法和条件也进行了详细的阐述；给出了各类易腐产品适宜的储运条件，包括温度、湿度及保质储藏期限；装载和堆码方式及要求以及包装材料、包装件规格标准等。

《农产品出口运输手册》中对运输温度的控制和记录有明确规定，要求运输途中有电子温度记录装置；冷藏车辆或冷藏集装箱内要装有电子温度测录仪，而且至少在车内或箱内的不同位置设有三个以上的测温点；车内或箱内运输温度的控制应尽量接近推荐温度范围；冷却货物的运输温度一般可控制在比推荐温度高 1～3 ℃，以避免产品的冷害或冻害产生。这也取决于运输装备，新型冷藏运输装备制冷控温能力强，可以将温度控制在更接近推荐温度值的水平。大部分热带植物的推荐温度范围为 10～21 ℃。推荐的各类易腐货物储运条件表名称见表 8.1。

表 8.1 易腐货物推荐储运条件表名称

名称	原表名称
水果蔬菜推荐储运温湿度及大约储藏期表	Recommended Temperature and Relative Humidity, and Approximate Transit and Storage Life for Fruits and Vegetables
气候适应型植物推荐装载温度	Suggested Shipping Temperature for Acclimatized Foliage Plants
花卉、盆景类植物、切花的推荐储运温度表	Suggested Shipping Temperature for Acclimatized Foliage Plants; Recommended Temperature, Relative Humidity, and Storage Period for Potted Plants, Not Acclimated to Darkness; Recommended Temperature and Approximate Transit and Storage Period for Cut Flowers and Florist Greens
海产品、肉类、奶制品和蛋类的推荐温湿度和大约储存期表	Recommended Temperature and Relative Humidity, and Approximate Transit and Storage Life for Seafood, Meat, Dairy, and Egg Products
其他产品的推荐储运温湿度和储存期表	Recommended Temperature and Relative Humidity, and Approximate Transit and Storage Life for Miscellaneous Products

美国非常重视食品包装和标识的作用，在该出口手册中专设了一个章节强调包装的作用，明确指出：适宜的农产品包装对于在运输和销售中维持产

品质量是非常必要的。包装必须经受得住：装卸作业过程中的颠簸；其他容器的压载；运输过程的影响和振动；预冷、运输和储存时的高湿度。应该根据产品和环境条件选择包装材料。包装方法考虑的因素包括温度，湿度，产品周围理想的大气环境，包装强度、成本、实用性。所有包装都应该可以回收重复使用，材料中最主要成分应该是用来保护产品的。美国和欧盟都尽量减少包装物的焚烧和丢弃。很多国家已经设立了强制性的包装限制和减少固体垃圾计划。

有关货物包装重量及装载的限制：单个包装箱过宽或过重，如超过 20 kg 就是鼓励野蛮装卸作业，会产生对货物的危害和容器的损害。装载过度会引起产品损伤和容器损坏。装载未满也会导致产品损伤，在运输过程中产品在箱子内部的窜动、顶部的可利用空间太小会产生对货物的挤压擦伤。

该手册对易腐农产品的包装方法、堆码方式、包装箱规格、标准等都有明确规定，特别是对新鲜水果、蔬菜的包装方法和加工处理方式进行了详细介绍。对新鲜水果、蔬菜的预冷提出了明确要求：产品的预冷处理使其达到推荐的存储温度和相对湿度来除去田间热，对于保持新鲜水果、蔬菜、切花的质量是完全必要的。如果在产品装入运输设备之前没有除去田间热，产品将会迅速腐烂。温度在所推荐的运输温度范围之上时，每增加 10 ℃，产品的呼吸热和成熟速率会增加 2～3 倍。还指出：冷藏运输装备的制冷设备不是用来去除包装容器中产品的田间热的，即不是用来给产品预冷的，而是用来维持产品的环境温度，而且冷藏运输装备也不具备提高或控制相对湿度的能力。

针对托运人的有关要求：为保证高效快速运输和服务质量，装车前产品应以最完好的状态到达。尤其对冻结和冷却的食品，以及加工和包装的食品、饮料和果汁，要重点考虑以下几方面：①有效的包装和标识；②温度、湿度和其他环境条件的控制；③状态良好的运输设备；④正确的装载，运输监控和卸载方式。产品的初期质量要尽可能最好，满足一定的货架期需要。建议所运输的产品保质储藏期在一周及其以上；运输后的产品要留有足够的市场（货架）寿命期。另外，要求从以下几方面保护产品的完好性：①装卸过程中避免野蛮作业；②避免上部其他货物容器过重的挤压；③对各种运输冲击和震动进行必要的防护；④保持与周围空气的交流通畅；⑤将温度控制在推荐范围之内；⑥避免受其他货物或残留物气味等的交叉污染。总之，只有选择高质量的产品进行运输，才能保证送达终到地时的产品质量。因此，有效的包装和环境条件控制，以及合适的运输设备都是保证货物运输质量的必要条件。

《易腐货物汽车运输手册》是美国公路易腐货物冷藏运输规则，对流通领域中各种运输方式的冷藏运输也有很好的借鉴作用。该手册有六大部分，首先介绍了易腐货物的主要冷藏保鲜方法和影响产品质量的各种因素，包括机械制冷、冰冷藏方法以及液氮和干冰制冷方式。其中，使用最普遍的是机械制冷方式。还分析了影响货物质量的各种因素，包括冷藏拖车的结构、隔热性能、制冷空气循环系统的设计，温度、湿度以及气体成分调节等对产品质量的影响。该运输规则对机械制冷式冷藏拖车的功能要求、冷风循环通道设计、清洁卫生要求，以及装载前的设备检查准备、堆码要求等都给出了明确的规定。对运输包装及标识、托盘尺寸也有明确要求。为确保货物间通风道的畅通，还对装载过程中货件间及托盘间的间隔要求及加固方法作了具体规定，并介绍了新鲜果蔬的预冷方法。其中，对机械式冷藏拖车的制冷控温能力的要求为：外温 38 ℃时，车内温度应能够达到 1.7 ℃、－18 ℃、－29 ℃。当周围的温度为－18 ℃时，车内部温度应能够达到 1～18 ℃范围。

该手册按品类别介绍了各类易腐食品的产品特性、加工处理方法、包装及装载方法以及推荐运输温度、湿度条件等。主要类别有新鲜水果、蔬菜，罐装食品、奶制品（包括黄油和人造黄油、干酪、冰淇淋）、鲜肉（包括鲜分割肉、畜胴体肉）及鲜海产品、冻结食品、家禽及蛋类。新鲜果蔬的推荐运输条件是按照能保持产品最大货架期的条件而确定的。给出的各类产品推荐运输条件先按产品名称的字母顺序进行排列，再按生鲜食品或熟食加工制品等细目进行二级分类排列。

新鲜水果、蔬菜的保鲜运输方法和措施有：调节车内气体成分，抑制产品的呼吸作用；在货物顶部加装冰袋或碎冰，保证湿度要求；或将产品表面涂蜡、使用半渗透包装等方法来减少水分蒸发等。一些长途运输的果蔬要求具有 1～2 周的保质期，有些货物要求顶部加冰以延长货物保质期。另外，还给出了新鲜果蔬产品的冷冻害温度控制点和混装条件等。混装运输时需考虑产品温度、相对湿度的兼容性、气体吸收或散发特性以及对气体调节的需求特点等。同车装运货物的温度、湿度需求条件应相近。对乙烯敏感货物不能与易产生乙烯的货物混装。气味吸收型的产品不能和气味释放型的产品混装。

货物装载加固方面的要求有：为防止运输过程中因货件晃动、倒塌等堵塞空气循环通道，需在货件间加紧固件或支撑物。建议使用充气袋或木块、木楔等物件保持托盘间的间隙。

3. 国际制冷学会推荐标准

国际制冷学会推荐的食品加工、储运标准为《冻结食品加工与储运推荐条件》、《易腐食品冷却储存推荐条件》。这是国际制冷学会发行的非官方规范性文本。曾经过两次修订、再版。其中，《冻结食品加工与储运推荐条件》被认为是食品冷冻加工及储运业的权威性指南，实用性非常强。再次修订发行的第三版加入了十多年来发展的新技术，如微波技术、肉类冷缩技术和新的包装技术、包装材料等。该书对冻结食品的加工处理各阶段的产品成分变化机理、生化过程及原理进行了较详细的分析和阐述。对鱼类、肉类食品的冻结过程及储藏原理，不同储藏温度及时间对产品储藏期的影响，以及加工环境、基本卫生要求、污染源的控制和相关注意事项等进行了论述。《易腐食品冷却储存推荐条件》概论中明确了推荐条件的制定原则，并在之后的各章中按食品品类给出了适宜的冷藏加工条件及储存方案，包括肉、禽、蛋类产品冷却加工储藏过程的特点，空气循环、通风要求，以及冷藏储存的温度、相对湿度，可能的储藏期、包装和储藏堆码要求等内容。

该标准中提出许多重要的冷藏储运基础理论和数据，供研究确定复杂的储运条件时参考。例如，冻结过程不会改变产品的营养价值，因此保证冻结前食品的原料质量，即在食品的制作过程中采取良好的加工工艺，并尽可能避免致病和有毒生物体的侵入十分重要。适宜的低温可以杀死大部分引起肉畜禽类腐坏的主要因素——细菌，或破坏这些有害物的生长繁殖，以保持食品的营养成分。该标准制定推荐冷冻温度时，参考世界卫生组织《食品卫生的微生物状况》技术报告中有关微生物生长临界温度情况，大部分细菌的生长极限温度值为－10 ℃。为防止细菌生长，货物的任何部位的温度应不得高于－12 ℃。大部分霉菌在－12 ℃时停止繁殖，大部分酵母在－12～－15 ℃停止繁殖，但有些在－17.8 ℃时仍能生长繁殖，因此要完全停止霉菌繁殖，温度应降到－18 ℃及以下。

该标准指出，几乎所有冻结食品的储藏期都会随着储藏温度的降低而延长。－18 ℃的储藏温度本是专门用于速冻食品的，在许多国家的法规中，通常用于所有的冻结食品。有些冻食品，如牛肉、羊肉、鸡肉，在短途配送环节中温度高于－18 ℃时不致使产品有显著损坏。但鱼类产品要长期储藏，则应在－25～－30 ℃之间为宜。

4. ATP 标准

《联合国易腐食品专用装备国际运输公约》（Agreement on the International Carriage of Perishable Foodstuffs and on the Special Equipment to be Used for such Carriage，ATP），主要是有关易腐货物专用运输装备的定义和分类标准，车辆设备性能检试方法、操作规程和整备标准以及各类易腐货物运输温度条件等，适用于铁路运输、公路运输或公铁联运方式。ATP 要求对用于国际运输的公路和铁路车辆的标准是强制性的。

ATP 公约对易腐货物专用运输工具进行了分类定义，并制定了分级标准。其专用车辆共分为：隔热车、使用冷源制冷的冷藏车、机械制冷式冷藏车、加热车及其他运输装备五类。隔热车根据车体传热系数和隔热层厚度，又分为普通隔热车和加强型隔热车。使用冷源制冷的冷藏车指具有隔热厢体，并使用冰盐、低融共晶液冷冻板、干冰等冷源进行制冷的装备。

对使用冷源制冷的冷藏车，根据不同外温条件下车内可达温度范围进行车辆等级的划分。在外温 30 ℃时空车车内温度达 7 ℃、－10 ℃、－20 ℃和 0 ℃，相应分为 A、B、C、D 四级。B、C 级车辆的车体隔热系数（*K* 值）要达 0.40 W/（m^2 · K）及以下。

对于机械制冷式冷藏车，根据车辆上配置的制冷机的控温能力进行分级。A、B、C 级分别为：外温 30 ℃时车内可连续控温范围达到或接近 12～0 ℃、12～－10 ℃、12～－20 ℃范围的装备。D、E、F 级分别为外温 30 ℃时，车温可达等于或低于 0 ℃、－10 ℃、－20 ℃。B、C、E、F 级冷藏车的车体隔热系数（*K* 值）要在 0.40 W/（m^2 · K）及以下。

加热式车辆分为 A、B 两级，分别要求能在外温－10 ℃、－20 ℃时，在提供热源条件下，车内能持续 12h 保持 12 ℃的温度。其他易腐货物运输工具主要指车体隔热系数在 0.70 W/（m^2 · K）及以下的车辆，在严格意义上讲不应算在冷藏车的范畴内。

ATP 公约中明确规定了冷藏运输装备的各项性能指标的计算、测试方法及步骤。并规定了货物温度的测定方法：①非破坏性测量：使用平板状光滑的测温控头，测量货件质量较小的货物。将感温头放在货堆中间，尽量密贴货物，与货物保持良好的导热状态。②破坏性测量：使用刚性、尖状，表面清洁的测温探针，测量质量较大的货件。测温时将测温探针插入货件至中间部位。对质量足够大的冻结货物，要插入 2.5 cm 深处。若货件厚度不够，则插入深度要为测温探头长度的 3～4 倍。

5. 俄罗斯铁路易腐货物运输规则

《俄罗斯联邦铁路易腐货物运输规则》是用于铁路易腐货物运输的专门规章，较为全面地规定了易腐食品在铁路运输的方法、要求和条件。规则共有九章，第一章为总则，第二章是易腐货物装载和堆码的要求，后几章是按照易腐货物的品类分列的运输条件，分别为肉及肉制品、鱼和鱼制品、鲜水果蔬菜、奶制品、禽蛋类以及其他易腐货物。

该规则中对提交运输时的货物要求比较详细，包括食品卫生检疫、质量检查认证方面的要求、产品大小规格及形态等方面的要求，以及承运时的货物温度要求，甚至还对提交运输前的货物保管时间等方面有明确要求。

例如，对于肉和肉制品类货物，需经过国家食品卫生安全监督机构的专业人员检查后方可装车。

提交运输的冷却肉，屠宰后的储存保管期限不得超过 4 d；提交运输时的货物温度不得超过－18 ℃，存储和运输的总时间为 20 d。

对提交运输时的货物温度要求：冻肉块的深处厚层温度不得超过：带骨肉块为－8 ℃，筋腱肉块、屠宰副产品和家禽肉为－12 ℃，去骨家禽肉块和大重量食用肉块为－18 ℃；冻结状态的整只家禽（开膛去掉内脏和半开膛的），体内温度不得超过－18 ℃；食用的屠宰畜类副产品只能在冻结状态提交运输，肌体组织的内部温度不得超过－12 ℃。

提交运输的冷冻鱼、冷冻鱼肉，装车时的货物温度不得超过－18 ℃。

海扇、贝、海参、蟹棒、螃蟹、熟海虾等及其他冻结海产品净肉（海藻类除外），装车时的温度不得超过－18 ℃。

使用单节机械冷藏车运输货物温度不超过－20 ℃的生物制剂时，运输温度控制范围为－20～－23 ℃。

该规则规定使用机械冷藏车装运时的运输温度控制范围多设在所提交的货温范围上下。对冻结货物共分了四个层次，针对不同货物初始温度，规定了对应的运输温度控制范围，详见表 8.2。

表 8.2　机械冷藏车运输冻结货物途中温度控制范围

货物初始温度	运输温度范围
不超过－18 ℃的冷冻货物	－17～－20 ℃
－15～－18 ℃的冻结货物	－15～－18 ℃
－10～－15 ℃的冻结货物	－9～－12 ℃
－6～－10 ℃的冻结货物	－6～－9 ℃

规则中对易腐货物的装载及堆码要求也较为详细和具体，考虑了各种货

物的特殊要求，及货物包装和车辆容积等因素。对常用的各种箱装方式的装载方法进行了详细描述，对货件之间的通风间隙、货件与车辆侧墙的间隔距离，以及与车顶部间需保持的空间大小，货件大小等都给出了明确规定。在运输条件中，还给出了不同地区不同季节产品适宜的运输温度，以及相应的保质运输期限，对部分货物有明确的承运温度要求。

8.3　我国铁路冷藏运输技术条件的确定

铁路冷藏运输技术条件是为保障易腐货物运输质量和铁路运输安全，针对铁路运输各个作业环节提出的具体要求。技术条件相关指标主要包括：承运货物质量指标（包括承运质量和承运温度）、货物包装要求、装载堆码方式、装卸时间要求、适宜的货物装载量、运输过程条件（运输温度、运输时限）、冷藏装备的运用及控温要求。其中，温度是最重要的指标，它包括承运温度、运输温度和储藏温度。承运温度指装车时的货物温度，运输温度即运输途中冷藏车（或箱）内的控制温度，储藏温度是指适合易腐货物长期储藏的温度。从保持食品供应链质量的角度严格要求，运输温度应取与储藏温度相同，但很多情况下运输条件难以达到储藏条件，即运输温度会比储藏温度要求标准低一些。

在我国铁路运输条件的确定过程中，先参考国内标准再兼顾国际标准。国内标准中以国家标准为先，兼顾农业标准、商业标准、出口标准和水产等标准；若国内标准与国际标准相差较大，尤其国内标准太低时，则分析比较国际各类标准，结合我国冷藏运输装备的控温能力等情况进行适当提高。

1. 承运质量

承运质量是对货物装车时的质量要求，承运货物质量指标的制定主要参考我国食品标准中产品质量指标的感官检测指标项。食品标准中的感官检验内容是通过眼观、手触、口尝、鼻嗅等方式，检测、观察和判断产品状况，包括产品的外观形状、规格大小、色泽、组织状态、质地或软硬度（弹性、黏度、手感）、气味、成熟度、新鲜度等项内容。

例如，对新鲜果蔬类货物的感官质量要求：具备新鲜果蔬原有的色泽、香味，质地饱满、无异味；外观无病虫害、机械伤、无腐烂现象；无肉眼可见外来杂物等。

优质的禽蛋应蛋壳清洁、完整、无光泽，壳上有一层白霜，色泽鲜明，蛋壳粗糙，手握摇动无声。

对生鲜水产品（原料）中淡水鱼类的感官指标为：体表有光泽，鳞片完整不易脱落，黏液无混浊，无异臭味，肌肉组织致密有弹性。鳃丝较清晰，色鲜红或暗红，角膜透明或稍有混浊等。

对未冷冻的动物油脂，如猪油的感官指标为：凝固时呈白色或带微黄色泽，组织细腻，呈软膏状；融化时呈微黄色，澄清透明，有猪油固有的味道，无酸败及其他异味。

在铁路承运环节对货物质量的检验、检查，主要是通过简单、直观的方法进行判断，以感官检查为主。食品标准中有些产品质量检验受铁路生产条件限制无法进行，例如冻货的质量检验中，有些需要解冻后观察或品尝，这在铁路作业环节难以实施。因此，在承运质量指标确定过程中，需要综合考虑各方面的因素，选取可操作的内容。主要参考选择了有关易腐产品表象特征的内容，包括产品的色泽、新鲜度、完整性、完好程度、成熟度、冻结程度以及有关的卫生要求等。对食品标准中有关产品等级标准部分的指标，如果形端正、无畸形，肥肉和瘦肉色泽的区分和把握等内容进行了调整，取消了这些与铁路运输质量无影响的内容，补充增加了可能产生影响的内容，如无雨湿或水渍、无复冻现象、产品包装完整、无破损等方面的内容。

2. 承运温度

承运温度的确定，是从有利于保持货物质量，有利于保障铁路运输安全，综合经济、合理性等角度进行考虑。由于地面制冷条件无论是在制冷能力还是在成本上都优于运输过程中的制冷条件，因此，为保障运输质量，对提交运输时的货物温度应严格要求，尽量使其保持或接近储藏温度标准。国际制冷学会推荐的冻结货物储运条件中明确规定："装货时产品的温度不应高于在运输中要求保持的温度，这样可为运输过程创造更好的条件，有利于产品质量的保持。因为运输中所提供的制冷装置的产冷能力，一般是不足以在适当时间内把货物中心温度降下来的。"在参照各类食品储运标准时，一般是参考其储藏或运输温度；若有明确的承运标准（如《俄罗斯联邦铁路鲜活货物运输规则》）可参考时，则参考其承运温度。

温度标准不仅是保障货物质量的重要因素之一，也是对冷藏运输成本影响较大的因素。国际标准中冻货的分类较细、较多，为方便实际生产操作，简化作业过程，对冻结货物品类进行了适当分类汇总，并依据温度范围进行了适当分组。根据当前国内市场的实际需求情况，产品和客户需求层次跨度较大，将冻结货物按对温度要求的严格程度分为三个档次：－18 ℃、－15 ℃、－12 ℃。其中，－18 ℃档主要是指对环境温度要求严格，对温度波动较敏感，或对质量要求较高的货物，通常是一些高价值或高附加值的冻货，如速冻食品、冰淇淋、冻水产品以及高档次的冻分割肉及禽类产品等，承运温度要求在－18 ℃及以下。第二档为－15 ℃以下的货物，也是一些对质量要求较高的冻货，该档货物通常在长期储存时储藏温度也要求在－18 ℃以下，但基于货物附加值及运输成本承受能力，或对储存、销售期等方面的考虑，可以对环境温度条件适当放宽。第三档为－12 ℃以下的冻货，是除以上温度要求较严之外的冻货，包括冻肉食品、普通加工原料类货物以及中低档的普通冻结货物。冻结货物一般储藏时间越长，要求的温度越低，储藏期较短时，也可适当放宽环境温度要求。

发达国家大部分的生鲜农产品都有全程冷链的要求，即新鲜水果、蔬菜产品采摘后，都要进行预冷加工，再进入冷藏储运过程。因此，对运输前的货物温度也有明确要求。美国农业部食品安全检验局（FSIS）在《肉、禽、蛋类货物运输及配送安全指南》中规定，冷却的易腐食品装车前的货物温度不得高于 4.4 ℃（40F），装车前不得将货物摆放在温度较高的货物月台上，以免货温升高。

我国铁路对冷却货或经预冷的鲜果蔬类货物，也制定了明确的承运温度要求。冷却新鲜水果、蔬菜装车时的货物温度主要参照了储藏温度标准，一般是取储藏标准的下限值或中间值，对有些易腐坏的品种完全是按照储藏条件来要求的，因为承运温度要求越严格越有利于运输，总之，都在储藏标准温度范围之内。

对于未冷却货物，一部分是可在常温下运输的货物；另一部分主要是未进行预冷处理的新鲜水果蔬菜，此类货物不对承运温度进行要求。

3. 运输温度

易腐货物运输条件中最重要的指标就是温度，它是决定运输质量、货物质量的重要因素。从最大可能地保持货物质量角度讲，能保证产品保质期最长的储藏条件为最佳储运条件。整个冷藏链的控制条件都保持最佳储藏标准，对货物质量是最有利的。要求较高的、较严格的食品质量标准体系，例如美国标准，对食品链各环节都按食品储藏条件进行统一要求，即储藏及运输的温、湿度要求基本一致。即运输温度要求应尽量与最佳储藏温度接近。但由于运输环节的移动设施、设备受环境条件等限制，同等规格的控温设备难于达到地面固定设备的控制能力，而且从经济性方面来看，移动设备的运营成本也较高。因此，运输过程的技术条件会比储藏条件有所放宽。

运输温度的确定方法与承运温度类似，按照制定技术条件的基本原则，以我国食品标准为基准，参考国际相关储运标准。在我国国家标准中有运输温度值时直接选用，若没有时，则比较国外各标准中的运输温度及储藏温度，进行分析研究确定。在我国标准与国际高标准差距较大、难以达到时，适当放宽要求范围。

(1) 冻货

对于冻结货物，运输温度越低越有利于货物质量；质量要求标准越高，温度值应越低。因此，可以只设运输温度的上限值，而不设下限值。大部分冻货运输温度的上限值为承运温度加 3 ℃的波动范围。基于冻结货物承运温度层次划分的同样考虑，运输温度也对应设定了三档。对速冻货物、冰淇淋、冻水产品、冻分割肉等深冻货物，货物承运温度为－18 ℃以下，运输温度要求在－15 ℃及以下进行运输。对于货物承运温度为－15 ℃以下的货物，运输过程中车内温度控制要求在－12 ℃以下。对于承运时货温在－12 ℃以下的普通冻货，按满足冻货质量的最低标准－10 ℃以下来运输。普通冻货一般是档次较低的普通冻畜、冻禽类货物以及其用途和性质允许放宽要求的货物，如冻橘子汁、普通冷冻油脂或待加工的普通冻肉类产品等。

普通冻货运输温度的确定，主要根据国际制冷学会推荐标准中，有关对冻货质量影响最大的细菌生存条件的研究结果，选取能保障冻货质量的最低限度：－12～－10 ℃。该温度范围是微生物生长的极限值，即是保障冻货质量的温度极限值。国际制冷学会推荐的《冻结货物储藏加工标准》规定："最低冻结货物温度标准－12 ℃"；《俄罗斯联邦铁路鲜活货物运输规则》规定："货温为－10～－15 ℃的冻结货物的运输温度范围为－9～－12 ℃"。因此，将普通冻货的承运温度确定为－12 ℃以下，运输温度设定在－10 ℃以下。深冻货物运输温度的确定，主要参考了我国相关标准中的规定。我国《速冻食品操作技术规程》规定："冷藏库的室内温度应保持在－18 ℃或更低（视不同的产品而异），产品从冷藏库运出后，运输途中允许温升到－15 ℃，但交货后应尽快降至－18 ℃。"另外国际制冷学会推荐的《冻结货物储藏加工标准》规定，"运输过程中允许温度波动 3 ℃"。因此，将深冻货物的运输温度定为－15 ℃及以下。

(2) 鲜货

鲜货运输温度的制定主要参考其储藏标准。由于水果、蔬菜具有既怕冷又怕热的特点，伴随呼吸放热作用，储运中的制冷控温操作难度加大。新鲜果蔬产品储藏标准中设定的温度范围通常较窄，尤其是叶菜类产品，其储藏温度标准中有很多的温度允许波动范围仅为 1 ℃或 2 ℃，有的只有 0.5 ℃。在冷库储藏条件下，无论是制冷设备能力还是存储空间、通风条件等，都比在运输流通过程中要好。对同样的标准或要求，在运输过程中操作则会较为困难，需要频繁地开机制冷、加大通风循环量。在我国铁路冷藏车的制冷控温操作自动化程度较低、需要人工辅助作业的条件下，要保持有些鲜货品类的最佳储藏条件还有一定难度。因此，对部分新鲜水果、蔬菜的运输温度控制要求，根据具体情况进行了适当调整，有些适当放宽了温度控制范围，有些（温度标准范围跨度较大的）适当缩小了控温幅度。

大部分的新鲜蔬菜的储藏温度在 0～5 ℃间，呼吸热大的叶菜类大多要求接近 0 ℃。有些对低温敏感的茄果类蔬菜，要求在 5～8 ℃或 7～10 ℃范围储藏，甚至更高些的 10～13 ℃范围，如茄子、黄瓜、甜椒等。甘薯、香蕉要求在 11～13 ℃范围为好。

运输温度标准放宽的尺度把握要根据不同果蔬品种的特性以及对温度的敏感性、对低温的耐受能力等指标来确定。对于一些呼吸热较大的果蔬，为防止运输过程中温度偏高难以控制，允许温度范围取的较窄。当储藏条件温度范围太窄（如 1～2 ℃）时，适当加大了部分货物的温度允许波动范围。例如，储藏标准中规定为 0 ℃的水果、蔬菜，一般是将运输温度定为 0～3 ℃，这样可以兼顾储藏条件与运输过程的实际操作条件。由于水果、蔬菜的品种繁多，个性化差异大、变化多，受影响的因素也较多，应该结合一定量的试验研究才能制定出适宜的运输标准。受时间和条件限制，目前放宽温度控制范围的作法，主要是参考铁路冷藏运输经验、货物属性以及果蔬冷害点、冻害点等相关特性指标，进行综合考虑、适当调整。当鲜果蔬装车时的货温能达到储藏标准、能够完全冷透，则其运输温度可稍高于承运温度。

未冷却的新鲜水果蔬菜，其运输温度要求与经预冷的产品相同。

总之，温度要求越严格，对货物质量越好，越有利于延长货物的保质期。保质期越短的货物，越要严格控制其运输温度。

4. 运输包装

货物的包装质量对其运输质量有较大影响，是冷藏运输条件中的重要指标。易腐货物的包装要求，包括包装材料、包装规格、包装承重性能、耐低温性能等指标。对于新鲜果蔬运输的货物包装，还需要具有通风、透气、耐湿、耐冷等性能。另外，还有“绿色包装”等新要求，兼有保护环境和节约能源的要求。

按在流通领域的作用，包装可分为运输包装和销售包装两类。运输包装一般体积较大，外形尺寸标准化程度高，坚固耐用，并印有明显的识别标志，主要功能是保护商品，方便运输、装卸和储存作业。运输包装在安全、迅速、经济、便利的运输货物过程中扮演着重要的角色。它能减少货物的损坏，提高流通的效率，促进销售和提高产品经济效益，因此，日益受到人们的关注。销售包装是指一个商品为一个销售单元的包装形式，或若干个单体商品组成一个小的整体的包装，亦称为个体包装或小包装。销售包装的特点是包装件较小，要求美观、安全、卫生、新颖、易于携带，印刷装潢要求较高。销售包装一般随商品一起销售给顾客，起着直接保护商品和宣传、促进商品销售的作用。

易腐货物运输包装的目的，是为了防止外界的不洁空气、不合适的湿度和不卫生杂质等影响货物质量，为了减少运输途中的外力作用，方便运输过程中装卸、搬运、码放、保管作业等。因此，托运人托运易腐货物时，应根据货物的性质、重量、运输种类、运输距离、气候以及货车装载等条件，使用符合运输要求、便于装卸和能保证货物安全的运输包装。易腐货物运输包装技术要求有国家包装标准、行业包装标准和《鲜规》中的规定等，《鲜规》中的包装技术要求主要参照有关的国家标准及行业标准等来确定。

易腐货物运输包装应满足以下要求：

(1) 包装件能承受一定次数的装卸、堆码作业，受运输过程中的外力作用而无损坏。

(2) 运输包装应具有一定的防水、防蚀、防虫等防护功能，具有一定耐湿、耐低温和透气性能，并应符合卫生、环境等法规的要求。

(3) 包装材质应与包装件相容，不致污染和损坏内货。避免其他货物或残留物气味的交叉污染。

(4) 包装的重量、尺寸、形式应与国际标准或国家标准相符，并符合现代物流流通环节的设备、设施条件的要求，满足机械化、自动化作业的需要。

(5) 运输包装应具有规定的包装储运图示标志。

(6) 要考虑人力作业条件下的搬运能力。应保证人员作业安全，并满足劳动保护法规的相关要求。

易腐货物运输包装按容器形状分类，可分为箱、桶、袋、筐、捆、坛、罐、瓶等。按所用的材料又可分为纸包装、塑料包装、木材包装、纤维包装、条编包装和复合材料包装等。国际上易腐货物运输包装材料的选择，趋向于绿色环保和经济实用。包装箱的规格发展趋于系列化、标准化。

目前，铁路常用的包装容器包括纸箱、塑料箱、花格木箱和编织袋等，竹筐、条筐在水果蔬菜运输中使用较多。包装箱的规格大小设计，应有利于保护货物的完好，有利于在托盘或运输工具内的堆码。货物包装件重量会影响装卸的效率，有关研究认为，在采用人工装卸时，包装件内容物的重量以人体重量的40%为宜，这样可以使工人的疲劳强度最小。包装件内容物的长度以 70 cm 以下为好，宽度以 40 cm 以下为好。这样可以使工人稍稍伸开两手就能抱起，而且可以使货物靠近人体轴线，减少人体重心的前后移动，降低工人的疲劳强度。美国的研究认为：一般超过 23kg 的包装容易导致野蛮装卸操作，使产品和包装容器受损。基于我国易腐货物运输装卸作业多以人工为主，因此，推荐包装件的重量以 20 kg 左右为宜，最大重量不宜超过 25 kg。由于筐式包装规格较大，抗压强度较高，其容重也稍大些。包装箱的长宽比为 1.5：1 左右。

根据各地包装材料出产情况和包装加工工艺水平，结合铁路易腐货物装载方法、运输途中各种外力作用条件等，制定了“易腐货物运输包装表”(《鲜规》附件 3)，见表 8.3。

5. 装载堆码方案

货物装载方式对铁路易腐货物冷藏运输质量有很大影响，首先它决定着车辆装载空间的利用率，在一定程度上影响着运营成本和经济效益；其次，它对货物途中的制冷控温效果有较大影响，直接影响货物运输质量；第三，还影响运输过程货物堆垛的稳定性，影响铁路运输安全。

制定易腐货物装载堆码方案，应以保证货物运输质量为首要目标，其次是如何提高运输工具装载利用率。即要在符合《铁路货物装载加固规则》、《铁路超限超重货物运输规则》的基础上，根据货物性质以及货物包装规格、

表 8.3 易腐货物运输包装表

包装号	包装名称	包装材料	包装要求	包装规格	货物净重或容积	堆码试验	备注
1	木箱	木材(干燥,无虫蛀、霉变、腐朽,无污染,无异味)	用木材组合装钉 通风、透气、清洁、干燥、牢固。内部光滑无尖凸物,外部无钉头或钉尖显露,无其他尖刺;箱子应有足够强度;箱子平整,能平稳堆放,相互堆码,配合适宜 箱内应加衬垫物	具有 16 根条挡的木箱,箱板厚度为 12～15 mm,宽度为 20～40 mm;箱档的厚度和宽度根据木箱的尺寸选定,但厚度不得小于 15 mm,宽度不得小于 40 mm(可取 40～60 mm) 箱外用两道 14 号铁丝或铁腰捆扎箍紧。当内装物质量较轻且木箱体积较小时,也可用塑料打包带捆扎 具体规格尺寸需根据盛装货物的特性、体积、层数和重量而定	20～25 kg	空箱净压 650 kg,24 h 无明显变形;重箱自码 4.8 m 高,无明显变形	
2	花格木箱	木材(干燥,无虫蛀、霉变、腐朽,无污染,无异味)	箱面用木板等钉合成的栅栏状木箱 通风、透气、清洁、干燥、牢固;内部光滑无尖凸物,外部无钉头或钉尖显露,并无其他尖刺;箱子应有足够强度;箱子平整,能平稳堆放,相互堆码,配合适宜 箱内应加衬垫物	具有 12 根条挡的花格木箱,箱板和箱档厚度不小于 12 mm,每块箱板、箱档宽度不小于 50 mm 花格木箱箱板的围板面积不小于总面积的 60%;缝宽适当、均匀;箱底部木板间距不大于 10 mm,其他部位木板间距为 15 mm 箱内需用韧性纸张衬垫,并打通风孔,直径 5 mm,孔距 20 mm 箱外用两道 14 号铁丝或铁腰捆扎箍紧;当内装物质量较轻且木箱体积较小时,也可用塑料打包带捆扎;当木箱长度大于 600 mm 且不用箱档加固时,也可用钢带捆扎加固 具体规格尺寸需根据盛装货物的特性、体积、层数和重量确定	10～20 kg	空箱净压 650 kg,24 h 无明显变形;重箱自码 4.8 m 高,无明显变形	部分娇嫩水果可使用货物净重小于 10 kg 的包装,空箱净压试验参见有关标准

续上表

包装号	包装名称	包装材料	包装要求	包装规格	货物净重或容积	堆码试验	备注
3	纸箱	纸板（无湿损、污染、发霉，无破裂）	用纸板组合装钉 通风透气（装冻货除外），清洁、无污，无受潮、离层现象；箱内无突出长钉，纸板要作防潮处理	瓦楞纸箱开孔形状采用圆形、椭圆形或长椭圆形，通气孔直径取 25～30 mm，孔的总面积不超过整个包装面积的 3%～5%；箱内中部可装支撑的纸板或采用纸板分层隔离衬垫或加井字形瓦楞纸格 纸箱接头粘合搭接舌边宽度不小于 30 mm，粘合牢固；纸箱接头钉应排列整齐、均匀，钉合接缝应钉牢、钉透，不得有叠钉、翘钉、不转角等缺陷 封箱，可用胶粘带粘牢，也可用低碳钢扁丝钉牢或采用粘合剂粘合 具体规格尺寸需根据盛装货物的特性、体积、层数和重量而定	15～25 kg	空箱净压 650 kg，24 h 无明显变形；重箱自码 4.8 m 高，无明显变形	部分娇嫩水果可使用货物净重小于 15 kg 的包装，空箱净压试验参见有关标准
4	钙塑箱	钙塑板（无湿损、污染、发霉，无破裂）	用钙塑板组合装钉；透气、通风、清洁，箱内外无突出长钉	具有坚固钙塑板，由两层钙塑板和一层瓦楞钙塑板合成 箱内中部装有支撑的钙塑板，需要通风透气的，建议在两端开 20 mm 直径通气圆孔 4～5 个，各孔不能同时在一个水平或垂直线上；孔的总面积不超过整个包装面积的 3%～5%；封箱可用胶粘带粘牢或采用粘合剂粘合；箱外需用两道塑料腰带捆扎箍紧 钙塑箱的具体尺寸需根据所装货物的特性、体积、层数和重量而定	15～25 kg	空箱净压 650 kg，24 h 无明显变形；重箱自码 4.8 m 高，无明显变形	部分娇嫩水果可使用货物净重小于 15 kg 的包装，空箱净压试验参见有关标准
5	塑料箱（含塑料筐）	无毒塑料（清洁，无污染，无异味）	注射成形，表面光滑平整，完整无裂损，不允许有明显凹陷（加强筋部位允许有轻微收缩），边缘及端手部位无毛刺。浇口处不影响箱子平整 通风、透气性强。具有足够强度，箱子平整，能平稳堆放；原料需符合国家相关食品卫生标准	坚固成型，同规格的塑料箱能相互堆码，箱体底部有配合牙槽，配合适宜，不允许滑垛 可为硬质长方形或硬质锥形 具体规格尺寸需根据盛装货物的特性、体积、层数和重量而定	15～25 kg	空箱净压 650 kg，24 h 无明显变形；重箱自码 4.8 m 高，无明显变形	部分娇嫩水果可使用货物净重小于 15 kg 的包装，空箱净压试验参见有关标准

续上表

包装号	包装名称	包装材料	包装要求	包装规格	货物净重或容积	堆码试验	备注
6	竹筐	竹篾片(无虫蛀、腐朽、霉变)	筐体用竹篾片编制和加固,筐盖用竹篾片编制或用木板制作;通风透气,坚固清洁,边缘整齐,内部平整、无尖凸物,外部平整、无竹刺,无突出钉头,能满足手工搬运、装卸要求 筐盖必须大于筐口,并用绳索、铁线扎紧 筐内四周及底部需用整体蒲包衬垫,水果上层顶部需用松软物铺垫	(1)上大下小,盖大于口;上口 45 cm×49 cm,高 35 cm,下底 35 cm×25 cm,每件用 12 根硬竹片支撑,筐盖用塑料编织带或铁丝捆扎	不大于 20 kg	空箱净压 250 kg,24 h 无明显变形;重筐自码 4.8 m 高,无明显变形	
				(2)上大下小,盖大于口;上口 50 cm×40 cm,高 45 cm,下底 40 cm×30 cm,每件用 14 根硬竹片支撑,筐盖用塑料编织带或铁丝捆扎	不大于 25 kg		
				(3)上大下小,盖大于口;上口 51 cm×36 cm,高 40 cm,下底 40 cm×25 cm,每件用 14 根硬竹片支撑,筐盖用塑料编织带或铁丝捆扎	不大于 20 kg		
				(4)长方体,48 cm×38 cm×30 cm,每件用 12 根硬竹片支撑,筐盖用塑料编织带或铁丝捆扎	不大于 20 kg		
				(5)上大下小,盖大于口;上口直径为 50 cm 的圆形,高 50 cm,下底 25 cm×25 cm,每件用 16 根硬竹片支撑,筐盖用塑料编织带或铁丝捆扎	不大于 25 kg		
				(6)上大下小,盖大于口。上口 35 cm×25 cm,高 50 cm,下底 50 cm×45 cm,每件用 12 根硬竹片支撑,筐盖用塑料编织带或铁丝捆扎	不大于 20 kg		
7	条筐	新荆条、柳条、藤条、竹条(质地良好,不朽,不烂,无虫蛀、霉变)	用荆条、柳条、藤条、竹条等编制;坚固,紧密结实,通风透气,清洁,条尖向内,边缘整齐,内壁光滑,筐内外无突出条头和铁丝。端正、平稳、不松懈、不变形	必须使用整根原条编制,严禁半条或劈裂。竖条必须用通条,直径大于 5 mm 筐盖必须大于筐口,使用直径 2 mm 以上铁丝在 6 处将筐盖与筐身拧紧,铁丝尾部要插入空隙处 体身应加立筋,确保端正、平稳、不松懈、不变形 筐内四周及底部需用整体蒲包衬垫,每个水果应用软纸、套袋或塑料袋包装,水果上层顶部需用松软物铺垫 条筐的具体规格尺寸,需根据盛装货物的特性、体积、层数和重量而定	20～35 kg	空箱净压 250 kg,24 h 无明显变形;重筐自码 4.8 m 高,无明显变形	

续上表

包装号	包装名称	包装材料	包装要求	包装规格	货物净重或容积	堆码试验	备注
8	编织袋	无毒塑料(清洁无污染)或天然、合成纤维	可为由塑料经挤出纺丝、拉伸、分丝和编结而成的塑料编织袋,也可为用天然或者合成纤维编织而成的网状袋子 所用扁丝外观应光滑、平整、无明显起毛;袋子无破洞、稀挡和缝制不良问题,并应干燥、无霉变、无异味、无毒,清洁无污染,能通风透气;制造袋子的塑料需经国家卫生部门或其认可的检验机构的检验认可后方准使用 编织袋外观应清洁,平整,缝合处不允许出现脱针、断线、未缝住卷折现象,切边不允许出现散边;编织袋裁剪必须用热熔切割,以保证切口处熔融粘连不散边	编织袋缝边、缝口缝线到边、底距离为 8～12 mm,无边袋口卷折不大于 10 mm;袋口应折叠缝密,缝针密度为 6 针/10 cm,缝口后应在袋角上扎口 袋的具体尺寸,需根据盛装货物的特性、体积和重量而定: (1)稀织型编织袋 (2)密织型编织袋	15～25 kg	应进行跌落试验 试验方法:用 3 只装满模拟物的袋,从高 1.5 m 处跌落于平坦、光滑、坚硬的水平地面;每只进行两次,第一次袋的平面平落,第二次袋的端面平落 合格标准:不破损、不开口	
9	桶	钢、铁、无毒塑料	桶体圆整光滑,无明显失圆、凹瘪、歪斜,无毛刺和机械损伤;钢桶桶身、桶顶和桶底均由整张薄钢板制成,不允许拼接,桶身焊缝采用电阻焊焊接;钢桶内外表面需涂镀保护层;桶性能符合 GB 325.1—2008、GB 13252 相关通用技术要求 啤酒桶材料为符合食品卫生要求的不锈钢 塑料桶结构性能需符合 GB 13508的要求,卫生指标符合 GB 9687 的要求	桶体尺寸规格需根据盛装货物的相关流通需求而定	不大于 50 L	按 GB 4857.3 规定进行,试验 24 h 不变形、不破损 试验压力:0.4 MPa,保压时间不少于 3 min,啤酒桶不得有泄漏	

材料，结合冷藏运输工具内的空气循环形式和装载量利用率情况等来确定。目前，对统一规格的易腐货物包装件的装载堆码方式，主要有紧密装载和通风装载（留通风间隙）两种，前者适用于冻结货物和部分冷却货物，后者适用于新鲜水果、蔬菜和鲜蛋类货物。

图 8.1　易腐货物的通风装载方式

（1）紧密堆码

根据货物及包装尺寸与冷藏车内部空间尺寸的匹配关系以及货物摆放要求，选择以车辆端部面积浪费最小的装载方案进行装车，使货物在车内紧密、稳固堆码，该装载方法有利于防止运输途中发生货物倒塌或货件坠落等情况。紧密堆码适用于冻结货物、冬季短途保温运输的怕冷货物、热季运输的不发热的冷却货物或夹冰运送的鱼虾蔬菜等。如无包装的货物采用“头尾交错、腹背相连、长短对接、减少空隙、码平码实”的方法进行装载；有包装的货物，货件间不留空隙。

（2）通风堆码

通风堆码适用于冷却、未冷却的水果、蔬菜、鲜蛋等的运输。按其货件堆放方法不同，可分为吊挂、品字形、“一二三、三二一”形、井字形、筐口对装法等。

吊挂法，即在车内装设横梁及钩具吊挂货物的装车方法。这种方法用来装运片状原料肉类（如白条肉）。目前，铁路不再运输冷却肉类，这种方法现在主要用于冷藏汽车运输中。吊挂法货件之间的间隙较大，且货件吊起之后，货物表面与车内冷空气接触比较充分，货物质量和热状态可以保持得比较好，但车辆载重力利用较差。

品字形装载法，如图 8.2 所示，也称棋盘式装载法。这种方法适用于箱装，并在热季要求冷却或通风，或在寒季要求加温的货物。装车堆放货件时把奇数层与偶数层货件交错骑缝装载，使之成“品”字形状。运输时车内空气只能在货件的纵向形成通风道，不能上下流通，但是货件在运输途中的稳定性较好。该装载方法适用于装运呼吸作用较强且控温要求较高的货物。

“一二三、三二一”装车法，如图 8.3 所示，一般用于苹果、柑橘装载运输。第一层按间隔一件、二件、三件留空隙；第二层按间隔三件、二件、一件留空隙；奇数层同第一层，偶数层同第二层。采用这种方法装车时，车内空气只能在车辆纵向通风道中流通，车内空气循环情况不佳，但可以提高货物装载量，该方法适用于装运呼吸作用较弱且控温要求不高、较坚实的水果和蔬菜。

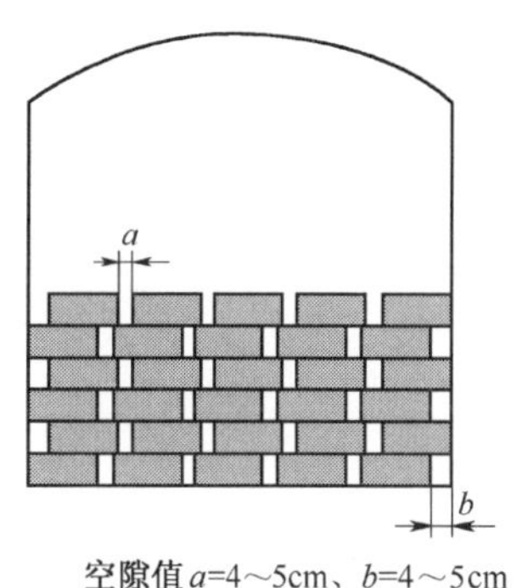

图 8.2 品字形装载法

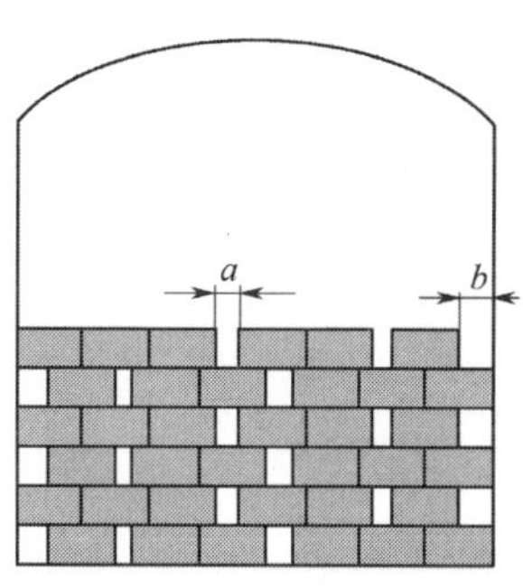

图 8.3 “一二三、三二一”装载法

井字形装车法，如图 8.4 所示。这种装载方法货件码放较灵活，各层货件纵横交错，可按车辆有效装载尺寸和货物包装规格确定纵向或横向的放置件数。这种装载方法一般是货箱侧板之间留空隙，端板之间紧靠。奇数层与奇数层、偶数层与偶数层的装法相同，奇数层与偶数层交叉堆放形成“井”字。运输途中车内空气可以在每个井字孔中上下流动，并可通过井字孔窜入、渗入货件内。同时，各层纵向直缝内的空气也能畅通无阻，因而空气的循环情况比品字形要好，且货件装载稳定性也好于品字形。该方法适于装运呼吸作用较强且控温要求较高的货物。

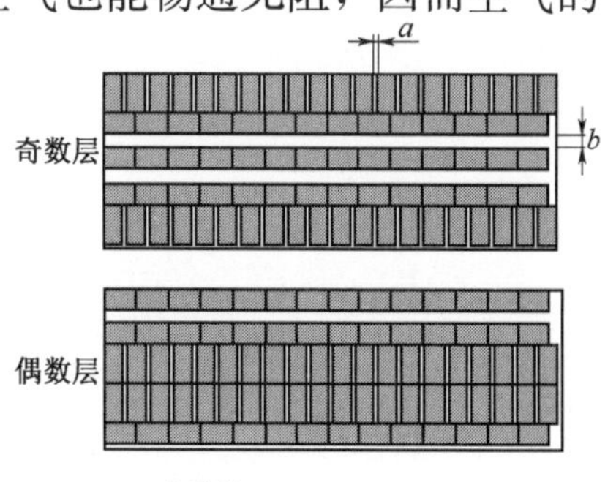

图 8.4 井字形装载法

筐口对装法，如图 8.5 所示。这种装载方法主要用于上大下小的筐类包装货件。由于这类货件本身形状上的特点，装载时货物之间能自然形成一定间隙，且便于空气流通。故货物装载时不必留出专门的通风空隙，只要适当考虑货物性质，并有意识地确定货件装载顺序就可以保证形成适当的通风道。这种装载方法又分为三种：一是底层两侧的箩、篓、筐等大筐口朝下，中间的大筐口朝上，第二层则方向相反，奇数层装法相同，偶数层装法相同；二是底层及奇数层全部大筐（箱）口朝上，第二层及偶数层全部大筐（箱）口朝下；三是顺装法，即每层的筐（箱）口大头朝上，按顺序堆装。这三种装载方法车内空气上下、纵横方向循环情况都有发生，车内空气循环情况较好。如货件规格与车辆有效装载尺寸比较匹配，货件装载稳定性也比较好。该方法适于用筐装的水果、蔬菜的装载。

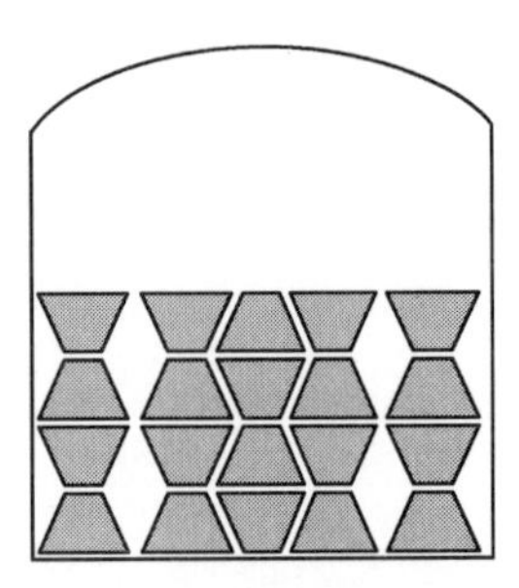
(a) 筐口对装法之一

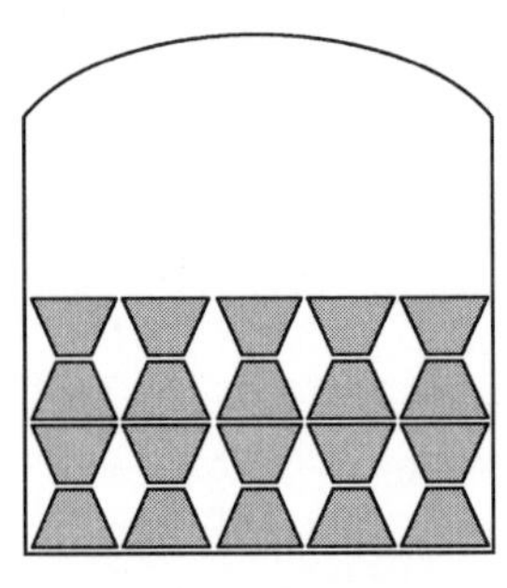
(b) 筐口对装法之二

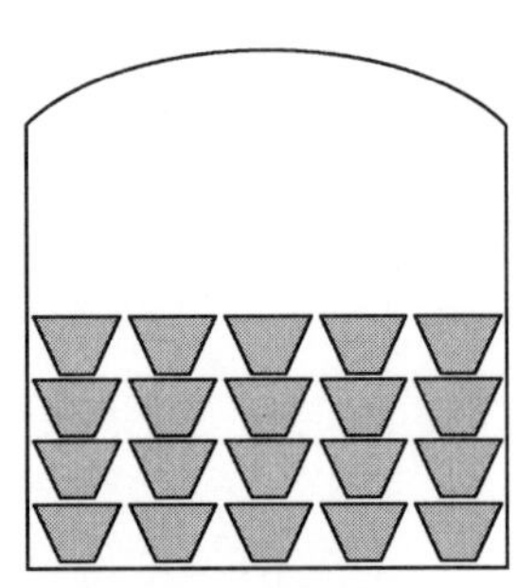
(c) 筐口对装法之三

图 8.5　筐口对装法

对于比较坚实的、呼吸热小的马铃薯、晚白菜、萝卜、南瓜、冬瓜、西瓜、胡萝卜等瓜菜类货物可采取堆装运输。

6. 通风装载稳固措施

通风式装载是常出现装运质量问题的环节，这一方面是由于货主装货时不按照规定留通风间隙，货物装载过密、过满，堵塞冷风通道，进而影响货物散热，引发货物质量的劣变。另一方面，货件间的通风间隙有利于货物的通风散热，也给货物堆垛的稳定性带来一些问题。在没有相应的装载稳定、加固措施的情况下，运输过程中的冲撞力可能会引起货件的移位、挤碰或坠落现象，影响货物质量、危及运输安全。

目前，我国铁路在易腐货物装载过程中，缺乏对货堆中空间的填充和稳定方法，列车行进过程中的起停、加速和路途颠簸等会对货物产生一定的冲击力，从而引起货件的窜动、摇摆和错位，甚至造成货堆倒塌，进而影响车内冷气循环通道的畅通，影响货物运输质量。国外一些发达国家，在易腐货物通风装载过程中，通常要采取一些稳固和防护措施，使货堆保持稳定。例如，在货件或托盘（货物单位）间空隙处填加充气袋、木栅、木块、木楔等支撑物件，对货垛单位增加拴固、捆绑等加固措施。另外，采用对包装件的特殊设计来加强货堆的稳定性，也是一种非常有效且简便易行的办法。尤其是当货堆间的通风间隙较小，使用外部加固措施和加固器具比较困难时，利用包装件本身的结构设计来解决货堆的稳固性，既便于货堆的码垛整齐，利于通风道的顺畅，又有利于装载空间的有效利用，可谓是一举多得的好方法。

包装设计时，有以下几种措施可增加货物装载的稳定性。一是在同种类型的包装件上设计连锁或自锁功能（如可互锁的小扣件），堆码时可使相邻货件进行咬合或互锁，增加货堆的整体稳定性。二是对于塑料箱，在箱体底部或角部等部位设计能相互搭扣的牙槽，上下或左右包装件堆垛时能通过特殊设计的舌件卡入牙槽，产生包装箱之间的互锁效果，起到防止滑垛的作用。三是通过包装件适当部位的凹凸设计，或在几个包装箱之间的凸起上设置一个连锁扣，在码好的货件上使用，使包装箱之间形成连锁的一个整体，达到稳固装载作用。

对于新鲜果蔬的运输，包装及货堆中的通风透气及散热功能十分重要，对运输质量、货物质量有直接影响。利用包装外形的特殊设计建立货堆间的风道，可以部分解决紧密装载方式下的货间通风循环问题。基本形状为长方体的包装箱外形可以有以下几种形式：八边形侧面（即侧面形状类似将方形的四个角切去）、梯形方箱、锥形塑料箱、凸凹型断面箱型等。这种形状的包装紧密堆码时，可利用包装箱角部或底部的空间建立起通风道。因此利用包装外形的通风装载方式，一定要注意码垛时将包装件有序地码放，并将风道部分串接连贯起来。

除了在包装件上加开通风孔的方式来改善通风散热条件外，还可以利用包装结构及外形的特殊设计，提供货堆间的通风循环通道，确保车内货物散热需要和货堆间的温度均匀性，加强通风装载时的货堆稳定性，解决紧密装载时货堆间的通风问题。包装件通风孔设计时，需要考虑打孔对包装强度的影响，还要兼顾货物呼吸强度大小等特性、装载及堆码方式，以及车内制冷循环效果等方面。通风孔的开孔位置有上下开孔，侧面开孔，四壁开孔和脊孔几种方式。开孔的形状一般分为圆孔和长方孔两种。各种开孔方式、大小和数量以及位置，对包装强度和通风量有不同影响，需依据货物品种和特性，以及货物初始温度、装载方式等条件进行合理设计。孔的总面积不能超过整个包装面积的3％～5％，瓦楞纸箱包装的侧面通气面积达到 5％可以迅速降低箱内温度，并且不会因受潮而过分软化包装箱。

另外，国外的货物流通中大量采用托盘等集装化机械装卸方式，将货物堆码在托盘上，使用叉车进行搬运装载，不仅装卸速度快，还能降低人工搬运对货物造成的损伤。因此，铁路应积极应用与推广托盘集装化技术，以提高铁路装卸作业效率、加快易腐货物送达。

9　铁路鲜活货物运输组织及管理

目前我国铁路鲜活货物运输采取铁道部、铁路局(专业运输公司)、站段三级管理模式。铁道部负责制定运输管理规章和货物运输条件，以及全路鲜活货物运输的集中统一指挥；铁路局负责管内鲜活货物运输组织、管理以及合资、地方铁路鲜活货物运输安全管理和业务指导工作，专业运输公司负责提供机械冷藏车、冷藏集装箱装备和市场开发工作；冷藏运输办理站是直接面对货主的货运窗口，负责鲜活货物的受理、承运、装车、卸车、交付等生产组织，以及事故受理和理赔工作。为做好鲜活货物运输管理工作，各级铁路管理部门建立了鲜活货物运输管理和安全保障体系，制定了鲜活货物运输组织的措施、办法。

9.1　基本作业流程及要求

1. 作业流程及基本要求

铁路鲜活货物运输的基本作业流程如图 9.1 所示。

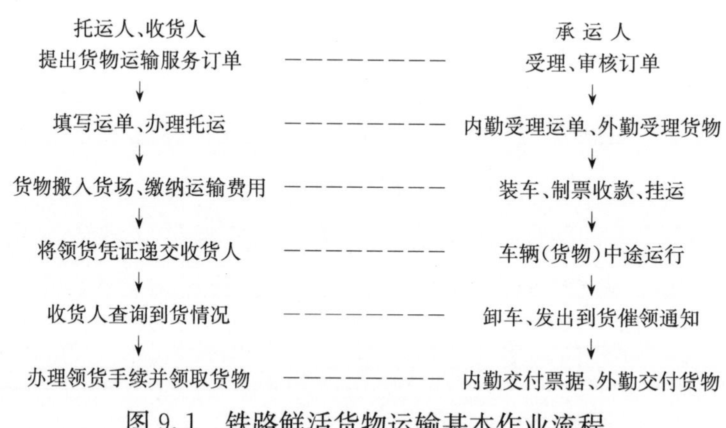

图 9.1　铁路鲜活货物运输基本作业流程

针对鲜活货物的特点，铁路货运组织工作有相应的特殊要求。铁路易腐货物运输的基本要求：

一是要保证所托运的货物质量良好、无病残，包装适合货物性质并能保证铁路运输安全。承运人要严格按照《鲜规》要求把好货物承运质量关。

二是要保持好各类货物适宜的运输条件，保证货物质量。即要按照货物性质、容许运输期限及运送过程的气候条件等选择合适的车辆、装载方法和运送方法，并根据需要采取预冷、制冷、加温、保温、通风、上水等措施，以最大限度地保持货物质量。

三是要本着优先办理运输的原则，加速鲜活货物送达。各级调度对鲜活货物车辆应重点掌握，防止中途积压。应积极组织鲜活货物快速运输，组织编挂快运列车。

为满足这些要求，铁路鲜活货物的承运工作要有计划性，不仅需要事先将冷藏车调配到位，提供良好的作业场所，及时通知机械冷藏车工作人员做好车辆整备工作，还要与托运人加强联系，做好货物装运准备工作。要按照食品冷藏链的要求做好发运前的货源准备、承运装车作业、途中运输服务以及到站交付等各项工作。有关部门作业人员必须充分协作，认真执行规章规定，迅速有序地进行各项作业，做到环环紧扣，减少无效等待时间。

为使发送作业的各个环节都能及时进行，加速鲜活货物运输过程，发站应同托运人商定货物进货、装车及车辆取送时间等事项，作好车、货衔接工作。如果出现“车等货”现象，则会影响车辆的周转；如果出现“货等车”现象，还会影响鲜活货物的质量。

托运人要落实货源，备齐单证，准备好必要的货物安全防护用品。发运前的货源准备主要指新鲜水果、蔬菜类货物在发运前，应以最快速度进行预冷或入冷库暂时存放。冷却货或冻结货物通常是从冷库出货，需在库内将货物置于出库位置方便装车。装车前应在具有控温条件的作业场所进行货物的商标粘贴、检斤等作业，然后通过有防护设施的站台进行冷藏车的装车作业。

车站、托运人、收货人要密切配合，及时做好装车、卸车和搬运工作，并采取必要的防护措施，防止货物在装卸、搬运过程中出现腐烂、变质、冻损、污染、生理病害、病残死亡等问题。冷库门与冷藏车门的对装、对卸是易腐货物最好的装卸车方式，由公路冷藏车转接情况下，应尽量采取门对门装卸方式。在冷库铁路专用线装卸车时，装卸月台应有一定的遮阳和防护条件，无防护设施时应采取防护措施。对于冻结货物，装卸过程中应在货物上加盖棉被等保护物品，并加快装卸速度。

装车完毕后，铁路发站应及时迅速地将冷藏车编挂入快运列车或直达列车中。按《鲜规》要求选择相应的运输方式和运输条件，整个运输过程中应连续不断地保持车内货物要求的运输温度。应尽量缩短列车在中途技术站改编及技术作业停留时间。途中应按规定对冷藏车进行必要的通风。

冷藏车抵达到站前,收货人应根据预报及时准备好冷藏汽车或保温汽车,在冷库卸车时应安排好卸车劳动力、工具和库位,到站应在列车到达后尽快将冷藏车送到卸车地点并尽快组织卸车。从到达地冷库送往零售商店小冷库的运输中,也应使用冷藏或保温汽车,并在最短时间内完成;装卸汽车应力争在控温的站台进行。

从始发地、冷库、冷藏汽车到铁路冷藏车,再到到达地的冷藏汽车和小型冷库,其中任一个环节中未达到要求的条件,都会对货物质量产生影响。从库到车和从车到库的装卸作业是最易破坏冷藏条件的薄弱环节。因此加强各环节的有效衔接,加快流通速度,对保证易腐货物运输质量有重要意义。

冷藏车上需设有通风口或进排气口,发货人、发站、中途站、机械冷藏车乘务人员必须密切联系和配合,掌握通风时机、通风方式和通风时间,以满足货物正常呼吸、排除废气的需要。

2. 办理站基本条件

鲜活货物与普通货物在运输组织工作中有很多不同,由于鲜活货物是有生命或生命现象或经过冷冻加工的货物,在流通、保管过程中需要适宜的储运环境、生存条件来维持其生命、生理状态或物态,其运输条件有特殊性,在铁路运输过程中必须采取特殊的防护措施和服务工作。为做好鲜活货物运输工作,鲜活货物运输的管理和作业人员需掌握铁路运输、动植物特性、食品卫生等相关知识,这是鲜活货物运输工作质量的基础保证。因此,办理鲜活货物运输的车站应具有一定数量掌握鲜活货物运输知识的技术人员、货运人员和装卸人员。

鲜活货物的储运过程需在一定时限内完成,才能实现货物的使用价值。因此,铁路部门不仅要在货物运输过程中自始至终创造或保持适宜的温度条件和良好的卫生环境,还要加快货物运输过程,尽快将货物送达目的地。为做好鲜活货物运输工作,铁路办理站应配备相应的设施设备,包括储存易腐货物所需要的仓库,适宜易腐货物装卸的站台,装卸搬运用的手推车、叉车等,存放活动物的雨棚、围栏和适合活动物装卸的站台以及车辆清扫、除污工作所需要的设备设施。办理冷藏集装箱运输的车站还应具备电源设施、正面吊或具备防摇装置的龙门吊、适合堆存冷藏箱的硬面化堆场等设施。

3. 装卸车作业要求

车站货运员应会同机械冷藏车乘务组对装卸作业进行指导,发现问题应联系托运人、收货人共同解决。

保持冷藏车合适的车内温度,一靠隔热性能良好的车体,二靠冷源和车内

图 9.2 正面吊运机正在进行冷藏集装箱装车作业

设施。故保持良好的车辆状态至关重要。若车体的隔热结构和车内设备发生损坏,会使冷藏车的隔热性能及气密性下降,降低车体隔热性能。因此,在装卸作业或开关车门时,严禁乱砸、硬撬车门,采取保温、防寒、防湿等措施时,严禁以钉、钻、铆等方式损坏冷藏车车体,不得在冷藏车内壁上钉草袋、棉毯等防寒物,不得使用易损伤车体的装卸工具等。

对预冷完毕的冷藏车进行装车,或对装载冷却和冻结货物的冷藏车进行卸车,应采取措施保持车内温度,一旦开启车门作业,装卸作业应不间断地进行。严禁打开车门先"放冷气"再进行装卸,致使预冷效果降低或完全丧失,或使货物蓄冷无谓消耗。"暂停装卸"进行休息是不允许的,必须休息时,应妥善关好车门,以免浪费冷量、货物温度升高,并造成冷却、冻结货物表面的水分凝结。

冷藏车是投资大、成本高的专用运输工具,运营管理费用也很高。因此应严格控制冷藏车装卸作业时间,加速车辆周转。《鲜规》明确规定了冷藏车的装卸时间限制:单节机械冷藏车每辆车的装(卸)车作业时间(不包括洗车和预冷时间)不得超过 3 h;货物车为 4 辆一组的机械冷藏车组,每组装(卸)车作业时间不得超过 6 h,每辆车的装(卸)车作业时间不得超过 3 h;装(卸)车期间需要制冷的,要在"机械冷藏车作业单"中注明起止时间,车站按规定核收制冷费用;若由于托运人(收货人)的责任,超过规定的装(卸)车时间时,应核收货车延期占用费。

根据中铁特货公司的统计资料,装卸时间长是冷藏车周转慢的重要原因。装车过程长一般是因为货源组织不到位,货物没有及时集中到装车地点,或货物存放地距装卸地点较远,需要多次往返短途搬运;卸车时间长的主要原因是

"以车待库",一些收货人将冷藏车作为临时冷库,一边卖货一边卸车,这势必会影响卸车速度。这种现象不仅会带来冷藏车直接燃油消耗成本的增加,还会占用车辆、影响车辆及时周转。解决装卸时间长问题的主要措施:一是车站要加强监装监卸作业管理,严格按装卸作业规定快速作业;二是对拖延装卸车的行为采取一定的惩罚措施。

货物装车完毕后,机械冷藏车乘务员应检查车门是否关闭严密,并及时开机控温。装车后应持续开机制冷,在车内温度没有降至规定的运输温度范围前,不得停机,并及时按规定记录温度情况。

托运人、收货人要积极配合承运人做好装车、卸车和搬运组织工作。装卸作业过程中,应根据货物的特性及现场环境,使用合适的防护用品,采取防晒、防雨、防寒、防污染、防滑等防护措施,以避免装卸车过程中货物发生变质、腐烂、冻损、污染及植物生理病害等问题。

4. 检疫证明

托运鲜活货物时,托运人应按国家有关规定提出检疫证明,并在货物运单"托运人记载事项"栏内注明检疫证明的名称和号码,并将随货同行联牢固地粘贴在运单背面。车站凭此办理运输。

我国《动物防疫法》规定:经铁路、公路、水路、航空运输动物和动物产品的,托运人托运时应当提供检疫证明;没有检疫证明的,承运人不得承运。其中动物产品是指动物的肉、生皮、原毛、绒、脏器、脂、血液、精液、卵、胚胎、骨、蹄、头、角、筋以及可能传播动物疫病的奶、蛋等。对于动物粪便,国家法律和有关行政法规都没有明确规定其运输条件,即是否需凭检疫证明办理运输。但因粪便可能传播动物疫病,车站办理运输时一般应要求托运人提供动物防疫监督机构出具的禽类粪便无害化处理证明。

我国《植物检疫条例》规定,以下两种情况必须凭植物检疫证书办理运输:一是列入应施检疫的植物、植物产品名单的,运出发生疫情的县级行政区域时;二是凡种子、苗木和其他繁殖材料,不论是否列入应施检疫的植物、植物产品名单和运往何地。应施检疫的植物、植物产品名单,农业部分由农业部公布,林业部分由国家林业局公布。

农业部公告第617号公布的《应施检疫的植物及植物产品名单》如下:

(一)稻、麦、玉米、高粱、豆类、薯类等作物的种子、块根、块茎及其他繁殖材料和来源于发生疫情的县级行政区域的上述植物产品。

(二)棉、麻、烟、茶、桑、花生、向日葵、芝麻、油菜、甘蔗、甜菜等作物的种子、种苗及其他繁殖材料和来源于发生疫情的县级行政区域的上述植物产品。

（三）西瓜、甜瓜、香瓜、哈密瓜、葡萄、苹果、梨、桃、李、杏、梅、沙果、山楂、柿、柑、橘、橙、柚、猕猴桃、柠檬、荔枝、枇杷、龙眼、香蕉、菠萝、芒果、咖啡、可可、腰果、番石榴、胡椒等作物的种子、苗木、接穗、砧木、试管苗及其他繁殖材料和来源于发生疫情的县级行政区域的上述植物产品。

（四）花卉的种子、种苗、球茎、鳞茎等繁殖材料及切花、盆景花卉。

（五）蔬菜作物的种子、种苗和来源于发生疫情的县级行政区域的蔬菜产品。

（六）中药材种苗和来源于发生疫情的县级行政区域的中药材产品。

（七）牧草、草坪草、绿肥的种子种苗及食用菌的种子、细胞繁殖体和来源于发生疫情的县级行政区域的上述植物产品。

（八）麦麸、麦秆、稻草、芦苇等可能受检疫性有害生物污染的植物产品及包装材料。

国家林业局、铁道部、交通部、中国民用航空总局、国家邮政局联合下发的《关于国内托运、邮寄森林植物及其产品实施检疫的联合通知》（林造发〔2001〕523 号）公布的应施检疫的森林植物及其产品名单如下：

（一）林木种子、苗木和其他繁殖材料。

（二）乔木、灌木、竹子等森林植物。

（三）运出疫情发生县的松、柏、杉、杨、柳、榆、桐、桉、栎、桦、槭、槐、竹等森林植物的木材、竹材、根桩、枝条、树皮、藤条及其制品。

（四）栗、枣、桑、茶、梨、桃、杏、柿、柚、梅、核桃、油茶、山楂、苹果、银杏、石榴、荔枝、猕猴桃、枸杞、沙棘、芒果、肉桂、龙眼、橄榄、柠檬、八角、葡萄等森林植物的种子、苗木、接穗，以及运出疫情发生县的来源于上述森林植物的林产品。

（五）花卉植物的种子、苗木、球茎、鳞茎、鲜切花、插花。

（六）中药材。

（七）可能被森林植物检疫对象污染的其他林产品、包装材料和运输工具。

5. 疫情防控与食品卫生要求

为防止动植物疫情通过铁路运输传播，铁路部门和托运人、收货人、押运人等都应严格遵守国家法律法规的有关规定，特别是关于动物运输和疫情防控的规定。

我国《动物防疫法》规定：运载工具在装载前和卸载后应当及时清洗、消毒。根据铁路运输的实际情况，货位如果被污染，也要进行消毒。《动物检疫管理办法》（农业部令 2010 年第 6 号）规定：货主或承运人应当在装载前和卸载后,对动物、动物产品的运载工具以及饲养工具、装载工具等,按照农业部规定的技术规范进行消毒。一般来说,货主对货物性质及如何消毒更为熟悉,这项工作应由货主承担。

在疫情防控和保证食品卫生方面,《鲜规》作出了具体规定:为保证易腐货物的清洁卫生,防止疫情通过铁路传播,对所使用的车辆必须严格检查。对不清洁的车辆,车站要组织清扫、洗刷。按规定需要消毒的,由托运人委托有资质的单位对车辆和货位进行消毒。收货人领取货物时,必须将货物的装车备品、防护用品、衬垫物品等全部搬出。卸车单位负责将卸后的车辆和货位清扫干净。被动物、动物产品等污染的车辆、货位,卸车单位要彻底洗刷除污,保证没有残留的污水、秽物。清扫、洗刷费用由收货人承担。按规定需要消毒的,由收货人委托有资质的单位进行消毒。

我国《动物防疫法》规定:染疫动物及其排泄物、染疫动物产品,病死或者死因不明的动物尸体,运载工具中的动物排泄物以及垫料、包装物、容器等污染物,应当按照国务院兽医主管部门的规定处理,不得随意处置。农业部《病死及死因不明动物处置办法》(农医发[2005]25 号)规定,任何单位和个人发现病死或死因不明动物时,应当立即报告当地动物防疫监督机构,并做好临时看管工作。

《鲜规》规定:在铁路运输过程中发现活动物染疫、疑似染疫、病死或死因不明时,押运人应及时通知车站。车站发现上述情况时,应及时向当地动物防疫部门报告并按动物防疫部门的规定妥善处理,同时拍发电报通知发、到站和上级主管部门。任何单位不得乱扔染疫、疑似染疫的活动物,病死或死因不明的活动物尸体。活动物的排泄物以及垫料、包装物、容器等污染物应由押运人或收货人在铁路指定站或到站清除,并按动物防疫部门的规定处理,不得中途随意向车外抛撒,不得违规在中途站清扫和冲洗。

装运活动物的车辆,卸车后一般还残存不少饲料碎屑、动物粪便等污物及异臭气味,卸车后尤其要认真清扫、洗刷、除污,清除活动物残留的秽物和异味。《动物检疫管理办法》(农业部令 2010 第 6 号)规定:运输动物、动物产品时,货主或者承运人应对清除的垫料、粪便、污物等进行无害化处理。在铁路运输中,清除的活动物粪便、防护用品等污物以及洗刷产生的废水等,都应进行无害化处理。

卫生部、铁道部、民航总局 1999 年发布的《国内交通卫生检疫条例实施方案》规定:在非检疫传染病疫区交通工具上发现有感染鼠疫的啮齿类动物或者啮齿类动物反常死亡并且死因不明时,交通工具负责人应当立即报告当地县级以上人民政府卫生行政部门或者铁路、交通、民用航空行政主管部门的卫生主管机构。交通工具经消毒、杀虫、灭鼠等卫生处理，经指定的卫生防疫机构检查合格，由县级以上人民政府卫生行政部门或者铁路、交通、民用航空行政主管部门的卫生主管机构发给检疫合格证明后，方准继续运行。

各级地方政府为了疫情防控需要，也出台了一些动植物检疫、运输方面的地方性法规和具体规定，只要不违背国家法律、行政法规，车站都应该执行。

发达国家对易腐货物运输不仅要求提供相应的检验、检疫证明文件，还要提供有关货物质量的证明文件，包括货物的产品出厂质量检验合格证明、保质期证明，以及产品提交运输前的各种经历记录资料，如产品出厂时间、短途装运汽车或集装箱的时间及温度、进冷库储藏的时间及温度情况等。

《俄罗斯联邦铁路鲜活运输规则》还明确规定，为了检查货物、包装或内包装状态是否符合标准文件规定的要求，发货人应提交证明货物、包装或内包装质量状态的文件(标准、技术条件或其他有关文件)。在货物、包装或内包装状态不符合标准文件规定的要求、或者是发货人不能提交这些文件时，承运人有权拒绝承运这种货物。这对保证货物承运质量十分重要。

我国目前的食品质量标准体系尚不健全，加工食品出厂或农产品流通中的产品质量检验检查率还较低，货物提交运输时难以索要相关产品质量证明，我国也缺乏有效的流通环节质量管理体系，产品质量无法得到很好地保证，因此运输前必须对货物质量进行严格检查，以防止承托双方在货物质量方面或在事故处理时发生分歧，避免货物质量问题在运输过程中扩大，并流入消费市场。

9.2 易腐货物的承运作业

承运作业是铁路发站货运工作的重要环节，这个环节工作质量的好坏，会直接影响运输过程其他相关环节。因此，做好承运作业是货物运输工作的基础，是保证铁路运输质量的第一步。承运易腐货物是对托运人托运货物是否符合铁路要求进行审查的过程，包括对所填货物运单各栏内容与货物情况的审核。承运时要认真检查货物运单填记的事项是否符合铁路运输条件和到站的营业办理范围，托运人、收货人名称及地址是否清楚、准确，尤其要认真检查与易腐货物运输特点密切相关的事项是否填记齐全和明确。

1. 货物名称填写

托运人托运易腐货物，应在运单的“货物名称”栏内填记货物名称。货物名称应填写货物的品类顺号、品名及热状态，如“1.3 速冻蔬菜”、“3.2 冻牛肉”、“6.2 冷却(鲜)蛋”、“10.5 冷却甜椒”，而不能笼统地填为“冻肉”、“鸡蛋”，更不能填成概括名称“冻结货”、“冷却货物”等。因为同样是冷却货物有的是动物性货物，有的是植物性货物，在运输过程中的要求不同。同时，发站应在机械冷藏车作业单内填记具体品名及抽查确认的货物承运温度。因为《鲜规》中对货物的承运温度有明确的规定，不同承运温度的货物可能会有不同的运输条件。如冻肉类的货物承运温度应在－12℃以下，高于此温度一般不能承运，其运输温度为－10～－12℃；承运温度为－15℃的货物运输温度为－12～－15℃；而承运温度在－18℃以下的速冻食品等货物，运输途中应将温度控制在－15～－18℃。

2. 运到期限及容许运送期限

托运人必须在运单的“托运人记载事项栏”内注明所托易腐货物的“容许运送期限(日数)”。考虑到运输过程中的各种不可控因素有可能导致运送延误或到站后不能及时送车卸车，为使货物质量有更可靠的保证，易腐货物容许运输期限须大于铁路规定的运到期限 3 d 以上，发站方可承运。

易腐货物的容许运输期限的长短，与货物的品种、性质、采收季节、初始质量、成熟度、加工处理方法、气候、运输工具、运输方式等一系列因素有关。要依据科学实验、实践经验和专门知识来确定。简单地讲，货物容许运输期限与货物的保质期直接相关，容许运输期限应小于货物保质期，即货物运到目的地后仍留有一定的货架期或加工期，运输才有实际意义。所以计算货物容许运送期限时，应在货物保质期上扣除配送及销售(货架)期等时间。实际上，托运人比铁路有关人员更熟悉所托货物的性质和用途等情况，特别是一些新型产品更是如此，因此，要求托运人来提报容许运输期限。

铁路的货物运到期限指在现有技术装备和现行运输组织方法下，一批货物从承运至到站交付所需要的最大时间。现行《铁路货物运输规程》规定：一般整车货物运到期限，按每 250 运价公里或其未满为 1 d；按快运办理的整车货物运到期限，按每 500 运价公里或其未满为 1 d。发送时间均为 1 d。

铁路应严格按照易腐货物的容许运输期限组织运输，按规定的货物运到期限将货物运至目的地，防止运输延误，确保货物安全。

3. 托运要求

托运的鲜活货物必须符合《鲜规》规定的承运质量要求。货物质量、包装、装车时温度达不到规定要求，或者现有的运输工具不能保证托运人要求的运输温度或其他特殊运输条件时,托运人又不按协议运输的,承运人有权拒绝承运货物。

预冷对新鲜果蔬的质量有较大影响。预冷能快速去除大量的田间热,使果蔬产品尽快进入适宜的温度环境,减缓其成熟、老化速度,这对保持果蔬新鲜度、延长保质期非常有利,也为下一步的储运环节创造了较好的初始条件。受车上空间和制冷设备能力以及货物堆码条件的限制,车上制冷效果远比地面冷库差得多。据有关研究表明,车上制冷的成本约是地面的8倍。因此,无论是从保证货物质量还是从经济角度上说,装车前货物预冷工作都具有重要意义。

铁路不办理鲜活货物的零担运输业务。一方面是因为按零担办理配装限制多,货物集结时间长,难以保持货物质量,运输组织困难。另一方面是因为鲜活货物性质特殊,品类多、性质各异,各品类的运输条件差异大,很难兼顾各不同品类的运输方法。而且铁路目前的特种车数量少,上水站也不多,现有运输装备和运输方法,难以满足鲜活货物零担运输的特殊需求,对鲜活货物的质量和安全不利。

易腐货物的托运以批为单位。"一批"就是一个货物运输单位,也是承运人和托运人计算、支付货物运输费用的一个单位。一批货物的托运人、收货人、发站、到站、装卸地点必须相同。考虑易腐货物的质量和卫生状态,整车易腐货物以一车为一批,不同热状态的易腐货物不得按一批托运。按一批托运的易腐货物,一般限运同一品名。

托运人应按批向承运人提出货物运单。使用机械冷藏车运输的货物,同一到站、同一收货人同时运输时,可以数批合提一份运单。

为提高机械冷藏车使用效率,机械冷藏车组可组织同一到站卸车的两站分装,或同一发站装车的两站分卸。但两站分装或分卸应为同一径路,距离不超过200 km。第一装车站的装车数或第二卸车站的卸车数不得少于全组车的一半(铁路枢纽地区除外)。

4. 运输方法的选择

在运输过程中,为了在运输工具内保持一定的温度,需要根据具体情况采取不同的措施,如冷藏、保温、防寒、加温等运输方法,以最大限度地维持易腐货物的质量。

(1)冷藏运输

冷藏运输是指在冷藏车、冷藏集装箱等运输工具内保持低于外界气温、适宜货物储运需求的低温冷藏环境。因此,冷藏运输工具必须具有隔热功能良好的车厢体，还需要有制冷设备，并在运输过程中不断进行制冷，使车或箱内能保持货物所要求的低于外界的温度范围。冷藏运输是易腐货物的主要运输方式。

(2)保温运输

保温运输是指在运输过程中，借助于运输工具的隔热结构，使货物本身蓄积的冷量或热量以较为缓慢的速度散失，在一定时间内维持低于或高于外界气温的温度。保温运输可使用具有隔热结构的保温车，也可使用具有制冷装置的冷藏车或冷藏集装箱进行不开机制冷运输。在外温条件适宜时，也可利用棚车使用隔热材料进行保温运输。

(3)防寒运输

防寒运输实质上是加强隔热性能的保温运输，指在寒季运送怕冻货物时，如果运输工具的隔热性能不足以防止货物冻结时，所采取的补充保温措施。例如在车内墙壁上加挂草帘、棉被，在车门处加挂棉帘，在车地板上和四角铺塞稻草、稻壳，并堵塞排水管、排水孔等。

(4)加温运输

加温运输是指在寒冷季节运输怕冷、怕冻的易腐货物时，为使货物不因外界气温过低而造成冷害、冻害所采取的技术措施。目前，铁路运输仅采用开启机械冷藏车的电热器使车内温度升至规定范围的加温方法。

当运输距离较长、沿途各地温差较大时，需要根据沿途不同的气温条件选择运输工具和运输条件。在秋、冬季由东北、华北往南方如广州地区运送水果时，在发站不宜使用制冷运输，但过郑州再往南走时，就需要考虑采用冷藏运输。这种情况下，考虑全程的运输需要就应按冷藏运输条件选用车辆，并采取相应的货物装载和途中服务方式。十二月份由四川往东北发运柑橘，发地温度在 10℃以上，到站温度在－20℃以下，采用机械冷藏车运输时，运输前段需要制冷运输，中后段需要保温运输，必要时还要进行加温运输。

为了明确铁路途中服务方法，便于机械冷藏车乘务组工作人员正确操作，以免发生差错造成事故，托运人在办理托运时应在货物运单“托运人记载事项栏”内具体注明运输方法，如“途中制冷”、“途中加温”、“途中不制冷”、“途中不加温”等。

5. 混装条件

根据易腐货物运输市场“小批量、多品种”的需求，目前铁路冷藏车的一次运量显得偏大，为此可采取混装方式来适应这一运输需求。一定条件下的不同品名货物混装运输，可提高铁路冷藏车的使用灵活性。不同品名的易腐货物，如运输温度要求接近、货物性质允许混装的，可按一批托运，在同一机械冷藏车内组织混装运输。

货物的混装应满足以下基本条件：

一是混装货物要求的运输条件和运输方式相近或相同，比如在运输过程中货物要求的运输温度范围相同或相近，一般按温度的上限或下限差别不超过 3℃考虑。特别要注意货物的低温敏感度以及冷害点是否一致。

二是货物性质允许混装，即货物的性质和质量不会相互影响。如较易吸收气味的货物不得与具有强烈气味的货物混装，否则会引起"串味"或"移臭"。较易产生乙烯气体的果蔬不得与对乙烯敏感的果蔬混装，因为乙烯会"催熟"对乙烯敏感的货物，加速货物的成熟、老化过程，缩短货物的保质保鲜期。

三是从食品卫生和安全角度考虑，不同品类或加工条件的货物也不能混装，如熟制食品和生鲜食品不能混装，果蔬产品不能和肉类产品混装，蔬菜与乳制品不能混装运输。

混装条件需要兼顾多种因素，不同货物的最适宜的储藏条件有所差异，如运输温度范围可能会比最佳储运温度范围加宽，这会对某些品种的货物质量有一定影响，因此混装货物不宜长时间储运。

目前果蔬类产品的混装需求较大，而新鲜果蔬类货物的品种繁多、性质各异，其混装条件的确定也较为复杂，需要经过大量试验研究才能确定。为此，中国铁道科学研究院参考国际制冷学会推荐的水果蔬菜混装分组条件，结合我国铁路易腐货物运输的实际情况，编制了我国铁路运输水果蔬菜混装条件表(见表 9.1)，以供现场混装运输时参考。

表 9.1 水果蔬菜混装条件表

分组号	混装温度(℃)	混装货物品名	备注
1	0～3	苹果、杏子、梨、浆果(除蔓越橘)、樱桃、无花果(不能与苹果混装)、葡萄(未经二氧化硫处理过的)、油桃、桃、柿子、李子、梅	大部分货物产生乙烯气体 标注 1 表示用联苯处理的柑橘产生的气味对本组其他货物会有影响
2		萝卜、芜菁甘蓝、大头菜	
3	2～5	龙眼、荔枝	
4	7～10	柑橘[1]、枇杷、石榴	
5	0～3	苋菜[1]、茴芹[1]、芦笋、甜菜[1]、青菜、抱子甘蓝[1]、卷心菜[1]、胡萝卜[1]、花椰菜、芹菜[1](不能与胡萝卜混装)、玉米[1]、洋姜、大头菜、莴苣、欧芹[1]、豌豆[1]、萝卜[1]、芜菁甘蓝[1]、鸦葱、荷兰豆、菠菜[1]	大部分货物对乙烯气体敏感 标注 1 表示这些货物可接触冰，可采用上部加冰辅助冷藏方式
6		猕猴桃、葡萄、石榴、浆果(除蔓越橘)	
7	2～5	荷兰豆、豌豆	

续上表

分组号	混装温度(℃)	混装货物品名	备注
8	0～3	大蒜、干洋葱	湿度大对本组货物有害
9	3～6	荔枝、蔓越橘、哈密瓜[2]、柑橘[1]、蜜橘[1]、橘子[1]	标注1表示用联苯处理的柑橘产生的气味对本组其他货物有影响 标注2表示可上部加冰
10	10～13	树番茄、柠檬[1]、金橘	
11	7～13	佛手瓜、黄瓜、茄子、西葫芦、芋头、辣椒	此类货物对乙烯气体和低温敏感
12	5～8	豆类、土豆(存储)、扁豆	
13	10～13	芒果、鳄梨[1]、香蕉、杨桃[1]、葡萄柚、番石榴、菠萝蜜、柠檬[2]、酸橙[1]、瓜(除甜瓜、哈密瓜)、番木瓜、菠萝(不得与鳄梨混装,有吸收鳄梨气味危险)、刺番荔枝	此类货物产生乙烯气体,对低温敏感 标注1指限容许此温度范围的品种 标注2表示用联苯处理的柑橘类产生的气味对本组其他货物有影响
14		土豆、南瓜(硬皮)、番茄(半熟)、姜	
15	13～16	凉薯、甘薯、山药[1]、番茄(绿熟)、西瓜[1]	标注1表示与番茄分开

注:除组内有特别声明不能混装外,原则上各组内的货物可以混装运输。

6. 商定条件运输

商定条件运输主要分为以下五种情况:

第一种情况,新品类货物的试运。由于鲜活货物的品类繁多,新产品货物不断出现。对一些没有制定运输条件的新货物,由于不清楚其性质和运输条件,应按规定进行试运。

① 试运前,托运人应与发站商定运输条件,提出“铁路易腐货物试运申请表”(表9.2)一式三份(托运人、发站、发送局各一份)。

②发站将“铁路易腐货物试运申请表”报铁路局,经批准后组织试运,铁路局将有关情况上报铁道部备案并抄送有关铁路局。

③托运人应将试运批准号和运输条件记录在货物运单“托运人记载事项”栏和“机械冷藏车作业单”内。

④发站在确认首批试运货物安全抵达到站后,方可发出次批试运货物。同一发站、品名、运输条件的货物,首批试运不得超过4车。试运期不得超过1年。

⑤试运期间,如货物在运输过程中出现腐烂、变质、冻损等问题,须立即停止试运。发站应组织有关人员分析事故原因,并将结果报铁路局。需要继续试运的必须制定改进措施,重新办理试运手续。

⑥试运结束后,发站应将试运总结报铁路局,铁路局将有关情况报铁道部。

表 9.2 铁路易腐货物试运申请表

<table>
<tr><th>货物品名</th><th></th><th>货物别名</th><th></th></tr>
<tr><td>货物性质</td><td colspan="3"></td></tr>
<tr><td>发站</td><td></td><td>到站</td><td></td></tr>
<tr><td colspan="2">申请试运起止时间</td><td colspan="2"></td></tr>
<tr><td colspan="2">托运时热状态(冻结、冷却、未冷却)</td><td colspan="2"></td></tr>
<tr><td colspan="2">采摘时间及前 10 天内天气情况(果蔬)</td><td colspan="2"></td></tr>
<tr><td colspan="2">货物承运时温度</td><td colspan="2"></td></tr>
<tr><td colspan="2">托运时外观和质量</td><td colspan="2"></td></tr>
<tr><td>内包装</td><td></td><td>外包装(材质、尺寸)</td><td></td></tr>
<tr><td>要求车内保持的
温度范围</td><td></td><td>货物容许运输期限(天数)</td><td></td></tr>
<tr><td>装运车辆要求</td><td colspan="3"></td></tr>
<tr><td>装载要求</td><td colspan="3"></td></tr>
<tr><td>运输条件</td><td colspan="3"></td></tr>
<tr><td>其他需要说明的
内容(可另附页)</td><td colspan="3"></td></tr>
<tr><td colspan="4">托运人签字：　　　　(盖章)
年　月　日</td></tr>
<tr><td>站段意见</td><td colspan="3">(盖章)
年　月　日</td></tr>
<tr><td>铁路局
主管部门意见</td><td colspan="3">试运批准号：　　　　(盖章)
年　月　日</td></tr>
</table>

第二种情况,使用机械冷藏车运输进口易腐货物以及经过基因修改、非正常天然繁殖、使用过生长激素和经过化学药物处理等降低了耐储运性的易腐货物时,托运人应与发站和乘务组商定运输条件,签订运输协议。

第三种情况,使用机械冷藏车运输易腐货物,装车时的温度高于规定或商定的运输温度的上限时,经托运人确认不影响货物质量的,可以组织运输,但托运人应与发站和乘务组签订运输协议并支付货物冷却费用。货物冷却费用主要是为了补偿铁路冷藏车冷却货物所产生的额外冷消耗。

第四种情况,使用机械冷藏车运输易腐货物,托运人要求不按规定条件办理时,应在确认货物不致出现腐烂、变质、冻损等问题的前提下,与发站和乘务组商定运输条件,签订运输协议。

第五种情况,使用棚敞车运输易腐货物时,托运人应与发站商定运输条件，签订运输协议。

承运人按与托运人商定的运输条件或签订的运输协议组织运输，除承运人责任外，货物质量由托运人负责。

9.3 易腐货物的装车作业

1. 装车前准备

(1)车辆的使用

装运易腐货物应按规定使用冷藏车、冷藏集装箱等控温运输工具。但因控温运输工具不足，在特定季节或区段不需控温运输，或者不控温运输对货物质量的影响在可以接受的范围之内时，承运人可根据托运人的要求，使用棚敞车运输易腐货物。为了减少空车走行或在易腐货物运输淡季增加冷藏车的使用次数，以及满足某些货物特殊的运输需要，可利用冷藏车装运部分普通货物。例如，利用回空的冷藏车装运粮食、食糖、日用百货、服装等货物。冷藏车严禁用于装运易污染、腐蚀和损坏车辆的非易腐货物(如煤炭、化肥、砖瓦、水泥等)。

无包装的水果、蔬菜和卤鱼等不得使用冷藏车装运。因为水果、蔬菜带有大量的田间热并产生呼吸热，不加包装的货压货直接堆在车内，不但易增加机械伤、影响货物质量，同时车内冷空气无法在货堆内畅通循环，积热难以散发，货物易腐烂变质。无包装的水果、蔬菜也不便于装卸，会延长装卸作业时间。但西瓜、哈密瓜、南瓜、冬瓜等，本身比较坚实，体积也较大，只要不过高地堆码，保证底层货物不会被压坏，货物间也有一定的自然间隙，冷空气能在货堆内循环流通，货物的热量可以得到散发，故可以用冷藏车装运。卤鱼有盐水渗出，腐蚀冷藏车内部的金属构件(如底格板、内壁板等)，故不得使用冷藏车装运。

我国现有的机械冷藏车组，每辆冷藏车都可以分别制冷、单独控温，因此车组的每一辆货物车可以装运不同温度要求的货物。

为保证货物及行车安全，机械冷藏车每辆车的装载货物总重量不准超过车辆的标记载重量。使用机械冷藏车(包括空车回送和回空代用)，车站应逐级上报铁道部，经调度命令承认后方可使用。

(2)车辆检查及预冷

承运人应为装车单位调配技术状态良好、设备齐全的车辆。装车单位应在易腐货物装车前认真检查车辆状况，这是保证货物运输质量的重要前提之一。车辆检查包括技术检查与货运检查两部分。车辆的技术检查应特别注意车辆定检是否过期，防止使用定检到期或过期的车辆造成货物倒装。货运检查主要应检查车辆是否完整，隔热结构有无破裂损坏，车内设备是否齐全并处于正常状态。特别应注意检查通风口、车门及车内循环挡板、离水格子等设备是否齐全良好，排水系统及地漏是否畅通，车内是否清洁卫生。严禁使用不能保证货物运输质量的车辆。

为了保证易腐货物运输质量，尽可能缩短易腐货物在站等待时间，装卸作业前，车站应与托运人商定鲜活货物进货、装车和车辆取送时间等事项。使用机械冷藏车装运时，为使机械冷藏车值乘人员明确工作任务的有关细节，如装车时间、地点、货物品名、重量、到站等，并保证有充分的时间做好装车前的准备工作（如处理一般的机械故障，添加制冷剂、燃料油和润滑油，上水，补充生活物资，预冷车辆等），机械冷藏车调到位后，发站应及时填制“机械冷藏车装车通知单”（表 9.3），于装车前 12h 交机械冷藏车乘务组。两站分装的，第二装车站应在车辆到达后及时交给乘务组，以便乘务组及时做好有关准备工作。如果机械冷藏车因发生故障不能在装车前及时修复，导致货物不能在规定时间装车时，乘务组应书面通知车站，车站应转告托运人妥善处理待装货物。

表 9.3 机械冷藏车装车通知单

车号	装车地点	货物品名及热状态	重量(t)	到站	计划装车时间	附注

注：机械冷藏车装车通知单一式两份，一份交乘务组作为准备装货的通知，一份发站存查。

装车站货运员（签字）站戳

年 月 日

机械长（签字）列车戳

年 月 日

冷藏车在装车前应进行车体预冷，《鲜规》规定，机械冷藏车在装车前必须预冷，待车内温度降低到规定温度后，方可装车。这是保证易腐货物运输质量的一项重要技术措施。装车前如有足够的时间将冷藏车进行预冷，使车体温度达到所装货物的适温范围则最为理想。这样就可以大大减少运输途中的冷消耗，有利于维持货物要求的温度，在热季显得尤为重要。机械冷藏车车内温度预冷的规定范围:冻结货物为－3～0℃;香蕉为11～15℃;菠萝、柑橘为9～12℃;其他易腐货物为0～3℃。

2. 货物质量检查

车站在承运时要对托运人提交运输的易腐货物进行质量检查,严把承运质量关是保证铁路冷藏运输质量和安全的重要环节。货物的质量由托运人负责。在运输过程中铁路除对合同规定的义务承担责任外,同时也应负责监督托运人、收货人承担合同规定的义务。为了划分铁路与托运人之间的责任,便于承托双方相互监督确保货物质量,车站在装车前应按照《鲜规》附件1"易腐货物机械冷藏车运输条件表"(见附录)的要求检查货物,对冻结、冷却和未冷却货物都要抽查货物质量,抽查的货物件数可根据具体情况确定,机械冷藏车乘务人员要积极配合车站做好此项工作,共同把好货物承运质量关。通常应在装车过程的各个阶段,如装车开始、中间及末期进行抽查,或对车辆不同位置的货物进行抽检,如抽查车辆顶部、中部、端部及底部的货物。承运质量检查内容包括货物的感观质量和承运温度。

在目前的铁路易腐货物办理站设施设备下,受理验收货物时,车站操作人员一般凭自身经验和掌握的业务技能对托运货物的外观进行检查,必要时打开货物外包装进行检验,比如对冻结货物进行测温时需要破验货物。使用机械冷藏车装运时,发站应会同机械冷藏车乘务组对承运货物的温度和质量进行抽查。承运货物的温度和质量的抽查工作在装车时进行,检查后货物包装和破验部位的恢复由托运人负责,车辆施封由装车单位负责。

承运货物质量的检验主要是检查其感官质量情况,包括检测观察产品的外观形状、规格大小、色泽、质地、气味、成熟度、新鲜程度等内容。观察冻结货物的冻结状况,有无解冻或复冻现象。对新鲜果蔬类货物应检查是否具有新鲜果蔬的色泽、香味和质地等品质方面的要求,有无病虫害、机械伤、腐烂及水渍、雨湿现象等。

对提交运输的易腐货物,其质量需符合《鲜规》所列运输条件的规定。如货物质量不良,在运输中易发生腐烂变质。托运人必须按《鲜规》对货物质量的具体要求,优质地准备货源。已经开始腐烂变质的鲜活货物一律不应投入运输,以免扩大损失。对于果蔬类货物,如发生雨湿、浸泡或冷害、冻害现象,也不应提交运输。

对铁路运输的易腐货物提出承运温度要求,是为了保持冷藏链的连续性,避免或限制在转运衔接环节中货物温度波动过大,减少货物质量劣变。

发站在承运货物时，对冻结、冷却易腐货物必须抽查检测货物温度，因为这些货物的温度是否符合承运标准，不但影响货物质量，还会直接影响到机械冷藏车在运输中的制冷操作及冷消耗。如装车前未达到规定的承运温度，必然增加冷藏车额外的热负荷和冷消耗，增加能耗，提高运输成本，也不利于货物质量的保持。机械冷藏车机械长应一同参加检查，把好承运温度关。检查方法一般是，在装车时留下一定件数货物放置在车门处抽测。对冻结货物可用手摇钻在货件上钻孔，孔深应为货件厚度的一半，然后插入温度计经过 5～6 min 后即可读数；对冷却货物可将温度计直接插入货件中心部位测定温度。对鲜蛋的检查分蛋壳鉴别和开蛋鉴别，蛋壳鉴别可通过眼看、手摸、耳听、鼻嗅等方法，也可借助于灯光透视鉴别。开蛋鉴别则是将鲜蛋打开观察，具有破坏性，运输前的货物检查应尽量少用破坏性检查方法。机械冷藏车乘务员要积极配合车站做好此项工作，共同把好货物承运质量关。在对货物的质量和温度抽查中，如发现问题，应及时与车站联系，及时进行处理。

机械冷藏车乘务组应根据货物温度制定运输过程中的控温操作方案，预测制冷设备的油耗负荷。

考虑到铁路部门是按运输温度范围进行控温，有些货物的运输温度比承运温度宽泛，因此《鲜规》规定根据是否达到运输温度标准来收取冷却费用。

3. 易腐货物的包装及装载

装车时，车站还应检查货物包装及装载堆码情况是否符合要求。使用机械冷藏车时，车站应会同乘务组共同检查。

易腐货物包装要求包括包装材料、规格、承重性能、耐低温性能等项指标。运输新鲜果蔬时，货物包装还需要具有通风、透气、耐湿性能。易腐货物包装的目的是为了防止货物质量受外界条件的影响，方便运输过程中的装卸、搬运、码放、保管等。因此，托运人托运易腐货物时，应根据货物的性质、重量、运输方式、运输距离、气候以及货车装载等情况，使用符合运输要求、能保证货物安全的运输包装。

车站在承运易腐货物时，可按国家标准、行业标准或《鲜规》中的“易腐货物运输包装表”等规定检查货物的包装质量。各类标准不统一时，最低应达到《鲜规》“易腐货物包装表”中的要求，达不到该要求时，应由托运人改善后再承运。对没有统一规定的包装标准的，车站应会同托运人研究制定易腐货物运输包装暂行标准,共同执行。对于需要试运的货物运输包装,车站可与托运人商定条件组织试运。

在受理易腐货物运输时,对于货物包装的检查要特别注意以下几点:

(1)一般商业销售包装不能作为运输包装,如作为运输包装使用,其强度需满足“易腐货物包装表”中堆码试验的要求。

(2) 要充分考虑货物在运输途中发生的呼吸热及车内湿度对货物包装强度的影响。

(3)包装形式、材质及衬垫材料不得与货物性质相抵触。

(4)货物运输包装外部的完整性及卫生情况。

受理易腐货物时,除对货物包装要认真检查外,还应检查货物包装上的“包装储运图示标志”。包装储运图示标志可以起到警示作用,以防止在运输装卸作业和货物码放时发生错误。包装储运图示标志应位于货物两侧明显位置,粘贴必须牢固,以防止包装储运图示标志脱离。货件上与本批货物无关的包装储运图示标志必须撤除或抹消。

呼吸旺盛、发热量大、质地娇嫩的货物一般不耐挤压,必须使用有透气孔且耐压的包装。而麻袋、草袋之类包装,既不透气又无支撑力,不适合该类货物的性质,使用时极易发生腐烂事故。

货物装车时需要的装载加固材料、装车备品和货物安全防护用品由托运人自备,应符合国家标准、行业标准和铁道部公布的有关技术条件,满足铁路运输安全和食品卫生要求,对此车站也应认真检查或抽查。

使用冷藏车装运易腐货物时,应按《鲜规》附件 1“易腐货物机械冷藏车运输条件表”和附件 3“易腐货物装载方法表”的规定进行装载。货物的装载方法对铁路易腐货物运输质量也有很大影响,尤其是新鲜果蔬类货物的装载方法,直接影响车内温度场分布的均匀性,影响货物质量。目前易腐货物运输中常使用的装载方法是紧密装载和通风装载方法。易腐货物装运时,应视货物性质、运输季节、气候条件的不同,采用紧密堆码、留通风间隙堆码、单层或多层等不同的装载方法。

冻结货物的装载方法较为简单,由于货物本身不会发出热量,可使用紧密堆码方法,即将货物紧密堆装成整体即可,而且要尽可能堆装紧密不留间隙,这不仅有利于缩小货物的散冷面积(与车内空气进行热交换的面积),减少冻结货物本身蓄冷量的散失,还能增加货堆的稳定性。对于新鲜的水果、蔬菜类货物,由于自身有呼吸放热现象,则需要采用留通风间隙的装载方法,与冻结货物的装载方法相反,要增大货物的散热面积,以便车内冷空气能在货件或货物间通畅循环，散发货物的田间热和呼吸热。

对易腐货物装载的基本技术要求是：使货物均衡、稳定、合理地分布在货车上，不超载，不偏载，不偏重；货物码放应该考虑货物在运输途中能够经受正常调车作业以及列车运行中产生的各种力的作用。装卸车作业中，应使用不致损伤车内设备的工具，货物不得直接堆放在车底板上，应堆放在底格板（离水格子）上，并不得挤碰车辆顶部的通风循环挡板，不得挤碰循环挡板和挤占车体压筋之间的空隙，上层货物距离循环挡板至少应留出 50 mm 的空隙，以免堵塞冷空气循环通道，影响车内温度场的均匀性和货物质量。货物在车内码放，特别是通风装载时应掌握好码放质量，必要时采取有效措施防止货物倾倒坠落现象发生，确保货物在运输全过程中，不发生移动、倒塌、坠落等情况。但不得在货物分层间使用影响通风的隔板。货物在车内的堆码，应当保证两侧车门能够方便开启。

留通风间隙的装载方式是易引发质量问题的环节，常出现的问题有：货物装载过于紧密，甚至出现超重、满载现象，影响货物的散热和冷气循环效果。受经济利益的驱动，货主在装车时往往希望尽量多装货物。装载新鲜水果、蔬菜类货物时，也常不顾及预留通风散热空隙，采用紧密装载方式，这不仅给冷藏车的途中控温带来困难，也严重危及货物质量。因此，车站对于新鲜果蔬类货物的装载方式和装车过程，尤其要加强监督和检查，及时纠正不符合规章规定的装载行为，确保铁路运输质量。

9.4 易腐货物运输组织及途中服务

1. 快运组织

确保鲜活货物运输质量的有效途径主要有两个：一是提供状态良好的技术设施和适合货物性质的服务方法；二是在运输组织上尽量缩短运输时间。

为确保鲜活货物运输质量，在鲜活货物运量集中的区段，应积极组织开行快运货物列车或鲜活货物为主的班列，在其他区段，应积极挂运快运货物列车。对于鲜活货物运输，铁路各部门应该坚持优先安排运输计划、优先进货装车、优先配空、优先取送、优先编组、优先挂运。

各级调度对装有鲜活货物的列车、车辆应重点掌握，防止途中积压。对装有鲜活货物的车辆应快速编解、取送，及时中转挂运，除中间站装（卸）车可编入摘挂、小运转列车外，均应编入快运列车或直达、直通、区段列车。车辆在编组站、区段站的中转停留时间，原则上不得超过车站有关去向的货车中转停留时间。

为加速易腐货物的运输，发站承运易腐货物后应在货物运单、货票、封套上分别加盖红色“易腐货物”、△K戳记。发站、区段站、编组站要将△K符号转记在“列车编组顺序表”内。K是“快”字汉语拼音的第一个字母，△K则表示需快速挂运的货车。填记此标记的目的在于引起有关铁路工作人员的注意，防止装运易腐货物的车辆在途中发生积压或滞留。易腐货物运输组织工作最基本的要求就是一个“快”字。因此，只在运输单证上填记△K符号是不够的，还必须在实际工作中尽最大努力消除易腐货物车辆在作业中的待取、待送、待装、待卸、待解、待编、待挂、待发等一切等待时间。

2. 运输变更

由于特殊原因，托运人或收货人对运输途中的易腐货物可填写“货物运输变更要求书”(见表 9.4)，按批向货物所在的中途站或到站提出变更到站、变更收货人。运输变更特别是变更到站对正常的运输秩序影响比较大，因此，车站对于托运人、收货人提出的易腐货物运输变更应慎重处理。由于易腐货物性质特殊，在运输途中易受各种因素影响，货物质量变化大、不确定因素多，因此原则上不办理变更到站。确有需要时，只能变更一次，且容许运输期限要大于重新计算的运到期限 3 d 以上。车站还应确认车内货物的质量情况能够满足运输变更后的质量要求，否则不得受理该批易腐货物运输变更。

表 9.4 货物运输变更要求书

受理变更顺序号　　第　号

更顺序号

提出变更单位名称和住址……………………印章…………年　　月　　日

<table>
<tr><td>变更事项</td><td colspan="6"></td></tr>
<tr><td rowspan="5">原票据记载事项</td><td>运单号码</td><td>发 站</td><td>到站</td><td>托运人</td><td>收货人</td><td>办理种别</td></tr>
<tr><td></td><td></td><td></td><td></td><td></td><td></td></tr>
<tr><td colspan="2">车种车号</td><td>货物名称</td><td>件数</td><td>重量</td><td>承运日期</td></tr>
<tr><td colspan="2"></td><td></td><td></td><td></td><td></td></tr>
<tr><td colspan="2">记　　事</td><td colspan="4"></td></tr>
<tr><td rowspan="2">承运人记载事项</td><td colspan="3" rowspan="2"></td><td colspan="3">经办人</td></tr>
<tr><td colspan="3"></td></tr>
</table>

3. 机械冷藏车运用

机械冷藏车因有各种机械设备、仪器仪表和管道，牢固性差。为避免损坏车内设备，《铁路技术管理规则》规定：

一是机械冷藏车不得溜放。

二是应尽量挂于货物列车中部或后部。

三是尽可能避免通过机械化(自动化、半自动化)驼峰,而经迂回线送至峰下;如因迂回线故障等原因,必须迂回时,应由机车推送下峰,速度不超过7 km/h。除推峰外,不得附挂机械冷藏车溜放其他车辆,主要是避免溜放作业中车列急起急停造成车辆冲动,以保证车内精密仪器、机械不受损伤和车辆联连接管路的完好。

机械冷藏车上设有柴油发电机组,要在加油站进行加油作业。由于油品标号不同、机械冷藏车组长度大等原因,机械冷藏车加油无法使用机务段的加油设施。目前全路共有 12 个机械冷藏车加油站,分别为:郭塘、郑州北、柳州南、杨浦、丰台、成都东、重庆南、兰州东、满洲里、哈密、沈阳西、乌鲁木齐加油站。

机械冷藏车上水主要是为了满足乘务员途中生活的需要。为方便上水作业,需中途上水的机械冷藏车应编在列车中部。乘务组应提前拍发电报将有关情况通知前方上水站。《鲜规》附件 5 公布了各铁路局的上水站。易腐货物运量不大,但事关涉农物资和食品运输,地位非常重要,各上水站对机械冷藏车的上水需求应予以支持并免费供水。为便于检修和管理,机械冷藏车临时备用时,应停留在有上水条件的枢纽地区或车站。

4. 通风和温度控制

为了散发货物的田间热、呼吸热,排出二氧化碳、乙烯等不良气体,避免货物积热不散或造成缺氧呼吸、被乙烯催熟而导致腐烂,使用机械冷藏车装运水果、蔬菜和其他需要通风运输的货物时,应根据具体情况进行通风作业。通风工作应该选择傍晚、清晨或雨后空气质量比较好的时候进行。

机械冷藏车乘务组负责监控运输途中车内温度状况,按《鲜规》附件 1“易腐货物机械冷藏车运输条件表”的规定来控制途中的运输温度,使冷藏车内保持适宜的环境温度。对于未冷却的易腐货物,应在装车后最短时间内把车内温度降到规定的温度范围,特别是在热季运输某些水果、蔬菜,田间热和呼吸强度大,装车后不易将货物温度降到适温范围,极易发生腐烂变质,必须采取适当措施,使货物装车后能迅速降低温度。因此,用机械冷藏车装运易腐货物,在货温未达到规定温度之前制冷机组必须全部投入运转,不可轮流启动冷藏车两端的制冷机组实行单机制冷,争取将易腐货物尤其是未冷却货物的温度尽快降到规定范围。实践表明,未冷却货物须在装车后 36h 内将货温降低到适温范围,才能保证货物的运输质量。为了掌握车内温度状况,在装车后及运输途中,机械冷藏车乘务组必须认真记录车内温度,每隔 2h 记录一次各车内的温度，便于及时了解车内温度变化，正确调控车内温度。

9.5 易腐货物的到达作业

1. 卸车计划及准备

易腐货物卸车可分为货运站货场卸车、专用线卸车和国境站卸车等几种情况。其工作组织内容各有特点，但都要做好到卸车辆的预确报以及与收货人、相关部门的联系工作，做好卸车准备工作，确保能及时卸车交付，避免因卸车作业延误易腐货物的送达。卸车准备工作包括：制定到达重车的取送、卸车计划，组织劳动力，准备卸货工具及用品，准备货位或冷库库房，以及联系短途运输工具和搬运工具等。

在铁路货场卸车的易腐货物，由承运人或收货人负责卸车。到站应做好与收货人和短途运输、物流公司等的信息沟通与业务协作，事先制定卸车计划，做好卸车准备工作，及时组织卸车和货物交付，避免或减少因车辆或搬运劳力不足发生卸车中断现象。在到站货场卸车后，大多数情况下要经过短途运输疏散货物，因此车站必须注意加强与短途运输公司的衔接。冷藏汽车与铁路冷藏车门对接卸车是最理想的卸车方式，但在冷藏汽车数量不足时会使卸车工作出现中断等待，影响车辆周转时间。

在专用线卸车的货物，由收货人自行组织卸车。到站必须做好预确报以及与冷库、收货人的沟通联系工作，以便冷库做好劳力、工具的计划安排。此外，冷库内部还要准备好货位。在接车前应检查专用线有无机械用具突出到限界内，以确保调车作业的安全。

在国境站作业涉及与邻国铁路的交接，作业环节比较多，如海关检查、检验检疫、口岸交接、车辆换装等。必须做好与邻国铁路口岸站、海关和检验检疫部门的联系协作。

2. 卸车作业及货物检查

卸车和交付作业过程会影响货物质量。如卸车时由于场地不符合卫生要求而使货物发生污染，卸车作业不当损坏货物或包装，缺少防护措施导致低温敏感货物出现冷害、冻害或使冻结货物软化等，都是卸车时容易发生的问题。卸车作业的基本要求是：作业迅速，场地卫生，防护妥当，搬出及时。

为具体掌握到达卸车实况，便于划清责任和有针对性地改进工作，车站对本站负责的冷藏车卸车作业必须派货运员监卸，对收货人负责卸车的也应派人检查，重点是确认货物质量和检测货物温度，并对照运单、货票，填好“机械冷藏车作业单”中“到站作业记录”的各项内容。检测机械冷藏车所装货物的质量和温度时，车站应会同机械冷藏车机械长及收货人共同进行。对冻结货物卸车温度的检测，可在卸完车门部位的货物时，在车内抽查 2～3 件货物（操作方法与装车时相同），以所测货件的平均温度值作为交接温度记入“机械冷藏车作业单”有关栏目内。

在货场卸车的要严防污染变质，车站应联系收货人采取措施，随卸随搬；对于冻结货物、冷却货物和寒季运送的保温、加温货物，收货人应准备防护用品及搬运工具，直接卸车，防止货物温升过快或发生冻损。收货人要求组织直接卸车的，应由收货人自卸并组织不中断的卸车作业，以缩短车辆待卸时间，严禁以车代库。

9.6 易腐货物运输异常情况与事故处理

1. 异常情况的处理

装有易腐货物的车辆，在运行途中不得随意保留积压。遇有特殊情况需要保留时，保留站应立即向铁路局调度、货运主管部门报告，及时采取措施妥善处理。

装有易腐货物的车辆因技术状态不良发生滞留不能继运时，发现站应正确、及时的向铁路局调度、货运主管部门报告，采取抢修等有效的补救办法；无法抢修时应尽量组织按原运输条件进行倒装。由于外温过高或过低、无合适车种车型、无防寒隔热设施等限制不能倒装又不宜在当地处理的货物，发现站应通过发、到站及时联系托运人、收货人，并限时提出处理意见。超过要求时间未接到答复或等候答复会使货物造成损失的，由发生地铁路局与发送铁路局协商处理。

易腐货物运抵到站，联系不到收货人或收货人拒绝领取时，到站应自发出催领通知次日起（不能实行催领通知时，为卸车完了的次日）或收货人拒绝领取之日起，1 d 内及时通知发站、托运人，征求处理意见。托运人自接到通知之日起，2 d 内提出处理意见答复到站。对于超过该批货物容许运输期限仍无人领取的货物，或收货人拒领而托运人又未按规定期限提出处理意见的货物，或虽未超过上述期限，但已开始出现腐坏、变质的货物，到站可按无法交付货物或依据有关规定进行处理。

当易腐货物逾期未到车站时，在货物运到期限期满次日，到站应编制货运记录交于收货人，并做好货物、车辆实际位置的查询工作。

2. 事故处理

运输途中发现易腐货物腐烂、变质、污染等情况时，发现单位应立即通知车站联系托运人、收货人，并积极妥善处理。托运人、收货人应积极配合承运人做好事故处理工作，防止货物损失扩大。

到达货物出现腐烂、变质、冻损、污染、生理病害、病残死亡等问题时，到站应立即组织卸车，并按规定编制货运记录，使用机械冷藏车的应会同乘务组组织卸车。收货人有异议的，不得拒绝卸车或中途停止卸车，否则因此造成的扩大损失由收货人承担。

使用机械冷藏车多车合提一份运单运输易腐货物时，当车内货物发生腐坏变质事故时，车站应按车编制货运记录，以便于进行货运事故处理。

编制货运记录时要如实记载事故货物及有关方面的现场情况，记录各栏都要逐栏填写。货运记录的内容必须包括下列各项资料：

(1)货物卸车时的温度、质量状态和腐坏变质情况。

(2)腐坏变质货物在车内的位置，损失数量和程度。

(3)货物包装状态，在车内的装载方法和卸车时的状态。

(4)货车车体的技术状态，车窗、施封、篷布情况，车内设备及附加设备的情况。

(5)货物容许运输期限和运送服务方式(冷藏、保温、防寒或加温)。

在货运记录内应添附各种证明货物质量的证凭文件或资料，以及“机械冷藏车作业单”、换装记录等文件。机械冷藏车作业单作为易腐货物运输的原始作业记录，记录了发到站与途中作业的详细情况，是改进易腐货物运输工作，分析事故原因，划分承运人、托运人、收货人之间以及铁路内部单位责任的重要依据。因此有关装卸车站和乘务组必须按照《鲜规》的要求，认真、完整、如实地填写机械冷藏车作业单。

在处理易腐货物腐烂变质情况时，应该考虑运输途中的合理损耗量。

易腐货物事故的调查、处理应严格按国家法律法规和铁路有关规章要求办理，要充分考虑鲜活货物性质的特殊性，充分调动收、发货人处理事故的紧迫性和积极性。

9.7 活动物运输组织

1. 托运与承运条件

为防止动物疫病传播，经由铁路运输的活动物应是健康无病和符合检疫要求的。托运人托运活动物时，应按国家有关规定提出检疫证凭文件，否则发站不得承运。托运人应将检疫证明的名称、号码填记在货物运单“托运人记载事项”栏内备查，并将随货同行联牢固地粘贴在运单背面，随货物递送至到站交收货人。

对承运的活动物，发站应在运单、货票、装载清单、票据封套上注明“活动物”和“禁止溜放”字样，以引起各环节运输工作人员的注意。同时要做好沿途服务工作，及时办理运输作业，缩短在途时间。

托运猛禽、猛兽时，不仅存在活动物的安全问题，还涉及运输工作人员的安全问题，所以托运人应与发站商定运输条件和运输防护方法，报发送铁路局批准。跨局运输时，发送铁路局应将商定的事项通知相关铁路局，以便做好防护、接卸准备工作。托运人应在货物运单“托运人记载事项”栏内注明商定的运输条件和运输防护方法，如猛禽、猛兽应有坚固可靠的包装容器等。

托运蜜蜂时，托运人要按车填写物品清单（一式三份，一份留站存查，一份随票递送到站，一份交托运人）。物品清单要记明蜜蜂的空箱数、有蜂箱数、押运人所带的生活用品、饲养工具及蜜蜂饲料等。

蜜蜂在运输过程中，因其处于一种非正常环境内，容易引发蜂群骚动、成群飞舞，如成片成团飞出，会遮蔽车站信号，影响行车安全，也会蜇伤人畜。为保证运输安全，蜜蜂进站时，托运人必须在蜂箱巢门外安装好纱罩，防止蜜蜂飞出蜇人、遮蔽信号，影响车站作业和行车安全。蜂箱巢门未安装纱罩的，发站不得承运。

2. 车辆选配

装运活动物的货车，是否适合所运活动物的生理、生活特点，是能否为活动物在运输过程中创造必要生存环境的前提。所以装运活动物时，应选配合适的车种、车型及符合卫生要求的车辆。拨配的车辆是否适合装运活动物由托运人检查确定，并在运单“托运人记载事项”栏内记明同意使用车辆的车型、车号。托运人认为车辆不适合装运活动物时，承运人有义务予以调换。

装运活动物应选用专用车辆、敞车或有窗的棚车。无车窗的棚车通风条件差，车内空气在活动物粪便影响下更加污浊，且车体散热困难，易使活动物受热、感染疾病，引起病残或死亡，因此不宜用来装运活动物。

装运过毒性物质和某些化肥的木地板货车，一时难以将残留的有害物质清扫、洗刷干净，车内残留的毒性和异味短时间内难以消除，不宜用来装运活动物，以免活动物中毒死亡。不能使用装过农药等毒害品的车辆装运蜜蜂，以免引起蜜蜂中毒死亡。

装运牛、马、骡、驴、骆驼等大牲畜，应使用带有(古)标记的木地板货车；确因木地板货车不足需要使用其他货车时，应采取衬垫等防滑措施，以免因行车过程中的冲击、振动，引起大牲畜摔跌、坠落而致残死亡，甚至引起行车事故。牛、马、驴、骡、骆驼等大牲畜应尽量使用棚车装运，并根据需要增设装载、拴固装置，采取相应的防护措施。发往深圳北的活牛属供港出口物资，不得使用敞车装运。

由于活鱼、鱼苗大多使用木箱、木桶、鱼篓、帆布桶等容器盛装，在运行途中，常常由押运人在车内用十字形木板击水增氧。此时若无开启车窗条件，棚车内通风条件差，人力增氧困难。因此，为方便固定容器和通风给氧，不得使用全钢棚车及车窗不能开启的棚车。但当有增氧机供氧时，工作条件大为改善，则可使用无窗棚车装运活鱼、鱼苗。

3. 装车作业

活动物的装载数量和装载方法，既要考虑活动物和运输安全，又要兼顾货车载重能力的有效利用，节约运输能力。

活禽、畜可单层或多层装载，每层的装载数量由托运人根据季节、运输距离、活动物的体积及选用的车种车型等情况确定。装运活动物的车辆可开启门窗，但应采取措施防止大牲畜头部伸出。对开启的车门应捆绑牢固，并用栅栏将活动物挡住。开启的门窗最外突出部位不得超限。

蜜蜂的装载应稳固堆码，留有通风空隙以便散热。应采用纵向排列，这样对通风及装卸的稳固性都有利。预留给押运人乘坐的位置要适当，并将周围的蜂箱堆放妥当，支撑牢固以防倒塌。在顶部蜂箱上不准乘坐人员，不准装载自行车和其他杂物，以免影响安全，特别是在电气化铁路线上有触电死亡的危险。

4. 活动物的押运

活动物运输的最大特点就是运输过程中要同时进行饲养工作，养运难以分离。装运活动物时，托运人必须派熟悉动物特性的押运人随车押运，负责做好动物的饲养、饮水、换水、洒水、看护和安全工作。押运人每车一至两人，托运人要求增派押运人时，须经发站承认，但合计人数不得超过 7 人。

押运人携带物品只限途中生活用品和途中需要的饲料和饲养工具，严禁携带违反政令限制的物品和危险品。为放蜂需要带的狗必须装在铁笼内，并交验检疫证明。押运人随车携带增氧机时，必须配带 1～2 只灭火器。随车携带的动力用柴油不得超过 100 kg。柴油应盛装于小口塑料桶内，口盖必须拧紧，严密不漏。严禁使用汽油动力增氧机，严禁携带汽油上车。

押运人应遵守“押运人须知”和铁路的有关规定，途中不得吸烟、生火、做饭、用明火照明。在运输中要注意乘车安全，按规定穿着印有红色“押运”字样的黄色马甲，横过线路要“一站、二看、三通过”，不得跳、钻车辆，也不得在列车、车辆移动时抓车或跳车。严禁在货车下乘凉避雨，不得蹬坐车帮和探身车外，不准攀爬货车顶部，不得在货车顶部、货垛高处坐卧、走动或停留，也不准在货物易于窜动的空隙间乘坐。通过铁路电气化区段时，要严防触电。

5. 运行组织和途中作业

活动物在养殖或自然生存场所有较宽松、适宜的生活环境和充足的食物、饮用水或生态用水，而在运输过程中则处于拥挤、高密度的环境中，且食物和水的供给状况也大为恶化。运输过程中不能提供充分满足活动物生存、生长需要的环境，只能满足活动物低水平的生存需求，而且随着运输时间的延长，活动物有可能出现掉膘、抗病能力下降甚至病残死亡等问题，时间越长可能性越大。因此，活动物运输虽然没有像易腐货物那样严格的容许运输期限制约，但也应加强运输组织以及时运抵到站。

装载活鱼(包括鱼苗)的车辆，在通过驼峰时，如果坡度很大、很陡，活鱼和水将会大量从容器中溢出，造成活鱼死亡。目前，我国驼峰，除机械化(自动化、半自动化)驼峰尺寸标准基本定型以外，其他驼峰，特别是大量的简易驼峰，因受条件限制，推送坡、峰顶平台、加速坡等各部分的坡度和长度，不尽一致。因此，对装载活鱼的车辆是否可以通过驼峰，不宜统一规定，可通过试验确定。因此《铁路技术管理规则》规定，装载活鱼(包括鱼苗)的车辆，是否可以通过驼峰，由车站会同车辆段等有关单位做出具体规定，并纳入《站细》。

装载活动物的车辆原则上不得与乘坐旅客的车辆编挂在同一列车内。确需编挂在同一列车内时，应与乘坐旅客的车辆隔离 1 辆以上。活动物装车后应插挂“禁止溜放”表示牌；车站在调车作业时，严禁溜放。

蜜蜂是一种昆虫，对杀虫剂、有毒气体等化学物质极其敏感，因此装运蜜蜂的车辆原则上不得与装载农药的车辆编挂在同一列车上。如因车流不足、分别挂运有困难，在本次列车运行全程内不发生列车折角转向运行的条件下，可编入同一列车内，但应将蜜蜂车挂在农药车的前部，并隔离 4 辆以上。这样有毒有害气体始终不会影响到蜜蜂车，从而保证了蜜蜂的安全。大部分农药属于毒性物质，即使无包装破损现象，自然挥发出来的气味也是很浓烈的，如果不采取上述隔离措施，易引起蜜蜂中毒甚至死亡。

蜜蜂车和生石灰车编在同一列车内时至少应隔离 2 辆以上，并将蜜蜂车挂在生石灰车的前部。生石灰一般用敞车装运，在运行中由于气流的影响，生石灰粉末可能会被吹到车辆上空，如果蜜蜂车紧靠生石灰车，会受到生石灰粉尘的伤害。

活动物的途中供水是一项不可忽视的工作。在运输途中如果活动物的饮用水不能得到及时补充和更换,将导致其生存环境和条件恶化,易造成活动物中暑、缺氧、掉膘、病残,甚至死亡。曾发生过运输途中活动物得不到饮用水,全车活动物死亡的严重事故。

活动物车辆在中途上水,由铁路指定的上水站免费供应。上水用具由托运人或押运人自备。车站对挂有活动物车辆的列车,应接入备有上水设备的股道。对需要途中上水的活动物,发站或上水站应用电报依次向前方上水站进行预报。

上水预报电文内容和代号见表 9.4。

表 9.4 上水预报电文内容和代号

内 容	开车月、日	车 次	车型车号	货物品名	到 站	收货人
代 号	(1)	(2)	(3)	(4)	(5)	(6)

注:1. 在电文首部冠以“上水预报”字样。

2. 整列运输时,代号(3)只报车型、车数,不报车号;代号(6)由最后一个上水站向到站预报。

为了保证铁路生产作业安全,蜜蜂在车站和运输过程中不得放蜂。根据国家有关规定,运输蜂群外出采蜜需要征得当地专门机构签发的许可证,托运人根据签证指定的到站办理运输,因此,蜜蜂运输办理变更到站是不允许的。

6. 到达作业

活动物车辆到达后,由到站负责卸车的应及时组织卸车和货物交付,由收货人负责卸车的应及时办理送卸和交接。卸车时要采取必要的措施防止活动物发生病残、死亡等事故。未装容器的活动物、蜜蜂、鱼苗由托运人或收货人负责装卸车。蜜蜂到达到站后,要尽快办理卸车、交付手续,并及时搬出货场,不得在到站滞留放蜂。

参 考 文 献

[1] 于学军，等. 冷冻、冷藏食品贮藏与运输. 北京：化学工业出版社，2007.
[2] 曾名湧. 食品保藏原理与技术. 北京：化学工业出版社，2007.
[3] 章建浩. 生鲜食品贮藏保鲜包装技术. 北京：化学工业版社，2009.
[4] 郑永华. 食品贮藏保鲜. 北京：中国计量出版社，2008.
[5] 余华明. 冷库及冷藏技术. 北京：人民邮电出版社，2008.
[6] 刘北林. 食品保鲜与冷藏链. 北京：化学工业出版社，2004.
[7] 闫师杰，董吉林. 制冷技术与食品冷冻冷藏设施设计. 北京：中国轻工业出版社，2007.
[8] 卢士勋，杨万枫. 冷藏运输制冷技术与设备. 北京，机械工业出版社，2006.
[9] 吴业正. 制冷原理及设备. 西安：西安交通大学出版社，1990.
[10] 关文强，等. 果蔬物流保鲜技术. 北京：中国轻工业出版社，2008.
[11] 赵晨霞. 果蔬产品贮藏保鲜技术. 北京：中国农业科学技术出版社，2007.
[12] 舒惠国，等. 食品质量与安全. 北京：中国人事出版社，2005.
[13] 屠康. 食品物流学. 北京：中国计量出版社，2006.
[14] 陈宗道，赵国华. 食品物流安全管理与技术. 北京：化学工业出版社，2007.
[15] 冯志哲，等. 食品冷冻工艺学. 上海：上海科学技术出版社，1984.
[16] 刘志学. 现代物流手册. 北京：中国物资出版社，2001.
[17] 吴清一. 现代物流概论. 北京：中国物资出版社，2003.
[18] 王晓东，胡瑞娟，等. 现代物流管理. 北京：对外经济贸易大学出版社，2001.
[19] 孙桂初，等. 铁路冷藏运输. 北京：中国铁道出版社，1982.
[20] 吴育俭，等. 铁路货运技术. 北京：中国铁道出版社，2000.
[21] 谢如鹤，陈善道. 鲜活货物运输技术问答. 北京：中国铁道出版社，2002.
[22] 谢如鹤，等. 易腐食品贮运技术. 北京：中国铁道出版社，1998.
[23] 索占鸿，吴育俭. 运输包装工程. 北京：中国铁道出版社，2000.
[24] 铁道部《鲜规解释》编写组. 铁路鲜活货物运输规则解释. 北京：中国铁道出版社，1995.
[25] 铁道部. 铁路鲜活货物运输规则. 北京：中国铁道出版社，2009.
[26] 刘怀林. 食品安全控制体系通用教程. 北京：中国标准出版社，2002.
[27] 张建新，等. 食品标准与法规. 北京，中国轻工业出版社，2008.
[28] 傅德成，等. 食品质量感官鉴别知识问答. 北京：中国标准出版社，2001.
[29] 潘秋生. 中国制冷史. 北京：中国科学技术出版社，2008.
[30] 张晓东，韩伯领. 供应链管理原理与应用. 北京：中国铁道出版社，2008.
[31] 陈文林，等. 国外水果蔬菜贮藏保鲜技术. 北京：科学技术文献出版社，1985.
[32] 聂继云. 果品标准化生产手册. 北京：中国标准出版社，2003.

[33] 王强,等. 国外冷链物流发展的主要做法与经验. 物流技术与应用,2007(2):9-91.
[34] 卢士勋. 我国冷藏集装箱技术发展和应用概况. 制冷技术,2004(3):6.
[35] 胡亮. 冷藏集装箱监测系统的现状与发展趋势. 集装箱化,2006(1):43-46.
[36] 曹红奋,等. 冷藏保鲜货物的集装箱化运输. 集装箱化,2002(3):41-42.
[37] 王莹,等. 中国食品冷链物流现状及发展策略. 节能技术,2009(4):325.
[38] 张雷. 冷藏货物集装箱运输. 集装箱化,2000(8):16-19.
[39] 何杰,等. 铁路冷藏运输质量体系的研究. 铁道货运,2007(4):28-31.
[40] 孙金平,等. 铁路冷藏运输主要技术条件的研究. 制冷学报,2008(1):23-27.
[41] 张荣忠. 美国和中国冷藏集卡车队发展动态. 交通企业管理,2008(2):74-75.
[42] 王玉霞. 鲜活农产品流通模式的国际比较及其借鉴. 2009. 7. http://lw. xinxueshu. com.
[43] 龚海岩,等. 速冻食品对接国际质量体系. 2008. 5. http://cccfna. mofcom. gov. cn/aarticle/c/200805/20080505545281. html.
[44] 吴齐. 气调保鲜技术在我国的应用及前景展望. 农业展望,2009:40-43.
[45] 饶中浩,等. 食品冷藏链关键技术及研究进展. 第六届全国食品冷藏链大会一食品安全与节能,2008,10:8-11.
[46] 孙金平. 国外铁路冷藏运输的发展与启迪. 第六届全国食品冷藏链大会一食品安全与节能,2008,10:332-337.
[47] 申江,等. 冷藏链现状及进展. 第六届全国食品冷藏链大会一食品安全与节能,2008,10:12-17.
[48] 孙金平,等. 铁路冷链物流发展模式研究. 铁道货运,2010(2):5-9.
[49] 韩伯领,等. 提高铁路冷藏运输质量技术措施研究. 铁道货运,2008(4):29-32.
[50] 5th Informatory Note on Refrigeration and Food. June, 2009, http://www. iifiir. org/en/doc/1215. pdf.
[51] No Excuse Railroading. Railway Age, May, 2002, by Roy Blanchard
[52] Food Transport Refrigerated - Approaches to reduce energy consumption and environmental impacts of road transport, Applied Thermal Engineering, by S. A. Tassou, G. De—Lille, J. Lewis, June,2008
[53] Refrigerated transport: progress achieved and challenges to be met. IIR—16th Informatory Note on Refrigerating Technologies, 2003. 8, http://www. iifiir. org

附录　铁路易腐货物机械冷藏车运输条件表

品类顺号	货物品类	货物品名	货物热状态	装车时货物质量要求		运输温度(℃)	适用包装号或包装	装载方式		说明
				感官质量	承运温度(℃)			装载要求	装载号	
1	速冻食品									
1.1	速冻水果	速冻荔枝、速冻草莓等	冻结	果面洁净，无不洁物污染；冻结良好，无结霜或粘连；无异味；产品包装完好无破损；无复冻现象	－18 以下	－15 以下	3	紧密堆码		
1.2	速冻蔬菜	速冻叶菜类(菠菜、青梗菜、白菜、甘蓝、辣椒叶等)	冻结	成品外观平面形状规则、均匀，棱角分明，冻结良好；单冻产品色泽符合本产品应有色泽，无粘连；块冻产品色泽鲜亮，镀冰衣完整、清澈；无黄枯叶、褐变叶；产品包装完好无破损；无复冻现象	－18 以下	－15 以下	3	紧密堆码		
1.3	速冻蔬菜	速冻根茎类、速冻瓜菜类、速冻豆类、速冻花椰菜、速冻芦笋、速冻食用菌等	冻结	冻结良好，单体散冻，无粘连、结块、冰霜等现象；呈正常应有色泽；无失水、风干、冰衣脱落等现象；产品包装完好无破损；无复冻现象	－18 以下	－15 以下	3	紧密堆码		
1.4	速冻调理方便食品	速冻面米食品(馄饨、包子、水饺、汤圆、面点)、速冻蒸煮食品、速冻熏烤食品、速冻玉米等	冻结	外观轮廓清晰，外形完整，不破、不裂，不偏芯，产品表面无明显冰晶存在；无异味、无杂质；产品包装完好无破损；无复冻现象	－18 以下	－15 以下	3	紧密堆码		

续上表

品类顺号	货物品类	货物品名	货物热状态	装车时货物质量要求：感官质量	装车时货物质量要求：承运温度(℃)	运输温度(℃)	适用包装号或包装	装载方式：装载要求	装载方式：装载号	说明
2	冻水产品									
2.1	冻水产品	冻鱼(鲅鱼、鲳鱼、乌鲳鱼、大黄鱼、黄花鱼、带鱼、青鱼、草鱼、鲢鱼、鳊鱼等)、冻鱼片	冻结	冻结良好,无明显冰晶、无粘连、无变形;内外包装清洁卫生;单冻产品冰衣应完全将鱼包覆,晶莹透明,个体间易分离。鱼眼清晰明亮;真空包装产品包装袋完整不漏气,无软化、复冻现象	—18 以下	—15 以下	3	紧密堆码		
					—15 以下	—12 以下				
2.2		冻虾、蟹、贝类	冻结	冻结良好;冻虾贝类产品表面无变形、破碎、融化现象,冰衣(被)完好;蟹色泽正常,无黑斑或其他变质异色,腹面甲壳洁白,有光泽	—18 以下	—15 以下	3	紧密堆码		
					—15 以下	—12 以下				
3	肉类									
3.1	猪肉	冻分割肉、冻猪肉、冻猪胴体、冻猪副产品及其制品(冻火腿等)	冻结	冻结良好;肌肉有光泽,红色或稍暗,脂肪乳白色或粉白色;无不良异味,无变形,无复冻现象	—18 以下	—15 以下	3(猪头、胴体可不加包装)	紧密堆码		
					—15 以下	—12 以下				
					—12 以下	—10 以下				
3.2	牛肉	冻牛肉、带骨肉、冻牛分割肉、冻牛副产品及其制品	冻结	冻结良好;色泽正常;外表微干或有风干膜;无不良异味,无变形,无复冻现象	—18 以下	—15 以下	3(胴体可不加包装)	紧密堆码		
					—15 以下	—12 以下				
					—12 以下	—10 以下				
3.3	羊肉	冻羊肉、冻羊分割肉、冻羊副产品	冻结	冻结良好,色泽正常;外表微干或有风干膜。无不良异味,无变形,无复冻现象	—18 以下	—15 以下	3(胴、腔体可不加包装)	紧密堆码		
					—15 以下	—12 以下				
					—12 以下	—10 以下				

续上表

品类顺号	货物品类	货物品名	货物热状态	装车时货物质量要求		运输温度(℃)	适用包装号或包装	装载方式		说明
				感官质量	承运温度(℃)			装载要求	装载号	
3.4	兔肉	冻兔肉	冻结	冻结良好，色泽正常；无不良异味，无变形，无复冻现象	－18以下	－15以下	3	紧密堆码		
					－15以下	－12以下				
					－12以下	－10以下				
3.5	禽肉	冻家禽、冻禽肉、冻禽副产品、冻禽肉制品	冻结	冻结良好；表皮和肌肉切面有光泽，具有禽种固有的色泽；无不良异味，无变形，无复冻现象	－18以下	－15以下	3（整家禽也可用8号包装）	紧密堆码		
					－15以下	－12以下				
					－12以下	－10以下				
4	肉类制品									
4.1	肉类制品	火腿、腌肉、熏肉、腊肉等熟肉制品	冷却	色泽正常，无异味，无杂质；内外包装完整、无破损，封口紧密；火腿皮色黄亮，肌肉切面呈深玫瑰红色或桃红色，脂肪切面呈白色或微红色，有光泽	0～4	0～4	3	紧密堆码		
			未冷却			0～25(视产品要求确定)				
4.2		熏蒸火腿、火腿肠、香肠(腊肠)等	冷却	肠体均匀饱满，外形完整光洁、无损伤，密封良好；产品包装完整无破损，无污染	0～4	0～4	3	紧密堆码		
			未冷却			0～25(视产品要求确定)				
5	油脂类									
5.1	动物油	冷冻动物油、冷冻酥油	冻结	色泽正常；无杂质，无异味；包装完整，无破损现象	－18以下	－15以下	3、9	紧密堆码		
					－15以下	－12以下				
					－12以下	－10以下				
5.2		工业猪油	未冷却	凝固态时，呈软膏状，白色或淡黄色，有光泽；融化态时，透明或微浊，淡黄色或黄棕色，无沉淀物；凝固态时，允许有焦味和轻哈喇气味；采用清洗干净的铁桶容器包装，封口紧密		25以下	3、9	紧密堆码		

续上表

品类顺号	货物品类	货物品名	货物热状态	装车时货物质量要求		运输温度(℃)	适用包装号或包装	装载方式		说明
				感官质量	承运温度(℃)			装载要求	装载号	
5.3	食用油	食用猪油、起酥油	未冷却	色泽正常，质地均匀，无杂质，无异味，不允许有沉淀物；采用清洗干净的铁桶容器包装，封口紧密		20 以下	3、9	紧密堆码		
6	禽蛋类									
6.1	冰蛋	冰蛋(浆)	冰结	冻结良好；色泽正常，无异味，无杂质；内包装应清洁卫生、封口严密、无破损；外包装应牢固、完整，适合长途运输；无复冻现象	－18 以下	－15 以下	3	紧密堆码		
6.2	鲜蛋	鲜蛋	冷却	新鲜、无变质、无异味；蛋壳清洁、完整、无破裂	－1～3	0～4	1、2、3	紧密堆码		
			未冷却			5～12				
7	乳制品									
7.1	冷冻乳品	冰淇淋、雪糕、冰棍、雪泥、甜味冰、冷冻饮品	冻结	产品个体形态完整，不变形，不软塌，不收缩；无明显粗糙的冰晶，无气孔；有奶脂或植脂等产品固有的香味，香气纯正，无异味；无可见杂质；产品包装完整、不破损，封口严密，内容物无外露或裸露现象；无复冻现象	－18 以下	－15 以下	3	紧密堆码		
7.2	奶油	冻奶油、冻人造奶油/冻乳酪	冻结	外观呈乳白色或淡黄色半固体状，无霉变、异味、异嗅、杂质；包装容器牢固、干燥、清洁	－15 以下	－12 以下	3	紧密堆码		
7.3		人造奶油	冷却	鲜明的淡黄色或白色可塑性固体，质地均匀，风味良好，无霉变和杂质；包装容器牢固、干燥、清洁	15 以下	15 以下				
			未冷却							

续上表

品类顺号	货物品类	货物品名	货物热状态	装车时货物质量要求：感官质量	装车时货物质量要求：承运温度(℃)	运输温度(℃)	适用包装号或包装	装载方式：装载要求	装载方式：装载号	说明
7.4	炼乳	甜炼乳	未冷却	无脂肪乳、无乳糖沉淀；呈乳白(黄)色，颜色均匀，有光泽；无杂质，无异味		20 以下	3	紧密堆码		
7.5	鲜乳	鲜奶(巴氏杀菌奶除外)	冷却	色泽呈乳白色或稍带微黄色；无肉眼可见杂质和其他异物；具有新鲜乳品固有的香味，无其他异味；包装完整、无破损	2～6	2～6	3	紧密堆码		
			未冷却							
		调味奶	冷却	色泽均匀一致，具有乳品固有的滋味和气味，无凝块、黏稠现象，无肉眼可见杂质和异物	2～6	2～6	3	紧密堆码		
			未冷却							
7.6	乳类饮品	乳饮料	冷却	色泽均匀，呈乳白色、乳黄色或与产品相适应的特征色；乳液均匀细腻，无异物，无分层等不均匀现象；无其他异味	2～6	2～6	3	紧密堆码		
			未冷却							
8	糖果类									
8.1	糖果	巧克力	冻结	黑巧克力：呈棕褐色或棕黑色；牛奶巧克力：添加乳制品，呈棕色或浅棕色，具有可可和乳香风味；产品无变形和软化现象	－18～0(视产品要求确定)	－18～0(视产品要求确定)	3	紧密堆码		
			未冷却			20 以下				
8.2	糖果	糖果、蜜饯	未冷却	包装密封，产品不变形、不破损		25 以下	3	紧密堆码		
9	饮品									
9.1	非酒精类	果、蔬汁饮料	冷却	具有与品名相符的色泽，无肉眼可见的外来杂质；包装完整、无破损	0～4	0～4(经防腐杀菌处理的0～20)	3	紧密堆码		碳酸饮料不得接近热源，并要防止冰冻
			未冷却							

续上表

品类顺号	货物品类	货物品名	货物热状态	装车时货物质量要求：感官质量	装车时货物质量要求：承运温度(℃)	运输温度(℃)	适用包装号或包装	装载方式：装载要求	装载方式：装载号	说明
9.2	酒类	啤酒	未冷却	具有本品应有的色泽、纯正的香气；产品包装完整、无破损，无漏气或漏酒现象		5～25	3、9	紧密堆码		
9.3	酒类	白酒	未冷却	具有本品应有的色泽，澄清透明；内外包装应完整，封装严密，无漏气、漏酒现象		10～25	3、9	紧密堆码		
9.3	酒类	黄酒、果酒（葡萄酒、露酒、猕猴桃酒、山楂酒等）	未冷却	具有本品应有的色泽，澄清透明；内外包装应完整，封装严密，无漏气、漏酒现象		5～35（视产品要求确定）	3、9	紧密堆码		
10	鲜蔬菜									
10.1	叶菜类	苋菜、茴香、甜菜、菊苣、青菜、油菜、抱子甘蓝、结球甘蓝（元白菜、包菜）、芹菜、小白菜、荠菜、芥蓝、大白菜、羽衣甘蓝、莴苣、欧芹、菠菜、牛皮菜、结球莴苣、莴笋、茼蒿、蕹菜等	冷却	成熟适度，色泽正，新鲜、清洁；无腐烂、开裂、黄叶、抽薹或发芽，无异味，无冷害、冻害、病虫害及机械伤；无雨湿、水渍	0～3	0～3	3、4、5、6、7	稳固装载，留通风空隙	1、2、3、4、5、6	
10.1	叶菜类	同上	未冷却	同上		0～3	3、4、5、6、7	稳固装载，留通风空隙	1、2、3、4、5、6	
10.2	根茎类	胡萝卜、芹菜、辣根、洋姜、大头菜、芜菁甘蓝、木薯、萝卜、芦笋等	冷却	成熟适度，色泽正，新鲜、清洁；无开裂、糠心、发芽、分叉、腐烂，无异味、冻害、病虫害及机械伤；无雨湿、水渍	0～3	0～3	6、7、8	稳固装载，留通风空隙	4、5、6	
10.2	根茎类	同上	未冷却	同上		0～3	6、7、8	稳固装载，留通风空隙	4、5、6	
10.2	根茎类	芋头、土豆（马铃薯）	冷却	个体完整、光洁，不干皱，无其他杂物；无发绿和发芽，无病害、虫害、冷害和霉烂现象；无机械损伤；无明显裂痕，无雨湿、水渍	5～10	5～10	8	稳固装载，留通风空隙		
10.2	根茎类	同上	未冷却	同上		5～10	8	稳固装载，留通风空隙		
10.2	根茎类	土豆（油炸加工用）、甘薯（红薯）、凉薯、山药（淮山）、姜	冷却	块茎无病虫害、霉变、腐烂、机械损伤；无裂纹或树瘤；山药肉呈灰白色，无锈病痕迹和其他变色；无雨湿、水渍	10～16（山药为15～18）	10～16（山药为15～18）	6、7、8	稳固装载，留通风空隙	4、5、6	
10.2	根茎类	同上	未冷却	同上		10～16（山药为15～18）	6、7、8	稳固装载，留通风空隙	4、5、6	

续上表

品类顺号	货物品类	货物品名	货物热状态	装车时货物质量要求		运输温度(℃)	适用包装号或包装	装载方式		说明
				感官质量	承运温度(℃)			装载要求	装载号	
10.3	瓜菜类	黄瓜、佛手瓜、西葫芦	冷却	产品个体完整无损，成熟适度，色泽正，新鲜，无萎蔫，果面清洁；无腐烂、异味、冷害、冻害、病虫害及机械伤；无雨湿、水渍	7～10	7～10	3、4、5、6、7、8（南瓜、冬瓜可无包装）	稳固装载，留通风空隙	1、2、3、4、5、6	冬瓜、南瓜可不包装
			未冷却							
		冬瓜、苦瓜、丝瓜、笋瓜	冷却		9～13	9～13				
			未冷却							
		南瓜	冷却		3～6	3～6				
			未冷却							
10.4	花菜类	花椰菜、青菜花等	冷却	成熟适度，色泽正，新鲜、清洁；无腐烂、散花、抽茎、异味、开裂、冷害、冻害、病虫害及机械伤	0～3	0～3	3、4、5、6、7	稳固装载，留通风空隙	1、2、3、4、5、6	
			未冷却							
10.5	茄果类	番茄(青)	冷却	色泽新鲜，果面清洁、有光泽，果实硬实、不萎蔫；无腐烂、异味、冷害、冻害、病虫害及机械伤；无雨湿、水渍	9～12	9～12	3、4、5、6、7	稳固装载，留通风空隙	1、2、3、4、5、6	
			未冷却							
		番茄(已上色的、半熟)、辣椒	冷却		8～11	8～11				
			未冷却							
		甜椒	冷却	果形、色泽良好，果面清洁、新鲜；果实有光泽、硬实，不萎蔫，无腐烂、异味、灼伤、冷害、冻害、疤痕、病虫害、机械伤，无雨湿、水渍	6～9	6～9	3、4、5、6、7	稳固装载，留通风空隙	1、2、3、4、5、6	
			未冷却							
		茄子	冷却	种子未完全形成或已形成但不坚硬，果实有光泽，有硬度，不萎蔫，表面清洁，无机械伤，无腐烂、异味，无灼伤，无冷害、冻害或病虫害，允许少量(5%～10%)不规则果	9～12	9～12	3、4、5、6、7	稳固装载，留通风空隙	1、2、3、4、5、6	
			未冷却							

续上表

品类顺号	货物品类	货物品名	货物热状态	装车时货物质量要求：感官质量	装车时货物质量要求：承运温度(℃)	运输温度(℃)	适用包装号或包装	装载方式：装载要求	装载方式：装载号	说明
10.6	葱蒜类	大蒜、韭葱、洋葱、鸦葱、青葱、细香葱、大葱、蒜薹等	冷却	成熟适度，色泽正，新鲜、果面清洁；无腐烂、异味、发芽、抽薹、散瓣、冷害、冻害、病虫害及机械伤；无雨湿、水渍	0～3	0～3	3、4、5、6、7（洋葱也可用8号包装）	稳固装载，留通风空隙	1、2、3、4、5、6	
			未冷却							
10.7	菜用豆类	豌豆、荷兰豆、蚕豆、甜荚豌豆等	冷却	成熟适度、新鲜，色泽正，荚鲜嫩、清洁；无腐烂、异味、冷害、冻害、病虫害及机械伤；无雨湿、水渍	0～3	0～3	3、4、5、6、7	稳固装载，留通风空隙	1、2、3、4、5、6	
			未冷却							
		菜豆、豇豆、芸豆、扁豆（四季豆）、四棱豆等	冷却		4～7	4～7				
			未冷却							
11	鲜水果									
11.1	仁果类	苹果	冷却	果体完整良好，新鲜洁净，果梗完整；无机械伤；无裂果、烂果，无虫伤、病虫果；无异常气味，无雨湿、水渍	0～4	0～4	3、4、5、6、7	稳固装载，留通风空隙	1、2、3、4、5、6	
			未冷却							
		梨（鳄梨除外）	冷却	各品种的鲜梨都必须完整良好，新鲜洁净，成熟适度；无机械伤、雹伤，无虫伤、病果、虫害果；无异常气味；无雨湿、水渍	0～4	0～4	3、4、5、6、7	稳固装载，留通风空隙	1、2、3、4、5、6	
			未冷却							
		鳄梨	冷却		7～13	7～13	3、4、5、6、7	稳固装载，留通风空隙	1、2、3、4、5、6	
			未冷却							
		山楂	冷却	山楂果皮色泽呈本品种成熟时固有色泽；无异味；无病果、腐烂、冻伤果；无雨湿、水渍	0～2	0～3	3、4、5、6、7	稳固装载，留通风空隙	1、2、3、4、5、6	
			未冷却							

续上表

品类顺号	货物品类	货物品名	货物热状态	装车时货物质量要求：感官质量	装车时货物质量要求：承运温度(℃)	运输温度(℃)	适用包装号或包装	装载方式：装载要求	装载方式：装载号	说明
11.2	核果类	杏、樱桃、桃、李、梅、枣	冷却	果体完整、新鲜、清洁；无腐烂、冷害、冻害、病虫害；果皮颜色具有本品种成熟时应有的色泽；无雨湿、水渍	0～3（桃为3～6）	0～3（桃为3～6）	3、4、5、6、7	稳固装载，留通风空隙	1、2、3、4、5、6	
			未冷却							
11.3	柑橘类	红橘	冷却	成熟适度，无病斑、虫伤、裂口、腐烂，无机械损伤，无水肿、冷害、冻伤；无雨湿、水渍。蒂部不得脱落或受伤；为防止果蒂刺伤，需将果蒂剪平	9～12	9～12	2、3、4、5、6、7	稳固装载，留通风空隙	1、2、3、4、5、6	
			未冷却							
		橘子、温州蜜橘、甜橙、红江橙、血橙、锦橙、宽皮柑橘类	冷却		3～7	3～7	2、3、4、5、6、7	稳固装载，留通风空隙	1、2、3、4、5、6	
			未冷却							
		蕉柑、柚类、柠檬	冷却		7～10	7～10	2、3、4、5、6、7	稳固装载，留通风空隙	1、2、3、4、5、6	
			未冷却							
11.4	浆果类	葡萄、柿子、无花果、猕猴桃	冷却	果体完整，果面洁净，无日灼、病虫斑、机械损伤；无异味。无雨湿、水渍。不脱粒，无干缩果，无腐烂；葡萄：果梗、果蒂新鲜	0～3	1～4	2、3、4、5	稳固装载，留通风空隙	1、2、3	
			未冷却							
		石榴	冷却		4～7	4～7	2、3、4、5	稳固装载，留通风空隙	1、2、3	
			未冷却							
11.5	瓜类	西瓜	冷却	果体完整，无外伤，新鲜、洁净；无霉变、腐烂、病虫害	10～15	10～15	3、6、7或无包装	稳固装载，留通风空隙	1、2、3、4、5、6	
			未冷却							
		哈密瓜、白兰瓜、甜瓜	冷却	果体完整，无外伤，新鲜、洁净；无霉变、腐烂、病虫害；无雨湿、水渍	3～6	3～6	3、6、7、8（哈密瓜可无包装）	稳固装载，留通风空隙	1、2、3、4、5、6	
			未冷却							

续上表

品类顺号	货物品类	货物品名	货物热状态	装车时货物质量要求		运输温度(℃)	适用包装号或包装	装载方式		说明
				感官质量	承运温度(℃)			装载要求	装载号	
11.6	热带亚热带水果	香蕉	冷却	果形完整，新鲜、清洁，无变质和腐烂现象；无机械伤，无冷害、冻害，无病虫害、黑心病；香蕉色泽青绿，无黄熟、青软，无裂果；成熟度不超过 7～8 成；无雨湿、水渍	11～15	11～15	3、4、6	稳固装载，留通风空隙	1、2、3、4、5、6	1. 对低温敏感，低于下限温度极易发生冷害； 2. 装运香蕉不得加催熟剂；卸车时皮色发黄不作为判断腐烂变质的依据
			未冷却							
		荔枝、龙眼	冷却	果形完整，新鲜、清洁，成熟适度，无腐烂、变质现象；无日灼、机械伤、病虫害、裂果、冷害、冻害；无雨湿、水渍	1～5	1～5	3、4、5、6	稳固装载，留通风空隙	1、2、3、4、5、6	1. 对低温敏感，低于下限温度极易发生冷害； 2. 荔枝运输时严禁通风，保持车厢密闭。装载量不得超过 20 t
			未冷却							
		橄榄	冷却	果形完整、表面清洁，色泽新鲜，无变质和腐烂，无机械伤，无裂果，无冷害、冻害、病虫害；无雨湿、水渍	5～8	5～8	1、2、3、4、5、6、7	稳固装载，留通风空隙	1、2、3、4、5、6	
			未冷却							
		菠萝、杨桃、番石榴、枇杷	冷却	果形完整，新鲜，无变质、腐烂，清洁，无机械伤；无病虫害、无异味；菠萝无黑心病，西番莲果无刺伤、药害、病害、冻害、皱缩现象存在	7～10	7～10	3、4、5、6	稳固装载，留通风空隙	1、2、3、4、5、6	
			未冷却							
		芒果(生)、木菠萝(菠萝蜜)、番木瓜(青果)、红毛丹	冷却	果形完整、新鲜，无变质、腐烂，清洁，无损伤；无病虫害、无异味	10～13(芒果 12～15)	10～13(芒果 12～15)	3、4、5、6	稳固装载，留通风空隙	1、2、3、4、5、6	
			未冷却							

续上表

品类顺号	货物品类	货物品名	货物热状态	装车时货物质量要求		运输温度(℃)	适用包装号或包装	装载方式		说明
				感官质量	承运温度(℃)			装载要求	装载号	
12	坚果类	板栗	冷却	果粒均匀,色泽新鲜,无霉烂虫果;无雨湿、水渍;风干、裂嘴果两项不超过3%~5%	0~3	0~3	8	稳固装载,留通风空隙		呼吸强度大,外温在−5℃以下方可用冷藏车保温运输
			未冷却							
13	其他									
13.1	花卉植物	花卉、盆景、盆花	未冷却	叶青翠,无枯萎迹象,主杆完整无破裂、折断,盆景完整无缺		4~10	根据货物情况选用。可用盆或不加包装。根部带泥者,用稻草、蒲包或麻布片包装,盆景外加一包装。	稳固装载,留通风空隙	视货物包装情况而定	1. 需要洒水的应派人押运; 2. 为提高装载质量,可由托运人装备架子装载数层
13.2	罐头	水果罐头、肉类罐头	未冷却	罐体完整,无破损,无瘪听、胖听、漏听;箱内罐头排列整齐不松动		0~20	3、4、5	紧密堆码		

注:1) 本表中"以下"不含本数,其他温度范围包含本数。

2) 1、2、3 号装载方法适用于 1、2、3、4、5 号包装,4、5、6 号装载方法适用于 6、7 号包装。

3) 8 号包装适用于耐压、不易擦伤、呼吸热小的货物。